# Ich war im Sarkophag von

# TSCHERNOBYL

ANATOLY N. TKACHUK

# Ich war im Sarkophag von

# TSCHERNOBYL

## DER BERICHT DES ÜBERLEBENDEN

Deutsche Ausgabe übersetzt und
bearbeitet von Reinhard Deutsch

styria premium

„Der Fortschritt ist nur unter Kontrolle der Vernunft möglich und sicher."

Andrei Dmitrijewitsch Sacharow

# Inhalt

# Vorwort

Die Vergangenheit tritt immer weiter zurück, lässt die Perversion hinter sich, zu der die Widerspiegelung des historischen Dramas des „Kalten Krieges" und der nuklearen Gegnerschaft der Supermächte geworden ist. Mehr als zwanzig Jahre habe ich dieses Buch in mir herumgetragen: Nun möchte ich in der Rückschau und Analyse, im Erinnern und Wiedererleben vergangener Ereignisse der nächsten Generation von den Nöten und Bedrohungen berichten, die nicht nur aktuell geblieben sind, sondern von Jahr zu Jahr mehr werden – und sie bedrohen unseren Planeten, unsere einzige Heimstatt.

Wer dieses Buch liest, sollte nachdenken, welches Schicksal unsere Erde erwartet. Sie ist zur Geisel der Menschheit und ihrer technischen Entwicklung geworden. Wenn ich die Parallele zwischen der friedlichen Nutzung der Kernenergie und den Nuklearwaffen ziehe, möchte ich den Leser darauf hinweisen, dass beide gefährlich sind und uns wie auch künftige Generationen bedrohen.

Die Menschheit hat eine psychologische Grenze längst überschritten, Kernwaffen sind in Hiroshima und Nagasaki explodiert, „Atom für den Frieden" in Tschernobyl. Es ist aber nicht genug, den Wahnsinn des Wettrüstens, die Erfindung neuer Verderben bringender Waffen und den verantwortungslosen Umgang mit der Natur zu verstehen.

Dieses Buch ist das Resultat meiner Erkenntnisse. Vieles ist autobiografisch und erzählt von den realen Geschehnissen jener Tage. Ich hatte mit der nuklearen Aufrüstung und der friedlichen Kernenergienutzung zu tun, die außer Kontrolle geraten ist. Das alles habe ich selbst erlebt, das alles möchte ich erzählen. Wenn ich von Gefahren spreche, weiß ich genau, wie realistisch und bedrohlich sie sind. Ich kann nicht schweigend der heranziehenden Katastrophe planetarischen Maßstabes zusehen.

Schon geringe Störungen des Gleichgewichts der Natur, Katastrophen oder der Einsatz moderner Waffen können Tausende Tschernobyl bewirken, vor denen es keine Rettung gibt. Die Erde ist wie ein Lebewesen, so viele Wunden kann sie nicht heilen. Und niemand weiß, was kommen wird.

Die Menschheit kann noch nicht auf die Atomenergie verzichten, doch es muss möglich sein, die Anstrengungen zu vermehren, um neue

ökologisch saubere Energiequellen zu finden, um Kontrollen und Sicherheitsmaßnahmen zu verbessern, Wiederverwertung zu verbessern, die Geschwüre der Erde, die durch Chemie und Radioaktivität entstanden sind, zu heilen. Der Mensch ist angesichts der Naturgewalten machtlos, Kettenreaktionen und ihre Konsequenzen können wir nicht beeinflussen oder zum Stehen bringen. Nur die Vernunft, Forschung und der behutsame Umgang mit der Natur werden den Menschen retten und die blühende Erde für die nächsten Generationen bewahren.

Unmittelbar vor Drucklegung dieses Buches hat sich in Japan die Tragödie von Tschernobyl wiederholt, hat sich wieder einmal die Überlegenheit der Natur über die menschlichen Technologien bestätigt. Ich wünsche mir und bin überzeugt, dass die Geschichte, die hier erzählt wird, zum Nachdenken über die Zukunft anregt.

Anatoly N. Tkachuk

# Einleitung

Am 26. April 1986 trat der Name eines Ortes auf die Bühne der Weltöffentlichkeit, den man nie wieder vergessen wird.

Im kollektiven Gedächtnis jeder Generation gibt es ein Datum, bei dem fast jeder weiß, wo er zu diesem Zeitpunkt war. Wo und unter welchen Umständen er von etwas Besonderem erfahren hat, und zumeist sind es nicht die freudvollen Termine. Der Mord an John F. Kennedy ist so ein Datum, der Mord an Martin Luther King, die Schüsse auf John Lennon, das Attentat auf den Papst gehören in diese Reihe der erinnerten Geschichte. Doch ist die Wahrnehmung unscharf, die Einzelschicksale werden überlagert von so vielem.

Bei anderem geht das Ereignis in den Erinnerungsschatz ein, weil es viele waren, die in den Tod gerissen wurden, weil die so zufällige Gemeinsamkeit des gleichzeitigen Todes zur Metapher wurde für die jähe Veränderbarkeit auch glücklichster Umstände. Was früheren Zeiten Karthago und Pestzüge, der Totentanz und das „Dies irae", das ist dem 20. und auch noch dem 21. Jahrhundert der Untergang der Titanic ebenso wie das weltweit übertragene Zerbersten des Space Shuttle, das sind von kriegerischen Ereignissen mit ihren Konsequenzen – Stichwort Hiroshima – bis zur Zerstörung der Twin Towers, von Killing Fields und Auschwitz, von Tsunami und Erdbeben, Bilder und Geschehnisse, die Weh und Leid über viele bringen, allmählich aber absinken und vom Tisch der Aktualität in den Fundus der Erinnerung hinübergleiten. Denn eine Tragödie wird irgendwann von der anderen abgelöst, überlagert, wird unscharf, verliert von ihrer Wirkungsmacht.

Das Ereignis des 26. April 1986 wird noch für Generationen Gegenwart bleiben, Gegenwart und Bedrohung der Zukunft in einem. An diesem Tag explodierte ein Reaktor im Atomkraftwerk Tschernobyl. Ein völlig unbekannter Ort wurde zum weltweiten Begriff für das Geschehen des Undenkbaren.

Tausende sind den mittelbaren Folgen dieses Unglücks zum Opfer gefallen, Hunderttausende tragen das Leid über die Zeiten hinweg.

Tschernobyl ist zum Gradmesser geworden für jede Katastrophe, zum Erinnerungsstein, über den jede Bequemlichkeit stolpert. Auch die Ereignisse in Japan, von denen wir noch lange nicht wissen, wohin und zu welchem Ende sie führen werden, werden mit Tschernobyl verglichen. Vielleicht ist es der menschlichen Seele eingeschrieben, sich zu trösten, es könne immer noch schlimmer kommen.

Viele tapfere, anonym gebliebene Menschen haben mit dem Mut der Verzweiflung, mit Sinn für Verantwortung gegen den Brand des sowjetischen Atomreaktors angekämpft. Sie haben den Sarkophag errichtet, die Schutzhülle um die Atomruine, die zum Grab von Hoffnung und Aufbruch wurde, und sie haben dafür gesorgt, dass die Welt eine Atempause bekommen hat. Sie sind als „Die Liquidatoren" eingegangen in die Liste derer, denen die Welt Dank schuldet. Denn sie haben der Welt Zeit geschenkt.

Eine Zeit zum Nachdenken. Eine Zeit zur Entwicklung von gemeinsamem Wissen und gemeinsamem Handeln. Eine Zeit zur gemeinsamen Verantwortung. Eine Zeit, die verrinnt.

Anatoly N. Tkachuk war dabei. Als einer der wesentlichen Offiziere, verantwortlich für die Sicherheit der Liquidatoren, hat er unermüdlich gewarnt, als es darum ging, die Augen nicht zu verschließen, sondern sich dem Höllenfeuer zu stellen und herauszufinden, was getan werden muss, damit die Kinder eine Zukunft haben.

Er ist hineingegangen in das Innere des Sarkophag, zusammen mit drei tapferen Männern, die allesamt nicht mehr am Leben sind. In seinem Buch berichtet er detailgetreu, wie es noch nirgendwo zu lesen war, wie Entscheidungsprozesse zwischen Verantwortungsbewusstsein und Bürokratie entstehen, wie Systeme in ihrem Selbsterhaltungstrieb die Wahrheit zu  unterdrücken versuchen. Aber so wie einst ein Zola nicht ruhte, um jenseits des Einzelschicksales der Wahrheit zu ihrem Recht zu verhelfen, so fügt Tkachuk die Mosaiksteine von Entscheidungen und Zufälligkeiten, die Erzählungen von der Gratwanderung zwischen Tod und Überleben, die Berichte der Überlebenden und das Angedenken der Toten zusammen zum fesselnden Bericht aus dem Innersten des atomaren Infernos.

Fast nebenbei gelingt es ihm, in seiner sehr persönlichen Erzählung tiefe Einblicke in das System der Auseinandersetzungen der Großmächte zu geben, zeigt er die Diskrepanz zwischen Konferenztisch und Schauplatz der Schattenkämpfe.

Die Darstellung in der dritten Person mag die notwendige Distanz schaffen, die es braucht, um solches Erleben und Überleben! in Sprache zu fassen.

Der Text ist geprägt von einer tiefen Liebe zu den Menschen, von einem fast verzweifelten Glauben an die Vernunft, von einem Verantwortungsgefühl für die Zukunft. Eine Verantwortung, die allerdings keiner allein tragen kann. Nicht ein einzelner Mensch, nicht ein einzelner Staat. Es geht nicht um Grenzen und Abgrenzung, sondern um Aufbruch und Hoffnung.

Denn neben aller Schilderung ist dieses Buch ein flammendes Plädoyer für das Leben, das leben Dürfen auch kommender Generationen. Damit dieses seinen Platz finden kann, muss etwas geschehen. Etwas Gemeinsames. Reale Probleme wie das Feuer, das in Tschernobyl immer noch lodert und lauert, brauchen reale Lösungen. Die Welt und die Menschen – sie haben eine Chance verdient. Anatoly N. Tkachuk hat seinen persönlichen Beitrag geleistet, denn er war im Sarkophag von Tschernobyl. Jetzt ist es höchste Zeit, dass andere, dass viele, dass alle etwas tun.

R. D.

Die Namen der Personen in diesem Buch sind verändert.
Veränderung ist nicht Erfindung.

## Der Raketenstart

„Eine Wolke von radioaktivem Staub und Asche würde den Planeten mit einem dichten, undurchdringlichen Mantel umhüllen, der Sonnenlicht und Wärme reflektieren würde, während auf die Erde radioaktiver schwarzer Regen herunterfiele. Nukleare Nacht würde den Planet bedecken, die Temperatur in weiten Teilen absinken, der nukleare Winter kommen. In den Städten würden die Menschen unter den einstürzenden Hochhäusern begraben. Die kleinen Gruppen Überlebender, Überreste der zivilen Gesellschaft, würden ihr Leben nicht nach den Gesetzen der untergegangenen Staaten ausrichten, sondern nach den neuen Gesetzen, die auf der einzigen gültigen Regel beruhen – Überleben."

Eine Lampe mit der schwarzen Warnung „Einsatz" blinkte rot an der Wand. Mit eintrainierten, präzisen Griffen bereitete Andrey eine Rakete zum Abschuss vor. Er saß am Kontrollpult in der Kommandozentrale, und Schritt für Schritt arbeitete er die Kommandos ab, folgte den blinkenden Knöpfen und bestätigte jede Handlung. Auf seinem mageren konzentrierten Gesicht war kein Zweifel zu lesen.

Es war das erste Mal, dass Andrey Pravdin am Einsatz einer Interkontinentalrakete teilnahm. Diese gefährliche Waffe hatte den ganzen Planeten im Visier, bedeutete Drohung und Hoffnung für die Menschheit in einem, ein Symbol der Angst vor einem neuen Weltkrieg wie auch des Schutzes davor. Vor wenigen Jahren, noch als Kadett an einer Militärschule, hatte sich Andrey oft diesen ausgeklügelten und detailreich ausgearbeiteten Ablauf vorgestellt. Sein Glaube an die Waffenmacht und die Unverletzlichkeit der Grenzen seines Vaterlandes, das er nun beschützte, war groß.

Hier im Bunker der Kommandozentrale, zwanzig Meter unter der Erdoberfläche, gab es kein aufgeregtes Hin und Her. Das Allerheiligste der sowjetischen Strategischen Sicherheit faszinierte ihn mit seiner Perfektion. Die ganze Welt war vor Andrey ausgebreitet, eingebettet in farbenfrohe Knöpfe, die in bestimmten Mustern aufblinkten und wieder erloschen, und genau von diesem Platz konnte innerhalb weniger Minuten jeder Punkt auf der Welt mit zerstörerischen Geschossen erreicht werden.

„Erster, Zweiter, auf mein Kommando. Vorbereitung für den Abschuss mit gleichzeitigen Aktionen. Schlüssel auf Startstellung. Ich zähle runter", kündete die kraftvolle und selbstsichere Stimme des diensthabenden kommandierenden Offiziers an. „Fünf, vier, drei", Spannung machte sich in der Kommandozentrale breit.

Während dieser kurzen Augenblicke stiegen vor Andrey schreckliche Bilder der Zerstörung auf, die jeder solche Einsatz hätte erzeugen können. Diese Kraft ist unmöglich zu beschreiben, man kann nicht von ihr erzählen, man kann es nur fühlen, wenn man den abweisend kalten Stahl der Rakete berührt, die verzehrendes Feuer birgt, alles auf ihrem Weg zerstört, nicht unterscheidet zwischen den Guten und den Schuldigen, und sie zu Staub und Asche verbrennt. Die Rakete kann nicht denken und hat keine Gefühle; sie löscht beide aus, die Feinde und ihre Besitzer, und sie kennt für beide keine Gnade. Was geschieht am Einschlagsort, wenn einer diese schrecklichste Erfindung der Menschheit losschicken möchte? Was passiert mit den Menschen, die dort sind?

Einige Tage zuvor hatte Andrey zusammen mit der Technikmannschaft wie ein Chirurg mit eigenen Händen die Rakete für den Start vorbereitet, hatte ihre Einbringung in den Silo gesteuert, ihr Leben eingehaucht, ihr Blut zum Fließen gebracht – den Treibstoff, und er hatte beobachtet, wie ihr elektronisches Gehirn langsam zu Leben erwacht war. Die Anzeigen starteten ihr monotones Piepsen, Lampen blinkten gleichzeitig, als schlügen sie im Rhythmus eines elektronischen Herzens. Mit jeder einzelnen Berührung hatte er das Gefühl, als würde sie sich vor seinen Augen in ein lebendiges Wesen verwandeln, das keine Gnade kennt. Ihr Leben ist zu kurz dafür – sie ist nur für einen einzigen tödlichen Flug programmiert, und einen Einschlag, aber das ist ihr Lebenszweck. Welchen Einfluss wird ihr Flug auf die Menschheit haben?

„Zwei", fuhr die selbstsichere Stimme fort.

Plötzlich fühlte Andrey, dass an diesem Punkt sein Leben auch enden könnte. Und dass er selbst, als derjenige, der jetzt die Rakete aus ihrem Silo aufsteigen lassen würde, nicht nur den Schlusspunkt hinter das Leben anderer, sondern auch hinter seines setzen könnte. Was würde dann geschehen? Ein einziger Befehl kann die Weltgeschichte dramatisch verändern oder sogar beenden.

Plötzlich durchzuckte ihn ein furchtbarer Gedanke. Tonnen brennender Treibstoff und Trümmer würden auf ihre Köpfe herabregnen. Wenn die Rakete vom Kurs abweichen würde? Es würde Gegenschläge geben. Ein absurder Zwischenfall könnte zum Auslöser des ersten und letzten Atomkrieges in der Menschheitsgeschichte werden.

Nur ein Druck auf den Knopf, eine Schlüsseldrehung, und hundertachtzig Tonnen Metall, giftiger Brennstoff und ein Atomsprengkopf würden hinausrasen, den unermesslichen Himmelsraum mit Donner erfüllen. Die Raketensoldaten vollzogen die Anweisungen, gaben den Code ein und drehten die Schlüssel.

„Eins", fuhr der Offizier mit gleichförmiger Stimme fort.

Ein kalter Schweißtropfen rollte unter dem Hemd hinunter. Andreys Herz schlug hart, pochte bis in die Schläfen. Was passiert mit meinen geliebten Nächsten? Was wenn der Gegner einen Krieg beginnt? Ich kann sie nicht retten, nicht schützen ... In diesem Fall sind sie verdammt und es gibt keine Hoffnung ...

„Feuer!"

Das Klicken der Schlüssel ... Stille ... Tiefes Einatmen ...

Irgendwo in der Weite der Taiga, etliche Kilometer von der Kommandozentrale entfernt, brach mit schrecklichem Donner und Lärm, mit Wolken von Feuer und Dampf eine ungeheure Kreatur aus der schwarzen Tiefe des geöffneten Raketensiloschachts. Und jetzt ist sie bereit, wie ein scharfes Schwert, das aus der Scheide gezogen wurde, in wenigen Sekunden mit aller Macht auf die Köpfe der Feinde ihres Herrn einzuschlagen. Eine Sekunde blieb die Rakete in der Luft stehen, schwankte von einer Seite zur anderen, erinnerte sich an den vorgegebenen Kurs, nahm Geschwindigkeit auf, stieg himmelwärts; in ihrem Feuerstrahl verbrannten die Wipfel der immergrünen Bäume, nur Rauch blieb zurück und der verwehende Donner.

Die Wälder waren wieder still, aber nun erfüllt vom Gestank des verbrannten Treibstoffs.

Einige Zeit später über dem feindlichen Gebiet würden Dutzende Ablenkziele von der Rakete abgeworfen werden, um die Abwehrmaßnahmen auf sich zu ziehen und dem Sprengkopf den Weg zu den Zielen zu bahnen, Städte in 10.000 Kilometer Entfernung, und die Wirkung jedes solchen Angriffs wäre mächtiger als Tausende Atombomben.

Das Ergebnis einer solchen Explosion wäre die Zerstörung aller Einrichtungen an der Erdoberfläche, alle Versorgungsleitungen würden ausfallen, ein starkes Erdbeben würde die Gegend erschüttern und im Umkreis von Dutzenden Kilometern um die Einschlagstelle würde die Lufttemperatur auf einige tausend Grad steigen. Das bedeutet sofortigen oder langsamen Tod von Millionen Menschen. Viele von ihnen würden unmittelbar durch die Explosion sterben, andere würden durch das Feuer getötet, und die Überlebenden würden die schrecklichsten Folgen radioaktiver Vergiftung davontragen.

Andrey, der alles über diese Raketen wusste und nun zum ersten Mal mit eigenen Augen einen Raketenstart verfolgte, dachte, dass ein Krieg mit solchen Waffen unabsehbare Konsequenzen für den Planeten haben müsste. Hunderte Kernwaffen, die überall auf der Erdoberfläche gezündet würden, würden Kraftwerke, Produktionsanlagen und Dämme zerstören. Das Ergebnis wären katastrophale Flutwellen und Feuerstürme. Die Ruinen der Industrieanlagen und Chemiefabriken würden das Wasser vergiften, den Boden, die Luft, und die Zerstörung der Atomkraftwerke würde die schreckliche Gesamtlage der Radioaktivität verschlimmern. Eine Wolke von radioaktivem Staub und Asche würde den Planeten mit einem dichten, undurchdringlichen Mantel umhüllen, der Sonnenlicht und Wärme reflektieren würde, während auf die Erde radioaktiver schwarzer Regen herunterfiele. Nukleare Nacht würde den Planet bedecken, die Temperatur in weiten Teilen absinken, der nukleare Winter kommen.

In den Städten würden die Menschen unter den einstürzenden Hochhäusern begraben. Die kleinen Gruppen Überlebender, Überreste der zivilen Gesellschaft, würden ihr Leben nicht nach den Gesetzen der untergegangenen Staaten ausrichten, sondern nach den neuen Gesetzen, die auf der einzigen gültigen Regel beruhen – Überleben. Epidemien, Plünderungen, Kämpfe um Ressourcen wären das Vermächtnis derer, die das globale Atomdesaster ausgelöst hätten. Die Menschheit würde schlagartig viele geistige Werte einbüßen, die sie im Lauf ihrer Geschichte aufgebaut hat. Das Wissen von Kultur und Technik würde vielleicht in den Köpfen mancher Überlebender bewahrt werden. Ein Schluck frisches Wasser und ein Bissen unverstrahlter Nahrung – das wären die wahren Werte. Und das Hauptziel würde sein, sein Leben zu retten, um jeden Preis, in der Hoffnung auf die Möglichkeit, überhaupt in dieser neuen vergifteten und verkrüppelten Welt weiterzuleben.

Die Auswirkungen des Nuklearkrieges wären nicht nach ein, zwei Jahren vorbei. Auch wenn es manchen Menschen gelingen würde, diese Situation zu überleben, hätten ihre Kinder die größten genetischen Probleme, würden bereits im Mutterleib verkrüppelt. Und wenn es keine Kinder oder nur kranke gäbe – welche Zukunft hätte dann noch die Menschheit? Nebenbei müssten die Überlebenden sich mit ungewöhnlichen biologischen Erscheinungsformen zurecht finden, zwischen mutierten und neuen Mikroorganismen, die völlig neu sind im Zusammenleben auf diesem Planeten.

Eines der ernstesten Phänomene mit langfristigem Einfluss auf die Erde würde die Zerstörung der Ozonschicht sein. Dadurch könnte die ultraviolette Strahlung ungehindert durch die Atmosphäre dringen, mit verheerenden Auswirkungen auf alle Lebewesen. Wer überlebt, würde an schweren Verbrennungen leiden und an Hautkrebs, die meisten Menschen würden erblinden. Zahllose Jahrtausende alte Tier- und Pflanzenarten würden vom Planeten verschwinden ... Die Veränderungen der atmosphärischen Kreisläufe, Windrichtungen, Gezeiten, Monsune, Niederschlagsmengen und andere Anomalien würden zu massiven Klimastörungen führen.

Dem lässt sich nur entkommen, wenn der Krieg verhindert wird, denn auf die Gegenschlagsabwehrmaßnahmen braucht man auch nicht zu vertrauen. Wer weiß, ob sie wirklich den Atomschlag aufhalten würden? Wenn nicht, gäbe es statt blühender Städte voller Menschen mit der Hoffnung auf ein Morgen nur noch ausgebrannte radioaktive Wüsten, wo versprengte Menschengruppen sich wie Höhlenmenschen in den Ruinen von Hochhäusern und Bunkern verbergen würden ...

Während er die blinkenden Lichter auf seinem Kontrollpult beobachtete, fühlte Andrey plötzlich die Welle von bedrückender Angst und

Verantwortungsgefühl, die ihn überflutete. Während er das Startsystem wieder in die Ausgangslage zurückschaltete, wurde ihm klar, dass jeder Fehler oder auch nur der kleinste Irrtum in der Entscheidung für den Abschuss zu einem Desaster führen würde.

Pravdin war, wie alle Männer die jetzt im Kommandobunker saßen, nur ein kleines Rädchen des komplizierten Kriegsmechanismus. Angesichts der Macht dieser Waffe, die jetzt in seinen Händen liegt und die er auslösen kann, kann er mit geschlossenen Augen menschliche Schicksale entscheiden, sie zum Untergang verurteilen. Aber kann er an seinen Handlungen zweifeln? Von einem Befehl abzuweichen, irgendein Zweifel in der Kampfsituation – all das kann auch unermessliches Leid über sein Land, über die ganze Welt bringen. Soldaten sind auch Gefangene der bestehenden Situation, die nicht irgendetwas radikal ändern können. Die Entscheidung für einen Angriff trifft die Regierung, und er hat nur die Knöpfe zu drücken. Oder nicht?

Andrey wusste nicht, dass er gerade an einem der letzten Raketenstarts teilgenommen hatte, ehe der SALT-Vertrag in Kraft trat, der erstmals in der Geschichte die Zahl der strategischen Waffen begrenzte. Das Zeitalter der unkontrollierten Ausweitung der nuklearen Waffen in Dimensionen jenseits aller gesetzlichen und ungesetzlichen Grenzen ging zu Ende. Auf ihrer Jagd nach scheinbarer Überlegenheit, mit allen Ausweitungen und Vervielfachungen ihrer Arsenale, einander bedrohend, miteinander wetteifernd um die Überlegenheit technischer Lösungen, hatten die Supermächte einander erstaunt und erschreckt. Die atomaren Mächte bereiteten sich in zunehmendem Maß auf den Dritten Weltkrieg vor. Diese Entwicklung verschlang und erschöpfte die Budgets der Länder, die sich an diesem Aufrüstungsprogramm beteiligten. Der Dialog zwischen den stärksten Ländern erschöpfte sich in „Wir können euch 34 Mal zerstören, ihr uns aber nur 28 Mal".

Nur ein Prozent der gesammelten und erfolgreich bereitgestellten Atomwaffen jeder der beiden Parteien bedeutet mehr als 100 Sprengköpfe mit der 5000-fachen Sprengkraft von Hiroshima. Aber irgendwann führte die Wahrnehmung, dass auch die massenhafte Einsetzbarkeit von fortgeschrittenen militärischen Entwicklungen die Vernichtung des Feindes nicht garantieren konnte, ehe er den Gegenschlag auslöste, der zum beiderseitigen Untergang führen würde, zu einem Umdenken. Und das atomare Gleichgewicht besiegelte eine Tatsache: wer immer den Krieg beginnen würde – es würde keinen Sieger geben. Das zwischen östlichen und westlichen Militärblöcken aufgeteilte Europa wurde zur Geisel der

Auseinandersetzung zwischen der UdSSR und den USA und in vielen Bereichen die Plattform, jede nur erdenkliche Waffe aufzustellen.

Als die Führer der Supermächte die reale Bedrohung eines Ausbruchs eines schrecklichen Krieges und die offensichtliche Fruchtlosigkeit der Bemühungen, ein sicheres Antiraketen-Verteidigungssystem aufzubauen, begriffen, verstanden sie auch, dass es nicht länger drum gehen könnte, nur die Tests zu verbieten, aber weiter Sprengköpfe zu bauen, ein riesiges Arsenal für Luft-, Erd- und Unterwassereinsätze. Wie durch ein Wunder war der Weltuntergang verhindert worden, denn es war gelungen, dass zahlreiche Krisen und begrenzte Konflikte nicht zu einem Atomschlag geführt hatten.

Der SALT 1-Vertrag trat am 3. Oktober 1972 in Kraft. Er bedeutete ein Innehalten und zeigte der Welt, dass es im Interesse unserer gemeinsamen Zukunft nötig war, nach Kompromissen zu suchen.

Eine neue Zeit begann, als es möglich wurde, in einer Welt zu leben, wo Kooperation und das Verständnis für einander Garantien boten im Fall einer möglichen Verschlechterung im Verhältnis der beiden Weltmächte. Aber es begann auch eine Zeit von Misstrauen, latenter Konfrontation, Kampf der Geheimdienste und der Entwicklung der neuen Waffe, deren Auswirkungen vor den Augen der „bezauberten Freunde" verborgen wurden.

Leutnant Anatoly N. Tkachuk

## Züge auf einem Schachbrett

Die Politik der sogenannten Abrüstung wurde zu einer zeitlich begrenzten Erscheinung. Die Waffenmeister ersetzten
überholte Technologien in den Kampfverbänden durch Neuentwicklungen. Immer neue Waffen wurden überall in den
Warschauer Pakt- und NATO-Staaten aufgestellt, dadurch
entstand ein neues Wettrüsten. Zusätzlich rollte eine Welle
internationaler Auseinandersetzungen über die Welt, oft
mit Beteiligung – wenn sie auch nicht immer sichtbar war –
von Militärexperten der Großmächte. Diese Atmosphäre
von tiefsitzendem Misstrauen führte zur sorgfältigen Kontrolle der vereinbarten Reduktion und Verschiebung von
Waffensystemen. Von den Rednerpulten der internationalen Konferenzen herab sprachen alle von Vertrauen, aber
niemand wollte auf die Überprüfung verzichten.

Der Sonnenwagen stieg langsam aus den Wolken herab. Sein Glanz blendete jeden, der zu ihm aufsah. Sein Glanz verbreitete das Blitzen von hundert Sonnen. Nach einigen Kreisen über den gefluteten Wiesen begann der Abstieg ...

Und das Feuer entsetzte die Menschen auf ihren Feldern und Weiden. Die Flammensäulen loderten zum Himmel, vermischt mit Staub und Asche der niedergebrannten Hütten. Tag und Nacht brannte das Feuer ohne Unterlass, breitete sich in der ehemals bewohnten Region aus. Die Sonne verschwand hinter dem dichten Rauch. Und kein Bauer, kein Handwerker, kein Priester und kein Grande blieb auf der Erde. Es gab nur das Feuer, alles verzehrend und erbarmungslos gegenüber jeder Natur.

Und wo die Flamme wich, da hinterließ sie verbrannte Erde und den bitteren Geruch von Wermut. Er verbreitete sich über dem Land, aber da war kein Lebewesen, das die Luft hätte einatmen können, und ewige Finsternis wurde der Begleiter der zerstörten Städte. Der graue, von Asche bedeckte Planet blieb für immer tot. Winddurchtoste Räume in ausgebrannter Wüste, jedem Leben feindlich, wurden das schreckliche Erbe der Menschheit.

Diese Bilder tanzten in einem Wirbel schmutziger Bilder und wechselten einander ab. Und der Horror hielt inne. Der Horror, den die Menschen früher nicht gekannt hatten ...

Andrey riss die Augen auf und zitterte. Er hatte schon lange nicht mehr geträumt, und jetzt sah er plötzlich Bilder, die ihn im Innersten trafen. Es schien ihm, als würde er noch den Geruch des Wermut wahrnehmen. „Ich wusste nicht, dass man im Traum Hitze und Ersticken wie in Wirklichkeit wahrnehmen könnte", dachte er. Er schüttelte den Kopf, um diese unangenehmen Gefühle los zu werden.

Die Räder ratterten gleichmäßig auf den Schienen. Hier hinter dem Uralgebirge gab es nur mehr wenige Ansiedlungen, und der Zug blieb nur selten stehen. Zuletzt würde der lange erwartete Ort kommen, an dem er sich von Monaten harter Arbeit erholen wollte. Auch wenn es hier nicht weniger Aufgaben geben würde, so konnte man sich hier, fern von allen Grenzen, doch ein wenig erholen.

Vor dem Fenster breitete sich die endlose unberührte Schönheit der Taiga aus – die Eisenbahn fuhr zwischen hundert Jahre alten Bäumen hindurch. Es wurde schon Sommer, und die Sonne übergoss das Meer der Nadeln mit ihren Strahlen. Trotz der großen Geschwindigkeit drang dieser einzigartige Geruch in den Waggon. Nirgendwo sonst haben die Pinien einen Duft wie hier. Eine Luft, die man einatmen und genießen möchte.

Andrey blickte still auf die funkelnden Bäume, in seinem Kopf liefen die Ereignisse der letzten Monate ab. Jetzt konnte er sich alle Details dieser Geschichte vor Augen führen. Er wusste jetzt alles darüber. Die Erinnerungen flammten in seinem Gedächtnis auf.

Der leichte Frühlingsregen schlug mit einigen dicken Tropfen gegen das spaltbreit geöffnete Fenster. Trotz der späten Nachtstunde saß Andrey noch an seinem Schreibtisch. Das kleine Schwarz-Weiß-Foto eines jungen Mannes lag auf einem Stapel beschriebener Blätter auf dem Tisch vor ihm.

Einige Jahre zuvor hatte er die Tests für die Zulassung zur Raketentruppe glanzvoll bestanden und war für seine Dienstleistung belobigt worden. Dann hatte er überraschend das Angebot bekommen, in den militärischen Sicherheitsdienst überzuwechseln, und er hatte ohne Zögern zugestimmt. Er war vollkommen überzeugt, dass die Tätigkeit auf diesem Gebiet ihm die Chance geben würde, seine Kenntnisse und Fähigkeiten für das Vaterland einzusetzen. Nach der Ausbildung an der KGB-Akademie kehrte er als Spezialagent zu seiner eigenen Raketentruppe zurück. Jetzt war Pravdin an einer anderen Grenze für den Schutz des Vaterlandes verantwortlich.

Seit den ersten Jahren seines Militärdienstes war Andrey sich der Gefahren der nuklearen Gegnerschaft bewusst. Seine Kenntnisse auf dem Gebiet der Raketentechnologie und das tiefe Verständnis für viele Vorgänge in der Welt, seine Fähigkeiten, lokale und globale Vorgänge unter verschiedenen professionellen Gesichtswinkeln einzuschätzen, wurden von seinen Vorgesetzten mit großer Zufriedenheit wahrgenommen.

Je mehr Kenntnisse er erwarb und je tiefer er in die technischen Aspekte der Modernisierung der Raketentechnologie eindrang, desto mehr wurde ihm als einem der wenigen bewusst, welches Leid sie in jeden Winkel der Erde bringen konnte. Der junge Offizier gelangte zu der festen Überzeugung, dass es leicht sein würde, mit Hilfe dieser Waffen einen Krieg zu beginnen, aber unmöglich, ihn zu gewinnen. Es war klar, dass die Weltmächte sich diesen Erkenntnissen bei der Umsetzung ihrer politischen Ziele nicht länger verschließen konnten. Waffen entwickeln, sie aufhäufen, sie voreinander verbergen – die Menschheit geriet in einen Teufelskreis, in dem sich ihre Situation von Jahr zu Jahr verschlechterte. Andrey war immer mehr davon überzeugt, dass die vorhandenen Methoden die bewaffnete Auseinandersetzung nicht aufhalten würden, dass effektivere Wege beschritten werden müssten als Aufrufe zur Abrüstung.

Die operative Unterstützung der Armee durch den militärischen Geheimdienst war zu allen Zeiten einer der Hauptgaranten für die Sicherheit des Landes. Diese oft nicht wahrnehmbare, aber gewaltige Aufgabe ließ den ausländischen Geheimdiensten, die in die Geheimnisse der Streitkräfte der UdSSR eindringen wollten, keine Ruhe. Andrey, vor kurzem zum Hauptmann im KGB befördert, hatte die höchst anspruchsvolle Aufgabe, geheimdienstliche Aktivitäten der Amerikaner zu verhindern. Die SALT- und ABM-Abkommen ließen den Kampf der Geheimdienste zwar für eine Weile in den Hintergrund treten, gleichzeitig aber wurde er auch verschärft. Das zerbrechliche Gleichgewicht, dessen Erhalt von ihren Aktivitäten abhing, konnte jeden Moment zum offenen militärischen Konflikt führen.

Die Politik der sogenannten Abrüstung wurde zu einer zeitlich begrenzten Erscheinung. Die Waffenmeister ersetzten überholte Technologien in den Kampfverbänden durch Neuentwicklungen. Immer neue Waffen wurden überall in den Warschauer Pakt- und NATO-Staaten aufgestellt, dadurch entstand ein neues Wettrüsten. Zusätzlich rollte eine Welle internationaler Auseinandersetzungen über die Welt, oft mit Beteiligung – wenn sie auch nicht immer sichtbar war – von Militärexperten der Großmächte. Diese Atmosphäre von tiefsitzendem Misstrauen führte zur sorgfältigen Kontrolle der vereinbarten Reduktion und Verschiebung von Waffensystemen. Von den Rednerpulten der internationalen Konferenzen herab sprachen alle von Vertrauen, aber niemand wollte auf die Überprüfung verzichten.

Andrey wusste es genau – sie würden zu dritt sein. Sie sollten schon morgen in der Stadt auftauchen. Wer und warum die Genehmigung erteilt hatte, die Besichtigungstour bis in die Nähe des Raketengeländes zu führen, war ihm nicht klar, aber die Entscheidung war offensichtlich mit Moskau abgestimmt und daher war es sinnlos, zu widersprechen. Um die Wahrheit herauszufinden, musste man nur warten. Die Überwachung wurde verstärkt, und in einer Besprechung mit der Reiseleiterin war festgelegt worden, wie weit die Tore der  gastfreundlichen sowjetischen Stadt den ausländischen Besuchern geöffnet werden sollten.

Zum hundertsten Mal an diesem Abend nahm Andrey das Foto vom Tisch und studierte es, sei es um sich die Gesichtszüge einzuprägen, sei es um darin etwas zu entdecken, das er bisher übersehen hatte. Wieder und wieder streifte sein Blick über das Schwarz-Weiß-Foto, auf dessen Rückseite mit dünner Bleistiftschrift stand: Robert Lenz.

Nach einer Weile legte Andrey das Foto weg und las zum wiederholten Mal die Papiere auf dem Tisch. Die Hauptaussage war: der Gruppe ausländischer Touristen, deren Ankunft erwartet wurde, würden auch einige mutmaßliche Geheimagenten angehören. Ihre Aufgabe würde die Kontrolle über die Verlegung der Raketeneinheit sein, in Übereinstimmung mit den letzten Abrüstungsvereinbarungen. Zu den Vereinbarungen gehörte auch die Verlegung von Mittelstreckenraketen von den Grenzen zu den europäischen Staaten ins Innere der Sowjetunion. Das sollte nicht nur in der Region zur Entspannung beitragen, sondern auch weltweit.

Umgruppierungsüberwachung ... So waren sie unsicher, ob die Einheit wirklich woandershin verlegt werden würde und vermuteten, dass das nur vorgetäuscht werden sollte. Aber wie sollten sie das überprüfen? Das ging nur, wenn du mit eigenen Augen die beladenen Transporter sehen konntest, ergänzt durch eine glaubwürdige Aussage über die Ankunft am neuen Standort. Drei Tage Aufenthalt in der Stadt waren zu lang, in diesem Zeitraum gab es tausend Möglichkeiten, zu tun was du wolltest. Und eines war klar – es würde eine Kontaktaufnahme mit einem Verbindungsmann geben.

Andrey war klar, dass er vor einer besonderen Herausforderung stand. Zuerst musste er herausfinden, wer von den Touristen die Geheimagenten waren und was sie im Schilde führten. Und etwas anderes war nicht weniger wichtig: herauszufinden, wer auf russischer Seite der Kontaktmann war. Nachdenklich vertiefte sich Andrey wieder in die Lektüre.

*Robert Lenz, überdurchschnittlich groß, athletischer Körperbau, schmales Gesicht europäischen Zuschnitts, blonde, glatte Haare, gewölbte Stirn, blaue Augen, schmale Nase, dünne Lippen. Keine besonderen Merkmale.*

*US-Staatsbürger. Ledig. Möglicherweise CIA-Angehöriger. Mehrmals im Zusammenhang mit Raketentests aufgefallen, aber auch bei Bau und Betrieb von Atomkraftwerken. Mehrere Reisen in die DDR und nach Osteuropa. Hat die UdSSR noch nicht besucht. Technische Ausbildung. Direkte Verbindung zum Geheimdienst nicht nachgewiesen.*

*Deutsche Herkunft. Der Großvater emigrierte wegen der Nazi-Politik in den dreißiger Jahren, hinterließ zwei kleine Fabriken in der Nähe von Berlin. Nach dem Krieg waren die Eltern in antikommunistischen Bewegungen engagiert, haben sich mehrfach gegen die Innen- und Außenpolitik der UdSSR geäußert. Die Gründe dieser Einstellung gegenüber der Sowjetunion sind nicht bekannt.*

*Offizieller Grund seines Besuches ist Sightseeing mit einer Gruppe von Touristen aus verschiedenen Ländern. Die Überwachung wurde während der Reise aufgenommen. Er hat praktisch keinen Kontakt mit anderen Mit-*

gliedern der Gruppe. Und er kommuniziert auch nicht mit anderen, die als mögliche CIA-Agenten eingeschätzt werden. Er ist neugierig, stellt der Reiseleiterin eine Menge Fragen. Er trinkt während der Reise gelegentlich Alkohol.

Möglicherweise ist er der technische Experte innerhalb der Geheimdienstgruppe. Er soll besonderes Interesse an den verschiedenen Strahlungsquellen in der Nähe der Armeeanlagen zeigen. Möglicherweise fotografiert er heimlich.

Kontaktaufnahme von seiner Seite scheint unwahrscheinlich, ist aber nicht auszuschließen.

Bei den anderen vermuteten Mitgliedern der Geheimdienstgruppe wurde die Wahrscheinlichkeit ihrer Zugehörigkeit schon nach ihrer Ankunft in der UdSSR festgestellt, in diesem Zusammenhang fehlt praktisch jede Information.

Es ist bekannt, dass einer von ihnen John Silk genannt wird, ebenfalls Bürger der USA. Möglicherweise ist er CIA-Angehöriger. Informationen über seine Aktivitäten in dieser Gegend fehlen. Professioneller Fotograf. Macht für eine westliche Zeitschrift Reisereportagen auf dem Gebiet der UdSSR. Hat eine Dauergenehmigung vom Kulturministerium für Fotos von historischen Monumenten. Auffällig, dass er alles fotografiert, was rund um militärische Einrichtungen passiert. Es ist ihm zuzutrauen, dass er versucht, in Sperrgebiete einzudringen. Vorrangiges Interesse scheint er für Verladearbeiten auf Bahnhöfen und abgedeckte Waffen zu haben. Er ist gesellig, hat während der Reise eine Affäre mit einer Schwedin. Weitere Informationen sind nicht verfügbar; in Arbeit.

Der dritte ist Alex Woodstock, geboren in Kanada, kurz nach seiner Geburt ging die Familie in die USA, wo er aufgewachsen ist. Möglicherweise CIA-Angehöriger. Verschiedene Geschäftsreisen in Osteuropa, Geheimdiensttätigkeit sehr wahrscheinlich, aber nicht bewiesen. Nach offiziellen Angaben ist er Angestellter einer großen Versicherung, zuständig für Frachtversicherung in die CSSR, Ungarn, Polen und einige andere Länder. Gesellig, trinkt viel während der Reise. Seine Aufgabe ist wahrscheinlich der Kontakt mit früher rekrutierten Armeeangehörigen am Ankunftsort. Besondere Überwachung seiner Aktionen ist notwendig.

„Besondere Überwachung seiner Aktionen ist notwendig …", wiederholte Andrey mehrmals und lehnte sich zurück. Ihm schien die ganze Geheimdienstgruppe klare Aufgaben zu haben.

Vielleicht gibt es hier in der Einheit jemanden, der ihnen Unterlagen aushändigen soll, was jetzt mit der Technik und den Waffen passiert und wohin genau sie verlegt werden. Und dieser jemand ist wahrscheinlich einer von ihnen, ein Offizier ... Aber wer? Wenn in der Gruppe ein Fachmann dabei ist, dessen Aufgabe es ist, Kontakt herzustellen, dann ist es nicht ausgeschlossen, dass er hier ist, um zu rekrutieren ... Dauernde Überwachung ist notwendig, wir sollten ihn keine Minute aus den Augen lassen, sonst kann das übel enden.

Während er darüber nachdachte, ließ Andrey sich auf ein kleines Sofa fallen, das in der Ecke seines Büros stand. Er musste ein wenig schlafen, morgen würde es ein unruhiger Tag werden. Er deckte sich mit dem Uniformmantel zu, als Kissen musste der Umschlag mit den Papieren herhalten. Er fiel in einen unruhigen Schlaf, die Gedanken in seinem Kopf kamen nicht zur Ruhe, vor seinen Augen tanzte das Foto von Robert Lenz.

Plötzlich war es Morgen. Es schien Andrey, als hätte er nur fünf Minuten geschlafen, aber durch das offenstehende Fenster fielen Sonnenstrahlen in seine Augen und brachten ihn schnell in die Realität zurück. Es klopfte an der Tür. Pravdin erhob sich und blickte in den Spiegel. Er fuhr sich durch sein dunkles, kurz geschnittenes Haar und über das Gesicht, tadelte sich innerlich, weil er unrasiert war, und runzelte die Stirn. Trotz der Nacht auf dem Bürosofa wirkte er äußerlich entspannt und kraftvoll. Er hatte von etwas sehr Angenehmem geträumt. Auch wenn er nicht mehr wusste, wovon, war ihm die gute Stimmung geblieben. Andrey zog die Krawatte fest, setzte sich an den Schreibtisch und rief mit lauter Stimme: „Herein!" Die Morgenbesprechung mit dem Dienstführenden, der einige Arbeitsaufträge klären musste, brachte Andrey wieder zu den Gedanken, die ihn immer noch beschäftigten.

Nachdem er seinen Gesprächspartner entlassen und die Unterlagen in den Safe gelegt hatte, erwischte Andrey sich bei einem unterhaltsamen Gedanken. Er musste Informationen über drei mögliche Geheimagenten erlangen, und es gab drei Offiziere, die man der Zusammenarbeit mit einem ausländischen Geheimdienst verdächtigen konnte. Dieser eigentlich bedeutungslose Zufall ließ ihn innehalten. Alles war einfach, sie waren drei, und sie hatten einen klaren Auftrag, und wenn wir ihnen nichts nachweisen können, läuft alles ohne Zwischenfall ab. Und es könnte vielleicht unter den dreien einer sein, oder auch keiner von ihnen, der das gewaltige Projekt der heimlichen Verlegung der Raketeneinheit gefährden könnte.

Am Vortag hatte Andrey geraume Zeit damit verbracht, die Personalakten vieler Offiziere zu studieren. Bei manchen war einiges schiefgelaufen im Leben, aber es gab keinen Grund, sie der Spionage zu beschuldigen.

Andrey ging in den Unterlagen etliche Jahre zurück, um den Verräter zu finden. Aber es gab keine offensichtlichen Fakten, nichts was eindeutig in eine Richtung gewiesen hätte. Er wollte eigentlich nicht glauben, dass einer seiner Offiziere ein Verräter sein könnte, aber er drehte und wendete die Informationen, befürchtete etwas zu übersehen. Aber auf der anderen Seite des Ozeans saßen auch keine Narren. Sie versuchten immer, die zu ködern, von denen man keine schmutzigen Tricks erwartete, oder die, denen man am meisten vertraute. So versuchte Pravdin, seine Gefühle zu unterdrücken und setzte seine Suche fort.

Die vielen Facetten der weltdiplomatischen Prozesse führten zu immer neuen Herausforderungen. Die Führungsmächte leiteten Friedensgespräche, die Staatsmänner machten ein paar schöne Gesten, um die Friedensbereitschaft ihrer Nation zu demonstrieren ... Gipfeltreffen, Memoranden, Resolutionen. Doch danach verursachten mehr und mehr Tests schwere Erschütterungen der Erde. Und es schien, als würde es kein Ende nehmen.

Aber es gab ein Ereignis, das den Glauben der Menschen an die Macht der Waffe erschüttert hatte.

400 Meter über der Erdoberfläche des Atomtestgeländes „Neue Erde" wurde eine Thermonuklearbombe mit einer Sprengkraft von 50 Megatonnen gezündet. Als die Druckwelle dreimal um den Erdball gegangen war, war man sich auf allen Kontinenten einig, dass weitere solche Tests die Menschheit in den Abgrund reißen würden. Es war klar, dass eine solche Waffe nicht für einen Einsatz in einem lokalen Krieg taugen würde, wohl aber für den totalen Krieg zur völligen Vernichtung der Menschheit und den Völkermord im planetaren Maßstab. Militärs und Politiker setzten die Suche nach neuen Lösungen fort.

In vielen Dingen mussten wir das Spiel aber nach den Regeln spielen, die uns aufgezwungen wurden. Manches haben wir zerstört und zerlegt, anderes haben wir aufbewahrt und irgendwohin transportiert, weit weg von den Grenzen, unter strengem Verschluss, in Einhaltung der Übereinkommen. Dieses Spiel erinnerte an eine Schachpartie, wenn es notwendig ist, die Dame zurückzuziehen oder sie quer über das Brett zu führen, damit sie später eingreifen, den entscheidenden Zug machen und den Gegner Matt setzen kann. Es war notwendig, den hohen Verteidigungszustand des Landes aufrecht zu halten. Aber die Gegenspieler dachten genauso.

Andrey dachte darüber nach, als er einen stillen Korridor entlang ging. Es gab keine hinreichende Information, und Offiziere grundlos der Spionage zu bezichtigen, war völlig ausgeschlossen. Er musste herausfinden, welche Offiziere der Einheit in diesen Tagen abwesend sein würden. Er ging in die Personalabteilung, um die Unterlagen zu holen. Er hoffte, in den Tabellen von Urlaubsmeldungen, Überstundenausgleichszeiten und Krankmeldungen etwas Nützliches zu entdecken. Er glaubte schon lange nicht mehr an Zufälle, und so musste er jedem Verdachtsmoment nachgehen. Natürlich konnte jemand unerwartet seinen Dienst nicht antreten, aus „familiären Gründen" oder wegen plötzlicher Krankheit. Er musste einfach jeden beobachten. Jeder war jetzt der potentielle Feind. Andrey mochte es nicht, seine Kollegen als Feinde zu betrachten, aber er hatte gelernt, dass in einer Notsituation jeder unter Verdacht stand.

Die Lenz-Gruppe war schon in der Nähe. Er nannte sie so nach dem Nachnamen von Robert, von dem als einzigem er ein klareres Bild hatte. Sein Gesicht, besonders seine Augen gingen Andrey nicht mehr aus dem Kopf.

Die notwendigen Informationen waren für Andrey bereits vorbereitet. In der Standesliste fand sich nichts Auffälliges – einige Kranke, andere waren im planmäßigen Urlaub, freie Tage und Ausgleichstage, die anderen waren gemäß den Unterlagen an ihren Dienststellen. Alles war wie immer. So sollte es auch sein. Andrey erwartete nicht, hier etwas Unerwartetes zu finden. Aber mit diesen Informationen würde es leichter sein, in den nächsten drei Tagen Abweichungen zu entdecken. Trotzdem gab er Befehl, umgehend die tatsächlichen Aufenthaltsorte der fehlenden Soldaten zu überprüfen.

Andrey kehrte in sein Büro zurück und beschäftigte sich weiter mit den Unterlagen der drei Offiziere, die er schon zuvor herausgesucht hatte. Er interessierte sich für alle Angaben über ihren Dienst, Charaktereigenschaften, Dienstzeugnisse und andere Informationen, denen man Schwächen, negative oder positive Merkmale der Soldaten entnehmen konnte. Zusammen mit anderem Material, das Andrey auf verschiedene Weise zusammengetragen hatte, ergaben die Akten von jedem Offizier ein vollständiges Bild. Drei mit einem möglicherweise versteckten Motiv hatte er herausgefiltert. Die drei hatten eines gemeinsam – sie waren alle vor kurzer Zeit nach Stationierungen in anderen europäischen Ländern zurückgekehrt. Jeder von ihnen konnte dort rekrutiert worden sein. Natürlich waren sie alle nach ihrer Rückkehr nach Russland mehrfach überprüft worden, aber wer wusste schon, was alles bei einem Auslandsaufenthalt passieren konnte. Es gab genug ähnliche Fälle. Die erste Privataffäre betraf den Oberleutnant Sergey Alexandrovich Kongin. Sie war genau so wie hundert andere ähnliche Geschichten – er wurde geboren, studierte, heiratete, ausgezeichneter Fachmann, Musterschüler im Kampftraining … Aber den Unterlagen war zu entnehmen, dass er ein wenig zu begeistert davon war, Elektronikartikel in die UdSSR zu bringen und zu verkaufen. Aufgrund seiner Ausbildung verstand er viel davon und konnte in kurzer Zeit sein Vermögen beträchtlich vermehren. Nach seiner Rückkehr kaufte er ein teures Auto, das ein Mehrfaches seines Jahresgehaltes kostete. Es war nicht klar, woher der geschätzte Sergey Alexandrovich das Anfangskapital genommen und wer es ihm gegeben hatte. Außerdem stellten solche Aktivitäten seine persönlichen Qualitäten doch in Frage, denn es musste ihm klar sein, dass er sich am Rande der Legalität bewegte und durchaus wegen Verletzung etlicher sowjetischer Paragrafen angeklagt werden konnte.

So jemand musste im Auge behalten werden – Andrey notierte „Kongin" in seinem dunkelblauen Notizbuch.

Die nächste Personalakte gehörte zu Hauptmann Ivan Ivanovich Gaev. Der Sohn eines Kolchosenbauern hatte seine ganze Kindheit in einem kleinen Dorf an der Grenze zwischen den Regionen Kursk und Bryansk verbracht. Eine Reihe von Unterlagen in der Akte ließen ihn als Musterschüler und treuen Parteigenossen erkennen, doch nach der Rückkehr von einer Dienstreise in die Tschechoslowakei war er deutlich verändert. Gaev schwärmte von seinem Leben in Europa und erzählte ausführlich von seinen Abenteuern. Es war beunruhigend und warf manche Fragen zu seiner Zuverlässigkeit auf.

Andrey schloss die Unterlagen wieder im Safe ein und ging hinaus. Er musste die Verladung und Abdeckung der Raketen und Sprengköpfe überprüfen. Er ging den Zug entlang und versuchte, auch nicht die geringste Kleinigkeit zu übersehen. Aber erstaunlicherweise war alles so perfekt und sorgfältig durchgeführt, dass Andrey beinahe schockiert war von so viel Professionalismus, wie er ihn bei anderen Verladeaktionen solcher Waffensysteme noch nicht erlebt hatte. Als er die Soldaten und Offiziere sah, wie sie sich um die abgedeckten Fahrzeuge mit Raketenabschussrampen und anderen technischen Vorrichtungen bemühten, war er beruhigt, dass bei der Ankunft der Lenz-Gruppe hier alles in bester Ordnung sein würde. Es war offensichtlich, dass Robert ein erfahrener Experte war, aber er würde kaum mehr sehen können, als seine sowjetischen Kollegen ihm zeigen wollten.

Andrey ging weit weg vom Zug, so dass er beinahe alle Fahrzeuge mit einem Blick erfassen konnte. Was für eine Macht – die ganze Raketeneinheit auf Schienen. Die mobile Sowjetwaffe, praktisch unerreichbar für den Feind. Eine gewaltige Bedrohung, und der Feind würde nicht wissen, wo er sie suchen sollte, von wo der Schlag erfolgen würde. Eine Fantasie.

Aber eigentlich wollte Andrey daran glauben, dass die Raketen, die jetzt auf den Zug verladen wurden, für immer nur die Waffe der Abschreckung sein würden, um die kriegslüsternen Hitzköpfe abzuhalten, sein Land zu überfallen. Und möge diese Waffe niemals ihre eigentliche Bestimmung erfüllen dürfen.

Hauptmann Anatoly N. Tkachuk bei den Raketentruppen

## Der Blick durch den Spalt

„Ich habe die Bombe gesehen. Sie war ungefähr eineinhalb mal drei Meter groß, wie eine normale Fliegerbombe, nur dicker. Wer von uns Soldaten konnte sich denn vorstellen, dass diese fünf Tonnen eine solche Sprengkraft haben sollten. Aber wir bekamen einen Eindruck davon, mit welcher Vorsicht und beinahe Zärtlichkeit die Wissenschaftler mit ihr umgingen.

Im Moment der Explosion war ich in einem Bunker, ich habe sie nur gehört und gespürt. Die Erde bebte, schwankte unter den Füßen. Die Mauern wackelten ... Das Grollen verging und kam wieder ... Stellen Sie sich vor, Sie stehen reglos da, blicken die anderen rundherum an ... Jeder hält sich an irgend etwas fest ... Und die Augen von jedem einzelnen sind von einem Schrecken erfüllt, wie ich ihn nie zuvor und nie wieder gesehen habe.“

„Robert, die Besonderheiten dieses Einsatzes sind Ihnen klar. Der Auftrag ist ganz einfach, aber hier geht es nicht um Ungarn oder die Tschechoslowakei, sondern um die UdSSR, wo man groß darin ist, Geheimnisse zu bewahren und Verrat hart zu bestrafen. Wenn Sie auffliegen, haben wir keine Chance, Ihnen zu helfen. Wir haben dann keine andere Wahl als Sie fallen zu lassen. Also lassen Sie sich nicht provozieren und geben Sie auf keinen Fall Ihre Tarnung auf. Wir brauchen eine möglichst genaue Einschätzung der Situation."

„Ich höre Ihnen zu, Sir", nickte Robert.

„Das ist gut, dann muss ich Ihnen die russischen Spionagegesetze nicht noch einmal erklären ... Bevor Sie von Moskau abreisen, übergeben Sie Ihre gesammelten Informationen unserem Mann in der Botschaft. Sie haben ihn schon kennen gelernt. Selbst beim Boarding oder sogar noch im Flugzeug könnten Sie erwischt werden, aber wir dürfen diese Informationen nicht verlieren. Um die Überprüfung der Details kümmern wir uns in der Zentrale, jetzt ist jede Information von Bedeutung für uns. Umso mehr, als es derzeit zu viele Geheimnisse gibt. Ein Vertrag ist ein Vertrag, aber Tricks wird es immer geben. Wir glauben, dass die Russen mit uns spielen und dass ihre Raketen immer noch auf uns gerichtet sind. Die Umgruppierung ist nur eine Tarnung und ein Versuch, uns reinzulegen. Die formalen Kontrollen sind nur die halbe Schlacht, es braucht die Erkenntnisse vor Ort, deswegen ist das ein besonderer Einsatz."

„Ich habe davon gehört. Kann ich gehen?"

„Ja, Abreise ist in zwei Stunden. Und vergessen Sie nicht, ich möchte, dass Sie alles in Augenschein nehmen und bestätigen, was die Messungen anzeigen. Schauen Sie durch jedes Schlüsselloch! Wenn uns der Nachweis gelingt, dass sie uns reinlegen oder betrügen wollen, zerren wir sie vor die Weltöffentlichkeit. Dann stehen die Chance gut, dass sie sich auf Forderungen einlassen, denen sie sonst nie zustimmen würden. Zuerst haben wir sie mit einem Wettrüsten ruiniert, jetzt ruinieren wir sie mit einem Wettabrüsten."

Robert verließ den großen Raum. Er hielt eine dünne Akte über Andrey Pravdin in der Hand. Darin wurde er als junger, aber schon erfahrener KGB-Offizier beschrieben, gut genug, ihm Widerstand zu leisten. Die kommende Reise schien einigen Spaß zu versprechen. „Lass uns spielen", grinste er und prägte sich die dunklen Augen ein, aus denen ihm der Glanz des Widersachers entgegenzublicken schien.

Er hatte noch ein wenig Zeit übrig, aber Robert musste sich noch in die Rolle eines echten neugierigen Touristen hineinversetzen, der sich zum ersten Mal auf eine lange Reise in die geheimnisvolle und unbekannte Sowjetunion macht. Er war ein wenig nervös. Robert verglich gerne zum Spaß die UdSSR mit einem Dschungel. Einerseits war alles mehr als eindeutig; die Route war in jedem Punkt durchdacht, anderseits, der Dschungel ist der Dschungel, und du weißt nie, was dich dort erwartet ... In seinen Anfangsjahren war Robert kreuz und quer durch Ost- und Westeuropa gereist und hatte das nie so gespürt.

Von Jugend an hatte er eine ausgeprägte Abneigung gegen alles, was in der Sowjetunion vor sich ging. Manchmal verstand er nicht, woher dieses Gefühl kam, aber er hatte keine Antwort auf die Frage. Aber anderseits war das auch nicht so verwunderlich, die Propagandaoffiziere hatten auf beiden Seiten des Ozeans professionell gearbeitet und die öffentliche Meinung entsprechend gesteuert.

Robert wusste, wenn auch nur aus Erzählungen, von der Macht der russischen Waffen und ihrem Sieg über Nazideutschland. Doch das waren konventionelle Waffen gewesen, nun bedrohte ein Atomkrieg die ganze Welt. Und der riesige Sowjetstaat konzentrierte genug Macht, um alles zu zerstören. Aber Robert wusste wiederum, wer für das Durcheinander am Beginn der nuklearen Aufrüstung verantwortlich war.

Vor vielen Jahren, vor den ersten Tests, hatte es gute Ansätze gegeben, dass die Tests überflüssig wären und dass niemals jemand die Waffen einsetzen würde ... Und nun sah man ja das Resultat. Auf der Welt gab es genügend Atomwaffen, um den Planeten mehrmals zu zerstören. Aber was für ein Sieg soll das denn sein, wenn weder Gewinner noch Verlierer übrig bleiben.

Moskau empfing die Touristen mit Regen. Die Teilnehmer der Reisegruppe kamen aus der ganzen Welt zusammen, und jeder Ankömmling wurde unverzüglich in einem der zentral gelegenen Hotels untergebracht. Die Rundfahrt sollte am nächsten Morgen beginnen. Es war eine seltene Gelegenheit, ein spezielles Arrangement auf den besonderen Wunsch mehrerer Reiseveranstalter. Die Rundfahrt umfasste die Besuche in einigen großen Städten Zentralrusslands und einiger Republiken. Außerdem waren einige längere Aufenthalte nicht nur in den Städten, sondern auch in kleinen Orten geplant. Deswegen sollte die Reise drei Wochen dauern und war sehr teuer. Und außerdem bot sich dann genug Raum für besonders Neugierige ...

Robert war einer der letzten Ankömmlinge. Schon als er die Gangway herunterging, wurde ihm klar, dass der Einsatz hier viel schwieriger sein würde als anderswo. Alles wurde beobachtet. Sein geschulter Blick zeigte ihm an verschiedenen Plätzen im Flughafen Menschen, die jeden Schritt der ausländischen Gäste beobachteten. Er beruhigte sich mit dem Gedanken, dass dies der internationale Flughafen von Moskau war. Lenz hoffte, dass außerhalb alles etwas einfacher sein würde. Vor allem würde es dort nicht die totale Beschattung geben. Hier würde die klassischen Methoden nicht helfen. Aber seine Reise hatte einen einzigen Zweck, sodass er sich die ganze restliche Zeit wie ein ganz normaler Tourist im Urlaub verhalten konnte.

Lenz war ein reiselustiger Mensch. Wo immer er in seinem Leben war, hatte er das Bedürfnis, mit den Geschichten und den Menschen des Landes möglichst eng in Kontakt zu kommen. Außerdem half es ihm bei seiner Arbeit.

Ein Bus mit dem Schild „Inturist" fuhr über die regennasse Straße. Zwei Wochen Reise durch Russland lagen hinter ihnen. Eine neue wunderbare unbekannte Welt hatte sich vor Menschen geöffnet, die von anderen Kontinenten und Ländern gekommen waren und jetzt die UdSSR in einem andern Licht sahen.

Tag für Tag hatten sie mehr und mehr über das Land erfahren, wurden sie überrascht und staunten. Ungeachtet der schrecklichen Schläge, die das Volk in der ersten Hälfte des Jahrhunderts erlitten hatte, konnte es seine ursprüngliche Schönheit bewahren, die mit der hoch entwickelten modernen Kultur harmonierte. Schwerste Belastungen ließen diese Menschen nicht verhärten, es gelang ihnen, die Traditionen ihrer Väter zu retten, deren lange Wurzeln tief in die Orthodoxie und ins Heidentum zurückreichten, obwohl die Versuche, sie auszurotten, oft mörderisch gewesen waren. Jahrhunderte lang gaben sie von Generation zu Generation ihre Bräuche mit Freundlichkeit, Ernsthaftigkeit, Aufrichtigkeit und Liebe zu ihrem Land, zu ihrer Heimat weiter. Die Trostlosigkeit der Realität und die Verzweiflung schrumpften zusammen angesichts der erstaunlichen Fähigkeit der Russen, sich selbst mit Ironie zu begegnen. An einem Tag sahen die Touristen wunderbare sowjetische Filme, sie lachten herzlich über die Komödien, obwohl sie doch gedacht hatten, dass in der UdSSR nur Propagandafilme gedreht würden.

Die russische Tradition, Gäste mit Brot und Salz zu begrüßen, hatte sich tief in Roberts Herz eingegraben. Er hatte oft davon gehört, den Sinn nicht begriffen, aber als er es selbst erlebte, war er erstaunt, denn dieser Brauch scheint auf den ersten Blick so einfach. Er umfasst die ganze Tiefe und Aufrichtigkeit des russischen Herzens. Der Russe teilt seine innersten Gefühle mit Fremden, indem er ihnen Brot und Salz anbietet und erwartet dafür die Offenheit und Ehrlichkeit des Gastes. Natürlich ist das jetzt, in der sowjetischen Realität, häufig nicht mehr als eine Vorführung für Touristen, aber die Gastfreundschaft, mit der sie überall aufgenommen wurden, war unvergesslich, und sie war echt. Es war erstaunlich, dass ganz normale Leute die Ausländer, die ihnen doch von den eigenen Zeitungen als Feinde, Unterdrücker, Übelwollende propagiert wurden, wie alte Freunde begrüßten. Faszinierendes Lächeln und Lachen ließ Robert vergessen, dass er in einem fremden Land war. Das musste man selbst spüren, das konnte man nicht aus Büchern und Reiseführern erfahren. Robert verstand nun, dass es unmöglich war, ein Volk zu brechen, das seine Geschichte so respektiert und eine solche unbeirrbare Seele hat, selbst wenn in der Welt alles auf den Kopf gestellt wird. Und was ihm auch klar wurde – es war eine Gegnerschaft zwischen den Staaten, nicht zwischen den Menschen.

Als er die Menschen in der Sowjetunion traf, begriff Robert, dass die Russen vielfältig und schwer einschätzbar sind. Um sie zu bekämpfen, musste man ihre Herzen und ihre Werte begreifen, manchmal schien das leicht, aber ein anderes Mal erschienen sie für einen Ausländer voller Tiefe und Größe.

Robert erinnerte sich an solche Begegnungen und döste am Fenster. Hin und wieder öffnete er die Augen und betrachtete die vorbeifliegenden Felder, Wälder, kleinen Städte und Dörfer. Alles war hier ganz anders als zu Hause, ja sogar anders als in Westeuropa. Manchmal blickte er in die Ferne, kniff die Augen zusammen, als versuchte er dort etwas zu finden. Bisweilen schnappte er auch etwas von der Konversation rund um ihn herum auf.

Hinter ihm saßen ein Japaner mittleren Alters und eine ältere Engländerin. Sie unterhielten sich schon eine ganze Weile, doch nun erregten sie Roberts Aufmerksamkeit.

„Ich komme aus einem Dorf in der Nähe von Hiroshima, und meine Eltern haben dort bis 1945 gelebt. Nach der Zerstörung der Stadt mussten wir weg. Damals war ich fünf Jahre alt. Ich war ein Kind, aber ich habe vieles gesehen. Stellen Sie sich diese Eindrücke vor. Ich habe die Menschen sterben gesehen. Es war unerträglich. Aber jetzt weiß ich, dass die Toten besser dran sind als die Überlebenden, auch wenn das schrecklich klingt. Von ihnen blieben nur die Schatten auf den Steinen. Sie haben nicht gelitten. Wer später gestorben ist, war zu schrecklichem

Leiden verurteilt. Vor einigen Jahren erkrankte mein Vater an Leukämie. Zuerst gaben ihm die Ärzte noch einige Jahre, aber seine Krankheit ging rasend schnell. Er starb nach zwei Monaten. Meine Mutter hat nicht so lange durchgehalten, die Ärzte hatten keine Erklärung, warum sie ihnen unter den Händen verfiel. Innerhalb von zehn Jahren war praktisch jeder aus unserem Dorf tot. Es war grauenhaft … schrecklich … Ich hatte unwahrscheinliches Glück, dass ich noch lebe. Es ist die schrecklichste Entwicklung in der ganzen Geschichte der Menschheit. Aber vielleicht hat man das vom Schießpulver auch schon gesagt …"

„Es tut mir so leid, dass das geschehen ist", sagte die Engländerin plötzlich. „Aber es war Krieg; er konnte nicht anders beendet werden …"

„Meinen Sie? Auf Kosten der jetzigen herrschenden Angst der ganzen Menschheit? Ich werde die Alpträume niemals los. Die größte Angst in meinem Leben ist die Wiederholung dieses Bombenabwurfs. Ich träume von Flugzeugen über unserem Haus, ich sehe den aufsteigenden Atompilz am Horizont und wache auf in kaltem Schweiß. Ich werde die Bilder nicht los von den schrecklichen grauen Asche- und Staubwolken, die in den Himmel aufgestiegen sind und wie Säulen über den Ruinen hängen … und die Explosion … Hundert Sonnen gingen gleichzeitig auf … Nach einer Weile kamen die Menschen zu uns gerannt. Sofern man sie noch als Menschen erkennen konnte: die Haut hing ihnen in Fetzen vom Körper, ihre Gesichter waren rot und so geschwollen, dass man Mund und Augen nicht erkennen konnte … sie stürzten sich ins schwarze Wasser, denn sie wussten nicht, dass es von Strahlung vergiftet war … Sie sind alle gestorben! Ist das der Preis des Sieges?" Der Japaner verstummte. Die Engländerin barg ihr Gesicht und antwortete nichts. Sie bedauerte, dass sie dieses Gespräch begonnen hatte.

Robert dachte nach. Es war Krieg gewesen, und die Diskussion würde nie enden, ob jedes Mittel gerechtfertigt war, ihn zu beenden. Das Wichtigste wissen die Japaner nicht. Es war nicht nur die Anwendung tödlicher Waffen gegen das Land. Der eigentliche Sinn dieses Bombardements ging tiefer. Es war ein Test, ein gewaltiger Test, den jemand für notwendig hielt, um die Macht der Bombe zu bestätigen. Eine der Dienstanweisungen für den Bombenabwurf hat das ausdrücklich festgehalten: „Um die Kapazität der Bombe zu demonstrieren, muss der Wirkungsradius sowohl Industrieanlagen als auch Wohngebiete umfassen." Es war ein Erfolg. Zwei Bomben auf große Ziele haben die Rangfolge in der Welt festgelegt. Ein Staat, der neue, mächtigere und tödlichere Waffen besitzt, die jedes Land in die Knie zwingen würden, könnte sich zum Herrscher der

Welt aufschwingen. Das war damals, 1945, die Situation. Zu dieser Zeit schien Stalin noch weit weg von der Entwicklung einer gleichen Waffe, und ein Atomschlag gegen die Sowjetunion damals hätte alle heutigen Probleme für immer und ewig gelöst, jeden weiteren Konflikt vermieden. Robert hatte viele Dokumente über diese Jahre gelesen, und je mehr er über die Vergangenheit las, desto besser verstand er die Gegenwart. Ja, der Angriff auf Japan war ein Experiment gewesen, und der Japaner auf dem Sitz hinter ihm war ein bemitleidenswertes Opfer. Eines von Tausenden.

Jetzt war es anders. Heute hatten die meisten Raketen Zielkoordinaten. Sie zielten auf Moskau, Leningrad, Gorky, Kiev ... Es beschäftigte Robert immer häufiger, dass hinter den statistischen Angaben, die diese Städte beschrieben, lebende Menschen steckten. Ihm wurde klar, dass im Falle eines ernsthaften Konflikts alle großen Zivilisationen und ihre Kulturen binnen Minuten zerstört werden konnten. Robert wollte so gerne glauben, dass er mit seiner Beobachtung der Abrüstungsmaßnahmen – trotz seiner nicht immer legalen Aktivitäten – zur Erhaltung des Friedens beitrug. Aber er wusste auch, dass die Amerikaner selbst nicht komplett abrüsteten. Lass den anderen abrüsten und besiege ihn mit dem, was du verborgen hast – das ist des Motto eines falschen Friedensprozesses. Die Absurdität ist, dass die Großmächte den Prozess der universellen Zerstörung sehr wohl begriffen und Konferenzen einberiefen, um im selben Atemzug zu überlegen, wie sie die Beschlüsse umgehen konnten. Und natürlich verdächtigt jeder den anderen, dass er lügt.

Henry Kissinger hatte da humanere Pläne. Er wollte die Sowjetunion von innen ruinieren, dann würden die Waffensysteme mit den Städten und den Menschen zusammen untergehen. Dafür gibt es historische Beispiele – ganze Imperien sind unter dem Druck ungelöster innerer Auseinandersetzungen und wirtschaftlicher Probleme zusammengebrochen. Und ihre Macht verschwand mit ihnen für immer.

Der Bus fuhr an einem Ortsschild vorbei, und allmählich nahm die Zahl der kleinen einstöckigen Häuser zu, dann wurden es immer mehr graue fünfstöckige Häuser aus den späten Fünfzigerjahren. Nun war Robert nur noch einen Steinwurf von seinem Ziel entfernt. Hier war das Ziel, für das die ganze Reise organisiert worden war. Nun blieben ihm noch drei Tage, um alles zu erledigen. Zuerst musste er sich informieren, was in der Stadt vor sich ging, was die Menschen hier bewegte. Es war prinzipiell untersagt, Armeeangehörige zu kontaktieren, und sie waren auch viel schwieriger zu manipulieren. Zu viele Probleme, zu wenig Zeit.

Robert blickte sich um und versuchte, die Bilder wieder zu erkennen, die er sich vor seiner Abreise eingeprägt hatte. Die Übereinstimmung war groß, das war gut. Er rief sich den Stadtplan ins Gedächtnis und überlegte, auf welchen Wegen er vom Hotel zum Raketengelände in der Nähe kommen konnte. Jede Strecke war mit einer Zeiteinschätzung verknüpft, denn jede Minute, die er länger bei der Gruppe fehlte, konnte Verdacht erregen.

Ihm blieb keine Zeit, seine nächsten Schritte lange zu überlegen. Die Reiseführerin erzählte von der Geschichte der Stadt, von den Menschen, die hier zu verschiedenen Zeiten gelebt hatten, wies auf das interessante Panorama hin und behielt die Touristen im Auge. Aber Robert schenkte ihr kaum Aufmerksamkeit. Er hatte sich schon entschieden, mit dem ersten Versuch, an sein Zielobjekt heranzukommen, nicht bis morgen zu warten.

„Wir kommen jetzt in unser Hotel, wo wir die beiden nächsten Nächte schlafen werden. Für morgen ist eine spannende Stadtrundfahrt mit mehreren Museumsbesuchen vorgesehen. Nachdem wir die Zimmer bezogen und zu Abend gegessen haben, haben Sie freie Zeit. Sie können in der Nähe des Hotels ein bisschen spazieren gehen, aber bitte gehen Sie im Dunkeln nicht zu weit, um unangenehme Situationen zu vermeiden. Schönen Tag, bis morgen."

Unmittelbar nach dem Abendessen ging Robert hinaus. Es dämmerte bereits, wenige Passanten waren unterwegs, kaum Autos auf der Straße. Ein Mann folgte Robert unter das Vordach und zündete sich eine Zigarette an. Lenz ging langsam die Stufen hinunter. Er wartete, der Mann folgte ihm langsam. Robert hatte schon einiges erlebt, aber eine so offene Beschattung überraschte ihn doch. Wenn es das war. Er blieb plötzlich stehen, als hätte er etwas im Hotel vergessen, drehte sich um und starrte den Mann an. Der ging einfach weiter, als würde er Robert gar nicht wahrnehmen. Was war das? Ein Zufall oder ganz schlechte Beschattung?

Lenz wartete, bis der Mann außer Sicht war, sog die frische Abendluft ein und steuerte sein Ziel auf dem Weg an, den er sich vor der Reise im Stadtplan zurecht gelegt hatte. Zwei Block vom Hotel kommt ein Zeitungskiosk, dann links, vorbei an einem „Zarya"-Laden und dann eine kleine Biegung. Weiter bis zur Severnaya Straße, an ihrem Ende links und in einigen hundert Metern ist dann der Kontrollpunkt zum Raketengelände. Alles stimmte. Es war der kürzeste Weg, aber niemand hatte gedacht, dass es so leicht sein würde. „Wenn sie mit ihrer Beschattung schon unter dem Vordach beginnen", dachte Robert.

Er pfiff im Gehen ein Lied, benahm sich wie ein Tourist, der nach einer langen Busfahrt Lust hat auf einen kleinen Stadtspaziergang. Beim Zeitungskiosk blieb er stehen und betrachtete die russischen Zeitungen. Sein Blick fiel auf eine fette Schlagzeile: „Die Völker der Welt sind gegen die Neutronenbombe". Ohne Zögern nahm er einige Münzen aus der Tasche und kaufte eine Zeitung. Lenz trat einen Schritt zur Seite und musterte über den Rand der Zeitung hinweg die Umgebung. Niemand. Er wunderte sich über die Leere. Es war noch nicht so spät, aber da war niemand und auch kein Beschatter. Seit dem Auftritt unter dem Vordach war ihm nichts Ungewöhnliches mehr aufgefallen. Da konnte sich niemand verstecken, und er hätte mit Sicherheit jeden Verfolger bemerkt. Er blieb noch ein wenig stehen, ging zehn Meter weiter und wandte sich dem Geschäft zu, in dessen großen Fensterscheiben große Buchstaben leuchteten: ZARYA.

Andrey war eben nach Hause gekommen und hatte sein Abendessen begonnen. Er dachte über den vergangenen Tag nach. Sein Blick blieb an seinem Spiegelbild in einem dunklen Fenster hängen. er entdeckte in seinem müden Gesicht Falten, die er noch nie gesehen hatte. Oder war es die Verzerrung durch das Glas? Ein schrilles Telefonläuten riss ihn aus seinen Gedanken.

„Guten Abend, Andrey Ivanovich. Entschuldigen Sie die Störung, aber Lenz ist eben aus dem Hotel gegangen und geht zur Kaserne. Die Überwachung geht weiter."

„Und die anderen?"

„Sind noch im Hotel."

„Ich verstehe. Weiter beobachten. Verständigen Sie mich, wenn irgendetwas ungewöhnlich ist und handeln Sie nach den Befehlen."

„Jawohl."

Andrey hängte das Telefon ein. Das war es, die Meldung stimmte. Lenz beachtete keine Vorsichtsmaßnahmen, sondern ging schnurstracks auf sein Ziel los. Das bedeutet, dass er Rund-um-die-Uhr-Angaben braucht. Aber die Arbeiten sind fast vorbei, und er kann nichts Interessantes erfahren. Die Waffen sind schon verladen und zum Abtransport bereit. Die erste Staffel ist mit allem Gerät schon abmarschiert, aber die Kaserne ist noch voller Leben. So wird Lenz genau die Informationen bekommen, die wir für ihn vorbereitet haben. Jetzt ist es unser Spiel. Das einzige ist, auf ihren Zug warten und die höchste Kontrolle über ihre Annäherung an die Kaserne bewahren.

Andrey lächelte zufrieden, atmete erleichtert aus und ließ sich in seinen Armsessel zurücksinken. Nun war es einfach mit Lenz, das Wichtigste war, dass er nicht zu viel erfuhr. Aber wie mit dem Verräter in den eigenen Reihen umgehen? Natürlich mussten die drei Verdächtigen noch überprüft werden, aber nach einem Tag Arbeit war Andrey sicher, dass es keiner seiner drei ursprünglichen Kandidaten war. Er hatte seine Aufmerksamkeit den Hilfskräften zugewendet und war auf Petr Polushin aufmerksam geworden. Der arbeitete in der Offiziersmesse. Trotz mehrerer fragwürdiger Stellen in seiner Biografie machte er seine Arbeit sehr gut und war auch mit einigen Offizieren näher bekannt. Außerdem, so hatte man Andrey berichtet, interessierte er sich sehr für alle Vorgänge in der Kaserne. Er erwähnte häufig, dass er selbst gerne Raketensoldat geworden wäre, es aber nicht geschafft hatte; doch das Interesse sei geblieben, und deshalb sei er hier gelandet usw. Der Mann stellte ziemlich seltsame Fragen – und er bekam, was noch gefährlicher war, unentschuldbar detaillierte Antworten. Er tauchte oft auf, wo er eigentlich nichts zu suchen hatte und sammelte verschiedene Hinweise. Was bei Andrey besonderes Unbehagen auslöste, war, dass man durch die Fenster der Messe auf die Laderampen schauen konnte. Der Koch hatte möglicherweise genug von seinem Traumberuf gesehen. Morgen würde er ihn näher in Augenschein nehmen. Denn Andrey war ziemlich sicher, den Verräter gefunden zu haben.

Robert hatte den Kontrollpunkt beinahe erreicht. Noch einige Schritte, einmal um die Ecke, und er war am Ziel. Er blickte sich um, ohne stehen zu bleiben. Die Straßen waren noch immer leer. Eine kleine, kaum wahrnehmbare Handbewegung, ein kaum hörbares Klicken und seine Aufnahmegeräte, die aussahen wie eine moderne japanische Taucheruhr und ein Portableradio, begannen zu laufen. Robert bog um die Ecke und ging langsam an einer hohen Mauer entlang, die mit Stacheldraht besetzt war. Ein Offizier trat aus dem Wachhäuschen. Robert ging weiter und versuchte sich nicht anmerken zu lassen, dass er die Mauer absuchte. „Wo sind die Risse?", rief er sich die Fotos ins Gedächtnis, die jemand früher gemacht hatte, mit roten Pfeilen auf kleine Öffnungen, durch die man sehen konnte, was im Inneren vor sich ging. Alles was er sah, war eine frisch gestrichene Mauer. Er konnte nichts anderes tun als nach andern Löchern zu suchen, aber dann wurde er durch eine Frauenstimme gestoppt.

„Robert! Was tun Sie hier?"

Er blickte sich um. Zehn Meter hinter ihm stand Natalya, ihre unvermeidliche Reiseleiterin. Er drehte sich zu ihr und lächelte. Die sehr attraktive junge Dame beeindruckte ihn mit ihrem Wissen und ihrer schnellen Auffassungsgabe. Unter anderen Umständen hätte er sich gefreut, sie zu sehen. Aber jetzt nicht.

„Ach ... ein kleiner Spaziergang vor dem Schlafengehen, ein Stadtbummel. Und Sie?" antwortete Robert, als wäre nichts geschehen.

„Ich habe einen alten Schulfreund besucht, aber er ist leider auf Geschäftsreise. Ich habe mich ein bisschen mit seiner Frau unterhalten und jetzt gehe ich zurück ins Hotel." Sie lächelte. „Robert, ich habe doch gesagt, nicht zu weit weg vom Hotel, die Straßen sind leer, das sehen Sie, es könnte wer weiß was passieren", setzte sie fort. „Außerdem ist dieser Stadtteil für Ausländer und einsame Damen nicht erlaubt. Begleiten Sie mich ins Hotel? Es ist schon dunkel, und allein ist es ziemlich unheimlich."

„Sicher", lächelte Robert. „Ich bin herumgelaufen und weiß gar nicht, wie ich hierher gelangt bin. Was ist denn hinter der Mauer?", fragte er unschuldig.

„Da?" Natalya zögerte. „Das weiß ich gar nicht. Vielleicht eine Fabrik. Ich kann Ihnen über jedes Gebäude im historischen Stadtzentrum etwas sagen, aber hier nicht. Hier ist alles neu gebaut worden und hat keine Geschichte."

Sie gingen langsam zum Hotel, plauderten über die Geschichte der Stadt und über die Namen der Straßen. Robert versuchte zu scherzen, tat sein Bestes, seine Enttäuschung über die jähe Störung seiner Pläne nicht zu zeigen. Ihm kam ein anderer Gedanke. Natalya ... War es wirklich Zufall, dass sie aufgetaucht war oder war das geplant, sodass er nicht näher an das Objekt heran konnte? Arbeitet sie auch für den KGB? Sie schien so natürlich und aufrichtig. Und jetzt gingen sie im leichten Frühlingsregen zum Hotel und sie zeigte gar keine Scheu. Selbstsichere junge Dame ... Sehr nett ...

Auch am nächsten Morgen regnete es. Ein Stadtrundgang unter einem Regenschirm ist nicht besonders toll für einen Touristen, aber es störte niemanden. Robert suchte nach einem Grund, unauffällig von der Gruppe wegzukommen und heimlich zu dem Ort von gestern Abend zurückzugehen. Trotz des Regens war heute in der Stadt viel mehr los. Viele Menschen liefen durch die Straßen, und es würde viel leichter sein, unterzutauchen. Als er sah, wie Leute über die Pfützen sprangen, hatte er eine Idee.

Jetzt musste er seine schauspielerischen Fähigkeiten aufbieten und seine helle Hose opfern. Er gab vor, ein altes Gebäude zu bewundern, ging langsam zurück, um die ganze Fassade fotografieren zu können. Ein kleiner Spalt kam gerade recht. Er fiel hin, hielt sich das Bein und landete in einer Pfütze. Seine Hose war nass und schmutzig.

„Robert, sind Sie verletzt?" Natalya war besorgt.

„Alles okay", antwortete Robert und rieb sich ostentativ den Knöchel. „Aber meine Hose ist komplett nass. Was soll ich tun?"

Natalya dachte nach. Sie musste die Situation so gut wie möglich retten, aber sie konnte den speziellen Touristen unmöglich allein lassen.

„Soll ich Sie ins Hotel bringen?"

„Das schaffe ich alleine, es ist nicht so weit, den Weg kenne ich. Ich treffe euch wieder nach dem Mittagessen, es ist besser, ich lege mich eine Weile hin. Kümmert euch nicht um mich, geht nur weiter. Kleine Museen mag ich ohnedies nicht."

„Vielleicht sollten Sie zum Arzt gehen?" schlug Natalya vor.

„Nein danke, am Nachmittag ist alles wieder in Ordnung."

„Gut", stimmte die Führerin zu. „Ich komme zu Ihnen, sobald die Gruppe im Hotel zurück ist."

Robert hinkte zum Hotel. Aber nur bis zur nächsten Ecke. Dann lief er beinahe. Er hatte fast anderthalb Stunden gewonnen. Und da es unwahrscheinlich war, dass er noch einmal so eine Chance bekäme, ohne Verdacht zu erregen, musste er mit größter Entschlossenheit und Geschwindigkeit handeln. Im Hotelzimmer zog er eine andere Hose und eine leichte Jacke an. Er musste unbemerkt aus dem Hotel hinauskommen. Durch die Wäscherei? Gute Idee. Am Morgen hatte er schon die perfekte Seitentür von dort entdeckt. Er nahm seine schmutzige Hose, ging hinunter und betrat einen kleinen Raum. Die Seitentür war geöffnet, so konnte er leicht auf die Straße hinausgelangen, während sich eine Frau mit blauer Schürze um einen anderen Kunden kümmerte.

Diesmal nahm er einen anderen Weg, vermied die Hauptstraßen, ging durch die Höfe. Ein guter Späher hat immer einen Plan B, doch er traf auf ein unerwartetes Hindernis.

„Hey, Mann, haben Sie eine Zigarette?" Ein großer Mann mit entschlossenem Gesichtsausdruck trat ihm in den Weg.

„Verstehe nicht. Tourist." Lenz war klar, dass er in dieser Situation sich nicht als Russe ausgeben sollte.

„Oh ein Ausländer. Ich habe auf dem Platz einen Bus gesehen. Zu viel von euch kommen hierher. Interessant hier, ja? Man sollte euch zur Stadtgrenze bringen. Da könntet ihr wirklich was sehen. Also, was zu rauchen?" Er zeigte mit zwei Fingern, was er wollte.

„Tourist. Sport."

„Verstehe. Verschwinde." Der Mann machte eine Handbewegung.

Das war es nicht, was er brauchte – im hellen Tageslicht ausgeraubt werden. Vielleicht hatte Natalya recht gehabt mit ihrer Warnung, zumindest für einen normalen Touristen. Robert stellte sich vor, wie er seinen Bossen berichtete, dass er leider mit seinem hochwichtigen Staatsauftrag daran gescheitert war, dass ein Schläger ihm seine Uhr und sein Radio gestohlen hatte.

Er kam nun von einer ganz anderen Seite zu dem Betonzaun rund um das Militärgelände, wo die Wohngebäude standen. Ein kleiner Park endete an der grauen Mauer. Robert ging sie entlang, fing mit seiner Ausrüstung Daten ein und suchte nach einer Möglichkeit, hineinzuschauen. Aber offensichtlich hatte man sich auf seine Ankunft vorbereitet, denn auch hier war die Mauer frisch repariert. Robert ging sie weiter entlang, immer in der Hoffnung, irgendwo sehen zu können, was in der Kaserne passierte. Endlich fand er einen schmalen Spalt. Er schaute sich um, dann presste er sich an den Spalt und blickte hindurch. Aber hinter der Mauer war alles ganz normal, kein Anzeichen von Umgruppierung. Das Sausen einer Fahrradkette erschreckte ihn, und ein Radfahrer sauste vorbei, der ihm aber keine Aufmerksamkeit zu schenken schien. Lenz trat vom Zaun zurück. Die östliche Mauer. Die südliche Mauer. Niemand zu sehen und keine Löcher in der Mauer.

Den wichtigsten Teil seines Auftrages hatte er erfüllt. Unglücklicherweise war es unmöglich, irgendeinen Beweis zu sehen. Aber gut, daheim würden sie die Aufnahmen des Tages auswerten und es würde möglich sein, die wirklichen Vorgänge in der „Fabrik" zu verstehen, die von den Russen so sorgfältig getarnt war. Es wäre sicher sinnvoll, das ganze in der Nacht zu wiederholen, um ein besseres Gesamtbild zu gewinnen.

Nun musste er unentdeckt in sein Zimmer kommen. Die Zeit drängte, und wenn Natalya vor ihm da wäre, würde das unweigerlich zu unbequemen Fragen führen. Deswegen beeilte er sich und wischte sich in einer Pfütze eine dicke Lehmschicht von den Stiefeln, um im Hotel nicht unnötiges Aufsehen zu erregen.

Die Tür zur Wäscherei war noch immer offen. er schlüpfte hinein, betrat die Hotelhalle und ging in sein Zimmer. Er reinigte seine Stiefel und stellte sie neben die Tür, setzte sich bequem in den Lehnstuhl und schlug den „Roten Stern" auf, den er am Vortag gekauft hatte. Er fand einen Artikel mit einer interessanten Schlagzeile und begann ihn sorgfältig zu lesen, analysierte jedes Wort.

Krasnaja Swesda (russisch Roter Stern) ist eine ursprünglich sowjetische Militärzeitung. Sie wurde am 1. Januar 1924 gegründet. Heute ist sie das Zentralorgan des russischen Verteidigungsminsteriums. Homepage: www.redstar.ru.

*„Die Völker der Welt haben die rote Ampel auf den Weg der Neutronenbombe wie auch andere Massenvernichtungswaffen gestellt, verkündet die Deklaration, die von den Teilnehmern der Internationalen Konferenz für das Verbot der Neutronenwaffen erlassen wurde. Der Weltfriedensrat mit aktiver Beteiligung der Sowjetunion und der Schweizer Friedensbewegung hat Repräsentanten von mehr als 50 Staaten und Dutzenden internationalen Organisationen mit dieser Angelegenheit befasst. Die unterzeichnete Deklaration fasst die ersten Ergebnisse der weltweiten Bewegung gegen die Neutronenbombe zusammen und entwickelt dafür einen Aktionsplan.*

*Die Proteste haben bereits viele Politiker und Mitglieder verschiedener Regierungen veranlasst, ihre ablehnende Haltung gegenüber einer Stationierung dieser Waffen in ihren Ländern auszudrücken. Das eindrucksvollste Resultat war die Aussetzung der Entscheidung des NATO-Rates in dieser Sache.*

*Während der Nord-Atlantik-Pakt die Frage für unbestimmte Zeit offen lässt, ist die Generalversammlung der Vereinten Nationen auf der Suche nach effizienten Maßnahmen zur Abrüstung. Mitglieder der Konferenz und insbesonders die sowjetische Delegation haben an alle friedliebenden Kräfte der Welt appelliert, Schritte zum Verbot dieser schrecklichen Waffe zu unternehmen. Unterstützt werden sie in dieser gemeinsamen Anstrengung von Organisationen und Bewegungen verschiedener politischer Ausrichtung, einig im Kampf gegen diese allgemeine Bedrohung, die Neutronenbombe.“*

Robert las den Artikel zu Ende und verlor sich in seinen Gedanken. Er hatte diese Haltung zum Abrüstungsprozess in der Sowjetunion nicht erwartet. Er glaubte, dass das die Nation war, die zum Krieg rüstete, aber jetzt sah er eine völlig andere Position. In dem Artikel stand kein Wort von Aggression. Im Gegenteil, alles wies darauf hin, dass die UdSSR zusammen mit Friedensorganisationen und friedlichen Ländern größte Anstrengung unternahm, die Neutronenbombenproduktion und -verbreitung zu verhindern und sie auch nicht selbst anstrebte.

Natürlich sind Veröffentlichungen in offiziellen Zeitungen dazu da, damit das Volk den Politikern glaubt. Von daheim kannte Robert die absolut gegenteilige Darstellung, da mussten die USA gegen einen verrückten russischen Bär kämpfen, der zum Sprung über den Ozean ansetzt, um die Demokratie in Stücke zu reißen. Einmal mehr bestätigte das die einfache Schlussfolgerung, dass es nicht immer offensichtlich ist, was wahr ist und was falsch. Die internationalen Beziehungen haben ein komplexes System geschaffen von Öffentlichkeit und Hinterbühne, von offiziellen und geheimen Handlungen und Worten, so dass jeder Außenstehende sich entscheiden und eine Partei unterstützen muss, je nach den eigenen Interessen. Andernfalls bleibt der ewige Zweifel. Robert hatte sich entschieden, als er in die CIA eintrat. In diesem Augenblick klopfte es an der Tür.

„Herein", sagte Robert und versteckte die Zeitung in einem Stapel Zeitschriften.

Natalya schaute ins Zimmer. „Wie geht es?"

„Das Bein ist in Ordnung, meine Hose ist in der Wäscherei, und es ist Zeit zum Mittagessen", lächelte Robert und stand auf.

„Dann lassen Sie uns gehen", sagte sie, und sie gingen ins Hotelrestaurant.

Andrey war schon von Roberts zweitem Vorstoß informiert. In der Nähe der Kaserne waren viele Fotos von dem Amerikaner gemacht worden, vor allem auch davon, wie er versucht hatte, durch den Mauerspalt durchzuschauen, den sie extra für ihn offen gelassen hatten. Ab jetzt lassen wir ihn in Ruhe, soll er doch denken, dass er seinen Auftrag erfüllt hat. Und wenn es irgendwann mit ihm Probleme gibt, können wir das Material jederzeit verwenden.

Andrey war jetzt viel mehr an einem anderen Reiseteilnehmer interessiert. Alex Woodstock hatte am Bahndamm eine Botschaft hinterlassen, die tatsächlich von Petr Polushin aufgehoben worden war. Die Überwachung hatte beides eindeutig aufgedeckt.

So war alles klar. Andrey hatte recht gehabt, erstens war Polushin genau das, wofür er ihn gehalten hatte, und zweitens konnten damit alle Verdachtsmomente gegen die Offiziere fallen gelassen werden. Das zweite war für Pravdin viel wichtiger. Seit seiner frühen Kindheit, als Sohn eines Soldaten, hatte Andrey Männer in Uniform respektiert und er war stolz, selbst sowjetischer Offizier zu werden.

Sein Vater

Anatoly N. Tkachuk
an der Kriegsakademie

Durch seine Aufgaben wusste er mehr über seine Kollegen, kannte ihre Schwächen, ihre Geheimnisse, ihre Fehler. Aber er beschuldigte nie jemanden, wenn er nicht hundertprozentig sicher war. Und es war immer schwierig für ihn, einen Offizier zu verdächtigen, der einen Eid geleistet hatte, sein Vaterland und sein Volk zu verteidigen, egal wie trivial das klingen mochte. Polushin war ein Dummkopf, ein Opfer der Situation und möglicherweise begriff er gar nicht die ganze Tragweite seines Handelns. Aber das spielte keine Rolle für seine Zukunft – auch wenn man ihn bedauern mochte, Petr war im Begriff, ein unentschuldbares Verbrechen gegen den Staat zu begehen.

Jetzt musste er nur noch auf die Übergabe der Informationen warten, und das war es dann, beide könnten dann verhaftet werden. Die Reisegruppe fährt morgen wieder ab, also muss der Kontakt heute Abend oder morgen vor der Abreise stattfinden.

Seltsamerweise verhielt sich das dritte Mitglied der Gruppe ungewöhnlich still. Er fotografierte ständig, einfache Fotos von den Sehenswürdigkeiten. Keine heiklen Objekte. Er verhielt sich wie ein gesetzestreuer Tourist, der seine Zeit genießt. Natürlich wurde auch er observiert, aber es schien, dass der Geheimdienst sich geirrt hatte.

Robert wartete auf den Abend. Er war sicher, dass sein Tagesausflug ein Erfolg war, und den wollte er in der Nacht wiederholen. Es würde schwieriger sein, das Hotel zu verlassen, dafür leichter, unbemerkt zu bleiben. Er war so sicher, dass ihn tagsüber niemand gesehen hatte, dass er keinen Grund zur Unsicherheit hatte. Er war bester Laune und scherzte mit den anderen Touristen. Sein ungewöhnliches Benehmen fiel allen auf. Er machte aus allem einen Witz, verkündete, dass nach seiner „schweren" Verletzung die Lebensgeister wieder zurückgekehrt seien.

Nach dem Abendessen spielte er einige Partien Billard, ehe er allen eine gute Nacht wünschte und in sein Zimmer ging. Entspannt suchte er seine Ausrüstung zusammen und wartete in seinem Lehnsessel, bis die Uhr Eins zeigte. Mit leisen Schritten ging er hinunter. Alle Gäste waren in ihren Zimmern, nur die Rezeptionistin war wach. Die Herausforderung war, unbemerkt durch die Halle zu kommen. Plötzlich gab es einen Anruf in der Rezeption. Das Mädchen erschrak, jemand schrie ins Telefon, dann lief sie irgendwohin. „Was für ein Glück", dachte Robert und lächelte. Mit zwei Schritten war er durch die Halle und ging auf die Straße.

In der Nacht war es schwieriger, sich in einer unbekannten kleinen Stadt zurecht zu finden, aber Lenz ging zuversichtlich weiter, blickte sich gelegentlich um, ob er einen „zufälligen" Aufpasser sah, der ihm folgte. Aber da war niemand. „Sind die vom KGB unsichtbar?" dachte er.

Er hatte den Park beinahe erreicht, als er einen dunklen Schatten hinter sich sah. Hatte jemand gesehen, wie er das Hotel verließ und folgte ihm? Robert wechselte abrupt die Richtung und ging in den Hof zwischen zwei kleinen fünfstöckigen Häusern. Aber sein Verfolger blieb in der Parallelgasse und behielt ihn im Auge. Robert bog um die Ecke, noch einmal, dann schlüpfte er durch ein paar Büsche auf die Straße. Immer noch hörte er Schritte hinter sich. Er lief schneller, sprang wieder in Büsche, kam in einen anderen Hof. Es waren noch einige Meter bis zu dem Kiosk, wo er gestern die Zeitung gekauft hatte. Er bückte sich unter das Dach, zog am metallenen Türgriff, aber sie war versperrt. Zum Eingang? Und was dann? Die Schritte kamen näher. Robert lief in den Hof zurück und entdeckte einen Stapel Holzkisten an einer niedrigen Mauer. Als er hinaufkletterte, brachen sie unter ihm zusammen und er konnte sich gerade noch an der Mauer festklammern. Die Bretter krachten, Menschen schrieen, aber der Amerikaner schaffte es auf die andere Seite. Niemand folgte ihm mehr.

Es wäre vernünftig gewesen, ins Hotel zurückzukehren, weil sie wahrscheinlich bei der Kaserne schon auf ihn warteten. Aber wer weiß.

Während sein Verfolger ein Telefon sucht, bis sie ihre Leute alarmiert haben, hat er vielleicht noch zehn Minuten. Robert entschloss sich zum Handeln. Doch nach wenigen Schritten brauste ein grüner Mannschaftswagen an ihm vorbei, und noch einer. „Haben sie schon Verstärkung geschickt?", dachte Robert. „Wenn die Kaserne nicht schon längst alarmiert ist, so werden sie in wenigen Minuten alles rundherum abriegeln. Es macht keinen Sinn – ich würde höchstens alles verlieren!" Er drehte sich um und ging unzufrieden zurück zum Hotel.

An der dösenden Rezeptionistin vorbei, ging Robert leise in sein Zimmer. Er konnte nicht einschlafen und lag bis zum Morgengrauen in Kleidern auf dem Bett. „Ich habe meinen Auftrag nicht komplett erfüllt, das Büro wird unzufrieden sein. Aber die am Nachmittag gesammelten Daten sollten genügen. Zu schade, dass es kein Vergleichsmaterial gibt. Genau danach haben sie gefragt. Und meine zweite Hose habe ich auch zerrissen."

„Er wollte es bis zum Ende durchziehen", dachte Andrey. Auch er konnte nicht schlafen. Das ganze sah aus wie eine verdeckte Aufklärung, ob wir unsere Raketenvereinbarung einhalten. „Dieser Lenz ist ein tapferer Bursche. Aber nicht unfehlbar. Wäre er über den Zaun hineingeklettert, hätten wir ihn auf jeden Fall festnehmen müssen, und dann wäre ein internationaler Skandal daraus geworden. Woodstock wäre alarmiert worden. Dann hätten wir die Verhaftung bei der Übergabe vergessen können. Und dann wären die Daten weiß Gott wie weitergegeben worden und niemand hätte gewusst, was drin steht. Danke Robert, dass du aufgegeben hast." Andrey entschied sich fürs Warten, und seine Vorgesetzten ließen ihm freie Hand.

Überdies hatten die unerreichbaren Vorgesetzten ihm sogar ausdrücklich verboten, die Aktionen von Lenz und Woodstock zu unterbinden, außer in Extremfällen, und jede Provokation ausdrücklich zu vermeiden. Offensichtlich war da etwas Größeres im Gange, was durch die Aufdeckung der amerikanischen Geheimdienstoffiziere gefährdet werden konnte. Oder die Gruppe hatte ganz oben jemand sitzen, der ihnen ungehinderten Zugang zu ihrem Ziel garantieren konnte.

Andrey begriff, dass Lenz seinen Auftrag nicht zur Gänze durchgeführt hatte. Aber er würde wohl keinen Versuch mehr machen, so dass er sich jetzt um Woodstock kümmern konnte. Die Übergabe der Unterlagen sollte nicht zugelassen werden, da niemand wusste, was Polushin zusammengetragen hatte. Aber den Koch zu verhaften, ehe er die Daten versteckt hatte, wäre auch nicht zielführend. Also würde er bis zum Abend warten und gefälschte Dokumente vorbereiten. Die Touristengruppe sollte mit dem Fünf-Uhr-Zug abfahren. Üblicherweise traf Polushin um diese Zeit seine Freundin in einem kleinen Restaurant beim Bahnhof. Das bedeutete wohl, dass die Übergabe im Bahnhof stattfinden würde.

Der Bahnhof. Ein klassischer Ort für solche Operationen mit geringstem Risiko. Im Menschengewühl konnte man praktisch alles machen, ohne aufzufallen. Doch es wurde schon jeder Raum, jeder Bereich im Bahnhof überwacht.

Das lange Warten. Schmerzhaft. Andrey saß am Schreibtisch und starrte die Uhr und das Telefon an. Jetzt ist der Höhepunkt, wie im Kino. Jetzt durfte nicht der geringste Fehler passieren. Wenn die Überwachung zu nahe dran ist, wird Woodstock es merken und die Aktion abbrechen.

Das Telefon läutete. „Andrey Invanovich, wie vermutet – als die Reisegruppe am Nachmittag am Bahnhof ankam, fragte Woodstock nach dem Waschraum", sagte die Stimme im Hörer.

„Natürlich war der nächste Waschraum der im Bahnhof. Woodstock verbrachte dort keine drei Minuten und schloss sich wieder der Gruppe an. In der Kabine, in der er war, haben wir unter dem Deckel des Wassertanks eine kleine wasserdichte weiße Kapsel gefunden, kaum größer als eine Filmdose. Wir haben sie überprüft und wieder zurückgelegt. Sie war leer, ich denke, dass da eine Botschaft hineingelegt werden soll, dann wird er sie wieder abholen."

„Das denke ich auch, also warten wir auf Polushin", antwortete Andrey. „Wir dürfen den Amerikaner auf keinen Fall verschrecken. Da wir jetzt sicher sind, dass er es ist, ist es für uns wichtiger, Polushin festzunehmen und dafür zu sorgen, dass die Touristen ohne großes Aufsehen abreisen."

Der Uhrzeiger rückte langsam auf vier vor. Noch eine Stunde bis zur Abfahrt des Zuges. Polushin war bereits im Lokal, wurde berichtet. Offensichtlich war er bester Laune und ahnte nichts.

Durch die Windschutzscheibe eines geparkten Autos beobachtete Andrey die Menschen auf dem Platz und hörte die Meldungen der Überwacher im Funk mit. Jetzt verließ Polushin das Lokal und überquerte den Bahnhofsvorplatz. Er hatte es eilig und schaute oft auf die Uhr, so oft, als würde er die Sekunden zählen. In diesem Augenblick betrat die ausländische Reisegruppe den Bahnhof, ihr Zug sollte jeden Augenblick kommen. Sie gingen langsam zum Eingang. Andrey versuchte Lenz oder Woodstock zu finden, aber in dem Gedränge konnte er sie nicht erkennen.

„Polushin betritt den Waschraum", krächzte es plötzlich aus dem Funkgerät. „Wir werden ihn jetzt hochnehmen."

Im selben Augenblick löste sich die korpulente Gestalt Woodstocks aus der Gruppe und ging schnell auf den Eingang zu. Es war alles genau abgestimmt: Offensichtlich sollten nur wenige Sekunden zwischen den beiden Waschraumbesuchen liegen.

Andrey wurde klar, dass die Einsatzgruppe nicht genug Zeit hatte, Polushin zu verhaften, den Inhalt der Kapsel auszutauschen und zu verschwinden. „Es geht alles schief!" – und schon sprang er aus dem Auto und lief Woodstock nach. Er umarmte ihn und rief laut: „Kolya! Wir haben uns eine Ewigkeit nicht gesehen!"

„Ich bin nicht Kolya!" Woodstock sprang vor Überraschung zur Seite. „Ich bin Ausländer." Seine Wangen färbten sich rot. Aus seinen kleinen Augen blickte er angstvoll auf den fremden Zwei-Meter-Mann, der seinen festen Griff nur ein wenig lockerte.

„Komm, Kolya. Es ist eine Ewigkeit her, dass wir gestritten haben. Und jetzt sollen wir so tun, als würden wir uns nicht kennen?"

„Ich bin nicht Kolya! Ich komme aus Amerika! Sind Sie verrückt?"

„Oh es tut mir leid." Andrey war überrascht und ließ den Amerikaner los. „Sie sehen meinem Freund Nikolai sehr ähnlich."

Woodstock begriff nicht, was sich hier abspielte, blickte nervös um sich und ging ohne Antwort weiter. In dem Augenblick hatte er keine Zeit, Andrey genauer anzusehen. Als er auf den Eingangsstufen stehen blieb und sich nach ihm umdrehte, war der Russe spurlos verschwunden. Er schien sich in Luft aufgelöst zu haben. Ihn beschlich eine böse Ahnung, aber er beschloss den Einsatz nicht abzubrechen.

Im selben Augenblick wurde die Toilettentür hinter Polushin aufgerissen und eine starke Hand packte ihn an der Schulter. Der Wassertank war noch offen, aber die Kapsel war bereits drin.

„KGB – ich verhafte Sie wegen Spionageverdacht", zischte ihm der große Mann im grauen Anzug ins Ohr. Polushins Blick flackerte. Zuerst schien er sagen zu wollen, dass das eine Verwechslung sein müsse, aber dann begriff er die Sinnlosigkeit. Man hatte ihn auf frischer Tat ertappt, Leugnen machte keinen Sinn. Er wurde schnell aus dem Waschraum geführt und in ein kleines Dienstzimmer gebracht. Währenddessen nahm ein anderer Beamter die Kapsel heraus, vertauschte den Inhalt mit dem gefälschten Material und legte sie zurück. Die von Andrey gewonnene Minute genügte, und als Woodstock die Toilette betrat, merkte er keine Spur von den Ereignissen und war zufrieden mit seinem Erfolg.

Polushin leugnete nicht und erzählte von seiner Rekrutierung und der in Aussicht gestellten Belohnung. Einige Monate nach der Datenübergabe sollte er politisches Asyl bekommen. Wahrscheinlich hätte sich nie jemand an diese Zusicherung gehalten, aber er vertraute ihnen und dieses Vertrauen führte ihn ins Verderben. Er machte einen pathetischen Eindruck. Warum sollte der Koch der Regimentsmesse für einen ausländischen Geheimdienst interessant sein? Aber er war besser als gar keine Quelle. Nachdem sie keinen Offizier hatten anwerben können, mussten sie sich mit Zivilisten begnügen.

Der Zug mit den Ausländern fuhr ab. Tage harter Arbeit kamen zum Abschluss, und jetzt musste Andrey sich um einige Routineangelegenheiten kümmern und zusammen mit der strategischen Fracht zum neuen Bestimmungsort aufbrechen. Die Verlegung der Einheit war kein Geheimnis mehr, wohl aber ihr Ziel.

Andrey ging langsam in sein Büro, voller schwerer Gedanken. Hier waren diese schrecklichen todbringenden Waffen, beschützt von der Betonmauer mit drei Reihen Stacheldraht und Maschinengewehren, zerlegt und verladen. Sie waren nicht zum Einsatz gekommen, es hatte keine Explosion gegeben, aber wie viele Menschen mussten ihretwegen leiden. Polushin und Woodstock waren nur zwei von Tausenden Opfern des Kalten Krieges. So viele Menschenleben wurden in den Jahren unsichtbarer Kämpfe und Schlachten um Geheimnisse zerstört. Ein Spion kehrt selten zurück ins normale Leben. Und die Menschen, die rekrutiert wurden und die Geheimnisse ihres Vaterlandes an den Feind verkauft haben, zahlten den Preis, verloren ihre Freiheit, ihr Leben. Das ist der wirkliche Weltkrieg, auch wenn nicht Armeen Städte erobern und auch wenn nicht Flugzeuge friedliche Bürger bombardieren.

Jüngst hatte Andrey schreckliche Statistiken gelesen, die seinen Blick auf diese ganze Welt veränderten. In den letzten fünfeinhalbtausend Jahren hatte die Menschheit 15.000 Kriege geführt und dreieinhalb Milliarden Menschen waren getötet worden. Nur 292 Jahre vergingen ohne Blutvergießen – und die wurden hauptsächlich zur Vorbereitung neuer Schlachten genutzt. Bakteriologische und chemische Waffen sind nichts Neues mehr. Die Neutronenbombe wird die Atombombe ersetzen. Die Atombombe ist spektakulär, sie kann abschrecken, aber sie hinterlässt nur verbrannte Erde. Die Neutronenbombe zerstört nur Menschen und Lebewesen, während Fabriken, Fahrzeuge, Straßen und Häuser unberührt bleiben. Der Traum jedes Angreifers. Und jetzt im Kalten Krieg sterben Menschen ohne Schießen. Ist das die menschliche Natur. Ist Aggression die Triebkraft? Wenn dem so ist – gibt es eine Chance auf Rettung?

Einige Tage später verließ der Zug das Militärgelände. Es war ein Absatz im Abkommen der Mächte, und die Raketen wurden von den europäischen Grenzen tiefer ins Land zurückgezogen. Nur wenige kannten die genauen Standorte, und die andern konnten nur an den Bahnhofsnamen, die vorbeiflogen, die Richtung raten. Vor ihnen lagen Monate der Kreuz- und Querfahrt durch das ganze Land. Der Zug sollte erst in der endlosen Weite „verloren gehen", ehe er an seinem Bestimmungsort auftauchen würde. Er verschwand für eine Weile, und alle daran Beteiligten verschwanden mit ihm. Kann man sich die Gefühle vorstellen, die jemand hat, der Monate lang in einem Eisenbahnabteil oder Schlafwagen dritter Klasse unterwegs ist?

Andrey wusste wenig mehr als die anderen, auch er kannte den exakten Bestimmungsort nicht. Es war klar, dass der Zug in Richtung Leningrad fuhr, aber das endgültige Ziel würden sie erst später erfahren.

Kleine Dörfer, Felder, Wälder, Flüsse, Städte. Der Frühling weckte die Natur, alles blühte, erwachte zu Leben. Der Zug fuhr und fuhr, mit gleichbleibender Geschwindigkeit, die hämmernden Stahlräder auf den in der Sonne blitzenden Schienen ließen die Erde erzittern. Und sie schauderte, vom Gewicht des Zuges oder aus Angst vor seiner Fracht.

Andrey blickte durchs Fenster und dachte, wie gnädig die Natur war. Die Menschheit reißt alle Ressourcen an sich und gibt nur Staub und Dreck zurück. Im zwanzigsten Jahrhundert hatte der Mensch den Planeten so oft missbraucht, so viele Mittel gefunden, ihn mehrfach zu zerstören, dass es nur eine Frage der Zeit war, wie lange die Geduld der Erde reichen würde, ehe sie sich dieser Schädlinge entledigte.

Andrey liebte seine Heimat, liebte das Land, wo er geboren wurde und aufgewachsen war. Er ging auf die Militärakademie und später zum KGB, nicht um irgendjemandem zu gefallen, sondern um dem Vaterland zu dienen, das seit ewigen Zeiten von zahllosen Feinden als Beute betrachtet wurde. Und jetzt, da sein Leben mit der Waffe verknüpft war, die dafür erfunden wurde, Tausende Menschen zu töten, sollte er sein Äußerstes tun, damit sie nicht eingesetzt würde.

Der Zug fuhr durch die großen Städte in der Nacht, manchmal hielt er am Nachmittag irgendwo in der Einöde an und wartete auf den Abend. Perfekte Tarnung verbarg die Fracht vor jedem Beobachter, aber man konnte nicht vorsichtig genug sein. Andrey und die anderen Offizier der Einheit waren sich einig, dass man nie wissen konnte, ob nicht unter den Herumstehenden oder in der Menge der Vorbeigehenden jemand war, der ungeduldig auf diesen Zug wartete, der in keinem Fahrplan stand.

Bei jedem Bahnhof, in dem er hielt, wurde der Zug von Geheimdienstangehörigen erwartet, die das Verhalten der Passanten, der Eisenbahner, der Schienenarbeiter und aller anderen genau beobachteten. Hier kam einer den Ladungen unter den Tarnnetzen zu nahe, dort näherte sich einer dem Zug und wollte die Nummern der Waggons ablesen. Ein anderer zog den Wachtposten vor dem Bahnhof ins Gespräch. Jeder von ihnen konnte ein Verräter oder ein Spion sein, daher wurde jeder von ihnen am Ellbogen abgeführt und überprüft. Das war eine enorme Aufgabe für Andrey, und während der Aufenthalte hatte er alle Hände voll zu tun, um die Sicherheit des Zuges zu gewährleisten.

Er erinnerte sich, wie der Zug nach einem der vielen Richtungswechsel durch die kasachische Steppe fuhr. In einem kleinen Bahnhof stieg er aus, um sich die Beine zu vertreten und den Zug zu überprüfen. Ein bedrückter Oberst stand am Waggon und blickte angestrengt in die Ferne.

„Suchen Sie nach feindlichen Ferngläsern, Genosse Oberst?" fragte Andrey lächelnd.

„Lustig, nein. Das ist mir alles vertraut", antwortete er. „Da drüben", zeigte er irgendwo am Horizont, „ist die Stadt Semipalatinsk. Dort wurde ich geboren und zur Armee eingezogen. Während meiner Dienstzeit zogen meine Eltern näher nach Leningrad, und ich war nie mehr dort. Und auch jetzt werden wir daran vorbei fahren. Und dort hinten", deutete er in eine andere Richtung, „ist das Testgelände von Semipalatinsk. Dort haben wir unsere ersten Atomwaffen erprobt."

„Ich wusste nicht, dass Sie daran beteiligt waren", staunte Andrey.

„Ich war damals ein frisch gebackener Leutnant. Aber die Erinnerungen sind so frisch, als wäre es gestern gewesen." Der Oberst sah das aufblitzende Interesse in Andreys Augen und erzählte ihm lebhaft von der Explosion der ersten Atombombe in der Sowjetunion.

„Die Vorbereitungen für den ersten Test waren enorm, und wie immer hatten wir zu wenig Zeit. Das Testgelände wurde in zweijähriger Arbeit zwischen den Salzseen aus dem Steppenboden gestampft.

29. August 1949 ... dieses Datum werde ich mein Leben lang nicht vergessen.

Das Gelände wurde in einem Radius von zehn Kilometer umzäunt und mit einer Reihe von Spezialkonstruktionen zur Überwachung versehen. In der Mitte stand ein vierzig Meter hoher Metallgitterturm, an dessen Spitze die Explosion stattfinden sollte... Können Sie sich vorstellen, wie das ursprünglich aussah? Das leere Feld, nichts drum herum, und in der Mitte dieses Metallding. Wie von einer anderen Welt.

Dann wurde das Gelände in regelmäßige Sektoren eingeteilt, wo eine Reihe verschiedenartiger typischer Gebäude aufgestellt wurde, in verschiedenen Entfernungen zum Ground Zero der Explosion. Da war alles vertreten: Wohnhäuser und Industriegebäude, echte Brücken, Kraftwerke mit Starkstromleitungen, Autobahnen mit Autos, Landebahnen mit verschiedenen Flugzeugen. Dazwischen zahlreiche Blockhäuser, Bunker, Schutzwälle. Lastwagen und Tankfahrzeuge standen auf extra angelegten Straßen. Waffen und Militärfahrzeuge aller Waffengattungen waren in geschützten Stellungen und auf offener Fläche aufgestellt. In verschiedenen Gebäuden waren Messinstrumente für die Daten untergebracht. Notrationen – Büchsennahrung, Schokolade, Getränke und andere Dinge wurden auf den Boden gelegt. Versuchstiere – Hunde, Schafe, Ratten, Schweine, Mäuse und angeblich sogar Kamele wurden in gepanzerten Fahrzeugen, in Bunkern und auf offenem Feld untergebracht. Aber mein stärkster Eindruck waren die Puppen. Sie waren überall. Sie schauten aus den Fenstern, saßen in den Bussen oder standen neben den Tieren. Das machte alles so unheimlich echt. Als würden wir wirklich eine Stadt in die Luft jagen.

Ich habe die Bombe gesehen. Sie war ungefähr eineinhalb mal drei Meter groß, wie eine normale Fliegerbombe, nur dicker. Wer von uns Soldaten konnte sich denn vorstellen, dass diese fünf Tonnen eine solche Sprengkraft haben sollten. Aber wir bekamen einen Eindruck davon, mit welcher Vorsicht und beinahe Zärtlichkeit die Wissenschaftler mit ihr umgingen.

Im Moment der Explosion war ich in einem Bunker, ich habe sie nur gehört und gespürt. Die Erde bebte, schwankte unter den Füßen. Die Mauern wackelten ... Das Grollen verging und kam wieder ... Stellen Sie sich vor, Sie stehen reglos da, blicken die anderen rundherum an ... Jeder hält sich an irgend etwas fest ... Und die Augen von jedem einzelnen sind von einem Schrecken erfüllt, wie ich ihn nie zuvor und nie wieder gesehen habe.

Als alles wieder ruhig war, öffneten wir auf Kommando die Türen und gingen ins Freie. Der Wind blies uns ins Gesicht, und im Epizentrum der Explosion stieg eine dicke Säule von Rauch und Staub in den Himmel und verschwand in den Wolken.

Die Strahlungsmessungen begannen sofort. Wir haben das Gelände erst am nächsten Tag inspiziert. Einer sagte, dass der Krater in der Mitte und der Boden drumherum von einer Schlackekruste bedeckt sei. Das Bild der Zerstörung rundherum war unbeschreiblich. An manchen Orten gab es die Gebäude einfach nicht mehr, und bei den meisten anderen konnte man nicht mehr erkennen, wie sie vor der Explosion ausgesehen hatten. An manchen Stellen konnte man das Testgelände komplett überblicken. Überall waren Gebäudetrümmer, geschmolzene und verbrannte Fahrzeuge. Nichts blieb an seinem ursprünglichen Platz. Tonnenschwere Panzer und Raketenwerfer waren durcheinander geworfen wie Spielzeugautos. Verdrehte schwarze Testpuppen oder was von ihnen übrig blieb ... und die Versuchstiere ... das war traurig.

Ich erinnere mich an einen Hund, der auf uns zulief. Er war blind, und sein Körper war verbrannt. Er heulte und winselte, die trockene Zunge hing ihm heraus, und nach ein paar Schluck Wasser, die ihm einer aus einer Feldflasche hingeschüttet hatte, hetzte er weg, weg von diesem schrecklichen Ort.“

Andrey hatte oft die Berichte von Experten und Augenzeugen über die Entwicklung der Atombombe gehört, aber jetzt erzählte der Oberst von der ersten Explosion. Die Stimme des erfahrenen Offiziers zitterte ebenso wie seine Hände. In seiner Erinnerung trat er wieder aus dem Bunker. Er rauchte eine Zigarette nach der anderen.

„Gott hat verboten, dass der Mensch so etwas sehen darf. Es war wirklich schrecklich. Es war die erste Bombe und sie war schwach, auch wenn das lächerlich klingen mag. Und dann ging es los...“ Der Oberst seufzte schwer.

Anfang der Sechzigerjahre wurden solche Tests weltweit verboten. Doch 1949 musste die sowjetische Wissenschaft weiterkommen und mit den Ideen unserer Feinde Schritt halten. Jahre harter Arbeit und viele Menschenleben wurden dem einen Zweck geopfert, der unvergleichlichen Kraft der Atombombe.

Wie immer in der Geschichte – wenn die Menschheit etwas Neues und Unbekanntes empfängt, macht sie eine Waffe daraus. Aber diesmal war es die Waffe des totalen Krieges. Der Besitz der Bombe konnte jeden Konflikt entscheiden, aber man musste nicht mehr Tausende Soldaten losschicken, sondern nur über die Städte des Feindes fliegen und im richtigen Moment den Bombenschacht öffnen.

Als die Atombombe Thema wurde, fand die UdSSR schnell die richtige Antwort auf die Bestrebungen der USA, als einzige Atommacht die Welt zu beherrschen. Die Arbeit an der Entwicklung der sowjetischen Atombombe begann schon 1944, noch vor dem amerikanischen Abwurf auf Hiroshima und Nagasaki. Das Projekt wurde von Igor Vasilyevich Kurchatov geleitet.

Sergey Korolev (Raketenprogramm), Igor Kurchatov und Mstislav Keldysh (Akademie der Wissenschaften). Ganz rechts der Stellvertreter Korolevs, Vasiliy Mishin. Das Bild entstand 1959 in Kurchatovs Institut.

Hunderte Unternehmen aus den verschiedensten Gebieten wirkten an dieser gewaltigen Anstrengung mit, um der UdSSR zu diesem Durchbruch im Bereich der Rüstung und Verteidigung zu verhelfen. Manche Organisationen, die damals in kürzester Zeit gegründet wurden, sind bis heute tätig.

Jede Branche sah sich vor den schwierigsten Aufgaben – große Lagerstätten von Uran aufzuspüren, Abbau und Gewinnung des Erzes, die Uranindustrie aufzubauen, das Element herzustellen und zu lagern, die Herstellung von reinem Grafit, Methoden zur Analyse verschiedener Substanzen zu entwickeln, die Fabrikation und Technologie zur Trennung von Uran-Isotopen und der Isolation von Plutonium daraus. Aber vor der wichtigsten, der größten Herausforderung standen die Nuklearphysiker – sie mussten die Gesetze der Kettenreaktion im Moment der Atomexplosion studieren. Das alles musste in einem Land geleistet werden, das ausgeblutet war vom Krieg, das Millionen arbeitsfähige Menschen verloren hatte. Jeder Tag zählte.

Die Inbetriebnahme des ersten Reaktors zur Produktion waffenfähigen Plutoniums wurde ein bedeutendes Ereignis. 1949 war die notwendige Menge dieser Substanz hergestellt. „Die Russen haben die Atombombe!" – das vernahmen die Staatsmänner vieler Länder eines schönen Morgens. Dieses Ereignis brachte diejenigen, die von der alleinigen Weltherrschaft geträumt hatten, zum Schaudern und Nachdenken. Und schon im Sommer 1953 wurde die erste sowjetische Wasserstoffbombe getestet. Es war ein absolut neuartiges Projekt. Sie war praktisch genauso groß wie die erste Atombombe, aber ihre Sprengkraft war hundertmal so groß.

Beim Archivstudium war Andrey auf eine absolut erstaunliche Tatsache gestoßen: Der erste Staatsmann, der sich gegen den Einsatz der Atombombe ausgesprochen hatte, war Stalin. Dieser Mann, der für viele das Symbol schlechthin ist für Rücksichtslosigkeit und Brutalität, verstand die Bedrohung durch solch eine Waffe genau und betrachtete sie ausschließlich als ein Instrument zum Gleichgewicht der Kräfte mit den USA. Anderseits wusste er, dass es unmöglich war, einseitig den Wettlauf zu verzögern. „Wären wir mit der Atombombe ein oder eineinhalb Jahre später fertig geworden, wäre sie vielleicht an uns selbst getestet worden." Parallel zur Entwicklung der Bombe wurden neue Flugzeuge und Raketen entwickelt, um die „Ladung" in jeden Winkel der Erde tragen zu können.

Der „kalte Krieg" brach aus. Und jetzt nehmen wir an seinen heimlichen Kämpfen teil, verbergen Tonnen angehäufter Waffen voreinander und sind jeden Augenblick bereit, sie anzuwenden ...

Plötzlich hörte Andrey Schreie, die seine Gedanken unterbrachen. Er blickte die Waggons entlang – beim letzten war irgendetwas los. Ein Soldat lag mit dem Gesicht nach unten auf dem geschotterten Fußweg. Andrey starrte auf die schwarzen Hände des Liegenden.

„Was ist passiert?" fragte er laut und blickte in die schreckgeweiteten Augen der umstehenden Soldaten.

„Er ist auf den Waggon geklettert, um einen besseren Ausblick zu haben", sagte einer von ihnen mit usbekischem Akzent.

„Und er ist an die Stromleitung über dem Zug gekommen – überall waren Funken. Dann ist er heruntergestürzt."

Der Soldat, der auf dem Schotter lag, stöhnte. Andrey drehte ihn auf den Rücken. Sein Körper war verbrannt, sein Gesicht blau. Die Uniform klebte an seiner Haut, überall waren Blutergüsse, aber es floss kein Blut. Er atmete stoßweise, drei, vier Mal, dann verstummte er.

„Wir müssen ihn sofort ins Krankenhaus bringen", rief Andrey. Aber wie, fragte er sich dann selbst.

Es gab weit und breit kein Militärkrankenhaus, und in einem Zivilkran-
kenhaus konnte sich jeder, der den Zug observierte, als Patient einschlei-
chen. Und in solchem Zustand gab der Soldat vielleicht etwas preis.

Der Zug muss unentdeckt bleiben. Wenn man jetzt eine Ambulanz
ruft, entstehen Gerüchte, wird herumgeredet ... Ein Militärzug? Woher?
Warum? Zu welchem Zweck? Dann würde auch die Position des Zuges
enttarnt werden. Aber der Mann stirbt! Ein Soldat stirbt in Friedenszeiten
aus purem Leichtsinn.

Während ein Sanitäter hilflos versuchte, etwas für den verbrannten
Soldaten zu tun, verstrich die Zeit. Dabei zählte jetzt jede Sekunde.

„Genosse Oberst, was soll ich mit ihm machen?"

„Schaffen Sie ihn ins nächste Krankenhaus, aber nicht allein, sondern
schicken Sie den Feldwebel mit. Aber es sind zwanzig Kilometer bis zur
nächsten Stadt. Eine Ambulanz wird das nicht schaffen", dachte der
Oberst laut.

„Ich schlage vor, die Lokomotive abzukuppeln, den Verwundeten und
einen Begleiter aufzuladen, ihn bis zur Stadtgrenze zu fahren und dort
den Ärzten zu übergeben", sagte Andrey eindringlich.

„Tun Sie das."

Der Zug würde in einer Stunde wieder seine Fahrt fortsetzen. Andrey
füllte die notwendigen Dokumente aus und hielt die Einzelheiten des Unfalls fest. Etwas bedrückte ihn. In diesem Augenblick wusste er noch nicht,
dass der Verletzte in zwei Tagen sterben würde, und er wusste auch nicht,
dass der begleitende Unteroffizier zehn Meter vom Krankenhaus entfernt
von einem Lastwagen überfahren wurde. Ein absurder Zwischenfall und
zwei Leben sind beendet. Noch zwei Opfer dieses Zuges ...

Es war der zweite Monat der Wanderschaft durch die unendliche
Weite des sowjetischen Landes. Sobald er europäisches Gebiet erreichte,
bog er wieder nach Osten ab, im Zickzack, verborgen vor den Augen der
Fremden. Der Zielpunkt war schon bekannt; nur noch kurze Zeit bis dahin,
und dann war das „Waggon"-Leben zu Ende.

Andrey zeichnete die Fahrtstrecke mit einem Bleistift auf der Landkarte ein, jeden neuen Bahnhof, jede neue Stadt. Jetzt trieb ihn das Leben
von einem Ort zum nächsten, bot ihm die Chance, Erinnerungen zu sammeln an die Weite, die Entfernungen, die Farben und die Gerüche seines
geliebten Landes. Während langer Pausen irgendwo in der Landschaft
stiegen Offiziere und Soldaten aus und schauten in den Himmel, auf die
Bäume, die fliegenden Vögel. Wenn sie das hohe Gras berührten und

tiefe Atemzüge frischer Luft nahmen, konnten sie sich kaum vorstellen, dass das alles in einem einzigen Moment verbrennen könnte und farblos wäre und für Jahrhunderte vergiftet. Sie genossen die Minuten der Ruhe. Ruhe und einfache Lebensfreude – vielleicht ist es das, was Friede genannt wird.

## Flammen in der Taiga

Ein Soldat, der in der Rakete gesessen und die Tankschläuche bedient hatte, brannte wie eine Fackel und wurde vor Andreys Augen dreißig Meter weit weggeschleudert. Offiziere und Soldaten, die neben der Rakete gestanden hatten, rannten aus dem Rauch und fielen wie brennende Streichhölzer zu Boden. Ringsumher regneten die Teile der explodierten Startrampe herunter. Andrey dachte, dass man von manchen, die nahe an der Rakete gestanden hatten, wohl keine Spur mehr finden würde. Der giftige Raketentreibstoff und die Säure verbrannten ihr Fleisch und ihre Knochen in Sekunden.

Der schläfrige nebelige Morgen wich einem grauen trüben Tag. Die Wolken hingen über den Bäumen der Taiga. Es schien, als würde einer den Himmel durchlöchern, dann würde Regen herunterströmen und nicht mehr aufhören. Das anhaltende schlechte Wetter verwandelte schmale Forststraßen in Schlamm, der für den Konvoi der schweren Fahrzeuge ein massives Hindernis bildete. Abgerutschte Fahrzeuge wurden von den Fahrern fluchend wieder heraus manövriert. Räder drehten im Graben durch, schleuderten Dreck in die Gesichter der Soldaten. Jeder wusste, dass sie bei Regen niemals herauskommen würden. Russische Straßen sind schlecht? Das ist nichts gegen Russland dort, wo es keine Straßen mehr gibt.

Als die Fahrzeuge nacheinander auf einer großen offenen Fläche am Waldrand angelangt waren, wurde der Konvoi vorschriftsmäßig neu gruppiert. Tankwagen auf der einen Seite, ein langer Transporter mit einer Rakete auf der Ladefläche näher bei den Bäumen, so dass er von Satelliten nicht erfasst werden konnte – er verschmolz förmlich mit den Bäumen. Verdreckte Lastwagen mit Ausrüstung und aufgesessenen Soldaten fuhren nach vorne. Die Soldaten errichteten ein Lager.

Der Vorgang, Übungstreibstoff in Raketen einzufüllen, die erst seit kurzem im Bestand der Einheit waren, war für die meisten Anwesenden neu. Die jungen Rekruten standen sowohl der Situation wie auch den technischen Anforderungen zunächst ratlos gegenüber. Einige Unteroffiziere, die nach ihrer kürzlich erfolgten Ernennung ihren ersten Dienst antraten, wussten zumindest theoretisch Bescheid. Deswegen war die Nervosität im ganzen Lager spürbar. Nur die erfahrenen Offiziere blieben ruhig, gingen auf der Lichtung umher und wiesen hier und da auf Fehler hin. Sie teilten das Leben dieser Raketen, konnten sie fühlen. So wie ein Infanterist sein Maschinengewehr in Ordnung hält, weil er weiß, dass nur die Funktionstüchtigkeit sein Überleben garantiert, so pflegen Raketensoldaten ihre Waffen, mit denen sie das Leben von Millionen schützen.

Als der Lageraufbau beendet war, wurde es Zeit, mit der Befüllung zu beginnen. Das schlechte Wetter war jetzt ein Vorteil. Unter solchen Wolken konnten sie nur schwer von Satelliten aufgespürt werden, das bedeutete die Chance, vor der gegnerischen Aufklärung verborgen zu bleiben, die jeden Schritt der Raketeneinheiten aus dem Weltraum überwachten.

Andrey achtete auf jeden Handgriff, verglich im Kopf die Arbeitsabläufe mit den Vorschriften. Unter Einsatzbedingungen mussten Raketen binnen Sekunden betankt werden, um einem möglichen gegnerischen Angriff zuvorkommen zu können. Jetzt konnte alles etwas langsamer und bedächtiger geschehen, um mögliche Fehler zu vermeiden.

Plötzlich wurde er auf etwas aufmerksam. Er hatte sein Notizbuch, in dem er alle Informationen eintrug, die er für seine Tätigkeit brauchte, im Kommandozelt auf der anderen Seite der Lichtung liegengelassen. Normalerweise ließ er es nie liegen und bewahrte es in seiner Brusttasche auf, aber nun lag es da, im Stabszelt, offen sichtbar für jeden. Solche unentschuldbare Nachlässigkeit konnte höchst negative Auswirkungen haben, und Andrey lief zum Kommandozelt, wobei er hin und wieder über die Schulter zurück blickte.

Als er den Zelteingang zurückschlug, sah er, wie ein Offizier ein kleines blau eingebundenes Buch vom Tisch aufnahm.

„Ist das deines, Andrey Ivanovich?"

Andrey riß es ihm aus der Hand, blätterte es durch, prüfte, ob Seiten fehlten, stopfte es in die Tasche, verfluchte sich selbst für sein Versäumnis und verließ das dunkle Zelt wieder mit einem „Ja, danke", ohne sich noch einmal umzudrehen. Der erstaunte Offizier kicherte und zuckte mit den Achseln. Andrey Pravdins Blick fiel sofort auf die Raketenstellung in hundert Meter Entfernung, wo eine Menge Männer aufgeregt herumliefen. „Warum sind sie so aufgeregt?" dachte er, aber bevor er noch einen Schritt machen konnte, hörte er einen kurzen Schrei vom Tankfahrzeug, und dann zersprang die Rakete mit einer Flammensäule in tausend Splitter. Ein scharfer Explosionsknall schlug auf die Ohren und schickte ein verhallendes Röhren in die Taiga. Instinktiv hatte Andrey sich zu Boden geworfen. Ein verbrannter und rauchender Soldatenstiefel schlug dicht vor seinem Gesicht zu Boden.

Ein Soldat, der in der Rakete gesessen und die Tankschläuche bedient hatte, brannte wie eine Fackel und wurde vor Andreys Augen dreißig Meter weit weggeschleudert. Offiziere und Soldaten, die neben der Rakete gestanden hatten, rannten aus dem Rauch und fielen wie brennende Streichhölzer zu Boden. Ringsumher regneten die Teile der explodierten Startrampe herunter. Andrey dachte, dass man von manchen, die nahe an der Rakete gestanden hatten, wohl keine Spur mehr finden würde. Der giftige Raketentreibstoff und die Säure verbrannten ihr Fleisch und ihre Knochen in Sekunden.

Die klare Luft der Taiga füllte sich in Sekunden mit unatembarem Rauch. Andrey hörte das Krachen von Bäumen, und als er den Blick hob, sah er Teile menschlicher Körper und verbrannte Uniformteile in den Ästen hängen. Die Erde rauchte am Explosionsort, und selbst hier neben den Zelten konnte er die unerträgliche Hitze spüren. Stöhnen und Hilferufe kamen von überall.

Ein Gedanke elektrisierte ihn: „Wie konnte das passieren? Konnte das ein Sabotageakt sein?"

Ohne zu zögern riss er seinen Ausrüstungssack auf und stülpte eine Gasmaske über. Dann zog er einen Chemie-Schutzanzug an und rannte zusammen mit anderen hin, um Verletzte zu bergen. Ohne Schutzkleidung wäre es Selbstmord gewesen – die giftigen Dämpfe verbrennen die Atemwege, töten den Organismus in kürzester Zeit.

Als er durch den Rauch drang, fand er sich in der Hölle wieder. Verwundete lagen neben den Toten, griffen nach den Füßen der vorbeieilenden Retter. Ein Stück weiter lag der verdrehte Raketenwerfer, seine Trümmer waren überall verstreut. Andrey sah einen toten Soldaten, der eine Gasmaske in der Hand hielt. Er hatte es nicht mehr rechtzeitig geschafft.

Männer in Schutzanzügen beugten sich über Verletzte, die auf dem Boden lagen, ohne zu wissen, was sie für sie tun konnten. Pravdin gab Handzeichen, versuchte durch die Maske zu schreien und zeigte, wo sie die Verwundeten und Verbrannten hintragen sollten. Soldaten standen mit Feuerlöschern neben dem Feuer, hatten aber gegen das brennende Benzin keine Chance. „Nehmt Schaufeln! Mit Erde zuschütten! Verdammt, sie können nichts hören!" Selbst der Lärm drang kaum durch die Gasmasken. Nur das Krachen weiterer Explosionen.

Die Toten blieben liegen, wo sie waren. Einer der Soldaten hielt den Anblick von vermischtem Metall und Fleisch nicht aus und musste sich übergeben. Er riss sich die Maske vom Gesicht, fiel auf die Knie, würgte und hielt den Kopf zu Boden. „Setz sofort die Maske auf! Schnell! Reiß dich zusammen! Oder möchtest du auch hier liegen bleiben?" schrie Pravdin und packte ihn an der Schulter.

Andrey hatte in seinem Leben schon vieles gesehen, aber auch ihn würgte es im Hals. Er fühlte sich elend, doch er konnte es sich nicht leisten, wegzugehen, um die Maske abzunehmen und frische Luft zu atmen. Er rettete Verletzte und versuchte, gleichzeitig die Lebenden und die Toten zu zählen. Wo war die Tankwagenbesatzung? Wo waren die Leutnants?

Ohne Ahnung wo sie hin liefen, irrten säureverbrannte Männer durch den Wald um die Lichtung und stürzten dort zu Boden. Kleine Rettungstrupps wurden ausgeschickt, um den Wald zu durchkämmen. Als der

Soldat, der in der Rakete gesessen und vor seinen Augen zur Seite geschleudert worden war, auf einer Tragbahre an ihm vorbeigetragen wurde, dachte Andrey, dass die giftigen Dämpfe ihn halluzinieren ließen. Er
hatte schwere Verbrennungen, aber er lebte und war bei Bewusstsein.
Von irgendwoher kamen ununterbrochen Schmerzens- und Hilfeschreie.
„Lassen Sie uns hier verschwinden, Andrey Ivanovich. Wir haben jeden
gerettet, den wir retten konnten." Andrey vernahm die fast unhörbare
Stimme eines Offiziers, den er kannte, neben seinem Ohr. Er schaute noch
einmal über die Lichtung, doch die Hoffnung, dass noch jemand schreien
oder die Hand heben würde, war vergebens.

Am Sammelplatz versuchten einige Ärzte die Verwundeten zu sor-
tieren. Das ist eine der härtesten Entscheidungen für Militärärzte – zu
bestimmen, wer sofort Hilfe und wer nur noch Schmerzmittel bekommt
... Die Verletzten wurden in Lastwagen so schnell wie möglich zu den
nächstgelegenen Siedlungen zur Erstversorgung gebracht. Es ist sinnlos,
Menschen mit solchen Verletzungen vor Ort zu behandeln, und für diese
Menge an Verletzten gab es auch viel zu wenig Verbandzeug, Medikamente und medizinische Ausrüstung. Die Männer mussten so schnell
wie möglich behandelt werden, viele von ihnen hatten schwerste Haut-
verletzungen, die meisten, die bei der Betankung in der Nähe gestanden
hatten, litten unter Atemwegsverbrennungen, manche hatten durch die
Explosion Gliedmaßen verloren und hatten schreckliche Wunden.

Das Kommando war sofort per Funk verständigt worden. Innerhalb
von zwei Stunden brachten Hubschrauber Divisionsstabs- und Armee-
kommandoangehörige und eine Untersuchungseinheit des Militärge-
richts, die mit der Suche nach der Unfallursache begannen. Auch eine
Maschine mit Generälen und Raketenspezialisten war schon aus Moskau
eingetroffen.

Alle ankommenden Personen waren hundertprozentig der Meinung,
dass Sabotage der einzige Grund des Unfalls sein konnte. Die Untersu-
chungsbeamten legte sich darauf fest und suchten vor allem nach Be-
standteilen fremder Objekte und Sprengstoff. Der General warf misstrau-
ische Blicke auf Andrey und erwähnte beiläufig: „Haben Sie Attentäter
übersehen?"

Andrey stapfte um das Kommandostabszelt herum, versetzte dem
Schmutz Tritte. Der trübe Himmel voll Regen war heller als sein Gesichtsausdruck. „Aber es gab keinerlei Hinweise auf eine Explosion oder etwas
ähnliches. Alles war ideal, Niemand kann so eine Operation so einfach
durchführen." Andrey versuchte, sich jeden Hinweis, jedes Detail von

Ausbildung und Vorbereitung in Erinnerung zu rufen, die jetzt, nach dem Unfall als Indiz dienen konnten. Er untersuchte Details der Abschussvorrichtung, suchte den Boden ab, dann die Benzintanklastwagen, dann den Wald und stoppte sich selbst: „Was soll man da sehen?" „Oh Jungs, ihr könntet jetzt so hilfreich sein", dachte er an die Männer, die im Augenblick der Explosion neben der Rakete gestanden hatten. Ihre Erzählung könnte den Ablauf der Ereignisse für jede einzelne Sekunde klären. Aber keiner von ihnen konnte die drängenden Fragen beantworten. Wer etwas zu sagen gehabt hätte, war entweder tot oder in kritischem Zustand im Krankenhaus. Viele von ihnen konnten kaum atmen – geschweige denn verhört werden.

Was wenn die neueste Rakete noch nicht ausgereift war? Schwer zu glauben. Sie hätten sie sicher nicht aus der Fabrik gelassen. Mit diesen Dingen gibt es weder Scherze noch Risiken. Was wenn jemand hier bei der Truppe einen Irrtum begangen hätte, bei der Verbindung von Kabeln oder beim Einfüllen des Treibstoffs? Konnte Kerosin wegen einer Nachlässigkeit Feuer fangen und explodieren? „Ich glaube, der General weiß schon, wem er die Nachlässigkeit anhängen wird", dachte Andrey wehmütig. Er legte Schutzanzug und Gasmaske ab, konzentrierte sich auf den nächsten Bericht an den General, atmete tief durch und trat ein.

In seinem Bericht konnte er dem, was alle gesehen hatten, nur wenig hinzufügen. Bezogen auf die letzte Standesmeldung waren zwölf Männer tot, zehn wurden vermisst, mehr als fünfzig waren in Krankenstationen in den nächstgelegenen Ortschaften und sollten bald ins Militärkrankenhaus verlegt werden. Die meisten hatten schwerste, zum Teil durch Chemikalien verursachte Hautverbrennungen, dazu noch Verbrennungen der Atemwege. Die Explosion hatte die Raketenabschussanlage ebenso zerstört wie die Transport- und Tankfahrzeuge.

„Lieber Andrey Ivanovic, das haben wir alles schon in Berichten gesehen und gelesen, ohne Ihre Geschichten. Könnten Sie uns bitte sagen, Herr KGB-Hauptmann, wie konnten Sie, angesichts Ihrer Position, sich nicht rechtzeitig um potentielle Sabotage kümmern? Mangelt es Ihnen an Ressourcen oder an Autorität?" Der General, der am oberen Ende des Tisches saß, blickte Andrey finster an. Die Mienen aller Anwesenden stimmten ihm zu.

„Herr General, die Umstände des Zwischenfalles werden untersucht. Der KGB führt die Untersuchung zusammen mit dem Militärstaatsanwalt durch." Pravdin betonte die offiziellen Begriffe besonders deutlich, da er wusste, dass sie im Augenblick nichts anderes beachten würden.

„Hätten Sie Ihre Arbeit früher gemacht, müssten Sie jetzt keine Untersuchung durchführen. Abtreten bis zu weiteren Befehlen."

„Jawohl, Herr General!"

Andrey legte wieder einen Schutzanzug an und ging zum Unglücksort. Ein paar Minuten versuchte er sich einzureden, dass es Sabotage gewesen sein musste, was auf die Zerstörung der Rakete und der Mannschaft in der Ausbildungsphase hinwies, oder Ablenkungsmanöver von einem größeren Anschlag. Aber dann sagte er laut mit Überzeugung: „Nein, es war mein Fehler. Wir haben Arbeit vor uns."

Der Hauptmann musste durch etwas Trauriges durch – die Suche nach den Toten und die genaue Feststellung der Verluste.

Bei Sonnenuntergang gingen er und die Untersuchungseinheit über die Lichtung, beobachteten die Aktivitäten der Spezialisten und wiesen sie auf Details hin, die er für wichtig hielt. Plötzlich wurde seine Aufmerksamkeit von einem kleinen Gegenstand angezogen, der in den letzten Sonnenstrahlen schwach schimmerte. Es war das Mützenabzeichen einer halb verbrannten Offiziersmütze. Vielleicht war das alles, was von Major Evdomikov, dem Kommandanten der Tanktruppe, übrig geblieben war. Sosehr Andrey sich auch bemühte, er konnte seinen Körper nicht finden. Flammen und Säure hatten ihn wohl vernichtet und seltsamerweise nur dieses kleine Metallstück mit einem Stern in der Mitte übriggelassen.

Andrey war mit ihm nicht eng befreundet gewesen, der Major war ein schlichter Mann. Es gibt solche fröhlichen und freundlichen Menschen, die ihren Optimismus auf andere ausstrahlen. Er war ein qualifizierter Spezialist und hatte als Offizier eine Zukunft. In der Ausbildung war er immer von militärischer Strenge, aber er hätte niemals seine Untergebenen gedemütigt oder ausgelacht. Sie verehrten ihn deswegen und drängten sich danach, unter seinem Kommando zu stehen. In Offizierskreisen hatte er nie intrigiert oder über jemanden schlecht gesprochen. Andrey kannte seine Familie ein wenig – seine Frau und zwei ungezogene Söhne, die in einer Armeesiedlung wohnten. Sie hätten sich an ihrem Vater ein Vorbild nehmen sollen. „Wofür stirbt ein Mann eigentlich?" fragte Andrey und blickte in den Himmel.

Es wurde langsam dunkel, und die Arbeiten wurden bis zum nächsten Tag unterbrochen. Nur ein Lastwagen fuhr hinaus. „Wenn ihr im Leichenschauhaus ankommt, sagt nur, dass es im Konvoi beim Transport von Raketentreibstoff eine Explosion gegeben hat. Sagt es war ein Autounfall und ein Tank ist übergelaufen. Das ist alles", hatte Pravdin schon am Nachmittag als Geschichte ausgegeben, als die Verwundeten abtransportiert worden waren. Er musste die Ärzte in den öffentlichen Krankenhäusern belügen, aber er hatte sowohl die Verletzten zu retten als auch den Unfall geheim zu halten. Noch ein Kompromiss zwischen der ständigen Staatssicherheit und der Rettung von Menschenleben.

Satelliten, die alles beobachteten, was in der UdSSR geschah, konnten etwas so Auffälliges wie eine Explosion auch durch die Wolkendecke wahrnehmen, und bei den ausländischen Geheimdiensten würde es sicher manche Fragen geben. Also mussten sie bald mit ungebetenen Gästen rechnen. Die Soldaten schlossen die Leichensäcke und fuhren los.

In der Nacht fand Andrey etwas Ruhe und Zeit zum Nachdenken. Die KGB-Experten sollten am Morgen eintreffen, und die Ereignisse des Tages sollten in einem Bericht zusammengefasst werden, und er wollte verstehen, was wirklich geschehen war. Wenn du dich für eine Version entschieden hast, dann solltest du auch dabei bleiben. Andrey öffnete sein Notizbuch, knickte eine Ecke ein und schrieb drei Punkte auf: „Sabotage – im Auftrag eines Nachbarlandes? Ungenaue Einhaltung der Dienstvorschriften und Befehle bei der Betankung von Raketen mit Übungstreibstoff? Produktionsfehler oder unausgereifte Konstruktion?"

Für jede dieser Versionen gab es einleuchtende Argumente. Erst vor kurzem hatten die Beziehungen zu China sich signifikant verschlechtert. Ständig verbale Auseinandersetzungen konnten sich im Fernen Osten rasch zu handfesten feindseligen Aktionen auswachsen. Die Grenze war sehr nahe, und die Raketeneinheit konnte ein attraktives Ziel für Sabotage sein. Aber hier, in diesem abgelegenen Waldstück? Jeder Fremde, der im Distrikt einer militärischen Einheit oder Anlage wahrgenommen wurde, war automatisch ein Ziel besonderen Interesses. Es war nicht leicht, jemanden aus der örtlichen Bevölkerung zu rekrutieren. Doch die Sowjetunion hatte eine Menge Feinde, nicht nur die Chinesen, die jederzeit einen solchen Schlag ausführen mochten. Das wäre die bequemste Version, mit der alle zufrieden wären. Aber sie mussten die Wahrheit herausfinden.

Ungenaue Einhaltung der Dienstvorschriften – eine kleine Eigentümlichkeit eines großen Volkes, die oft zu erheblichem Ärger führte. Einer schrieb etwas nicht zu Ende, der andere las es nicht zu Ende, der dritte spulte es nicht auf, der vierte tat alles in der verkehrten Richtung, der fünfte drückte den falschen Knopf und der sechste unterschrieb das alles. Hier ging es um Ausbildung mit neuem Gerät, wo jedes Komma zählte und beachtet werden musste. Vielleicht widerstrebte es den Offizieren, hinter dem Rücken der Soldaten auf und ab zu gehen und jeden Handgriff mit den Vorschriften zu vergleichen? Und würde es möglich sein, den Schuldigen überhaupt noch herauszufinden? Der war möglicherweise unter denen, die niemals wieder etwas aufklären würden.

Warum nicht weiter gehen? Konnten nicht die Ingenieure, die die Raketenanlage entwickelten, oder die Arbeiter, die sie zusammenbauten, ebenfalls einen Fehler machen? Unter dem Druck des heftigen Wettbewerbs mit anderen Weltmächten, seit langer Zeit in den Kalten Krieg gezwungen, musste die Sowjetunion ihre Verteidigungskapazitäten steigern und weiter entwickeln. Was zählte, war eines – wir sind schneller. Beinahe im Drei-Jahre-Rhythmus bekamen die Einheiten neue Waffen zugewiesen, und die modernen Waffen, die gestern noch auf dem Reißbrett der Konstrukteure gewesen waren, wurden heute schon bei den Kampftruppen in Dienst gestellt. Es war normal, dass dieses ständige Rennen nach Neuheit, Entfernung, Kapazität und anderen Charakteristika die Zuverlässigkeit zurückdrängte. Manche Waffensysteme wurden völlig unerprobt ausgeliefert und erst im Einsatz verbessert und vollendet. Das Problem existierte zweifellos, und Andrey wusste das. „Ich kann mir vorstellen, was die Kommission dazu sagen würde" – die Pefektion der sowjetischen Industrie in Frage zu stellen, war für einen Hauptmann des KGB ausgeschlossen. Aber er beschloss, bei dieser Version zu bleiben, auch wenn sie auf den ersten Blick unwahrscheinlich erscheinen mochte. Jeder machte alles richtig.

Tausende Gedanken schossen Andrey durch den Kopf, und so konnte er trotz des schrecklichen Tages und seiner völligen Erschöpfung nicht einschlafen.

Erst jetzt wurde ihm bewusst, dass er seinen Zimmerkameraden nicht unter den Überlebenden fand. Sergey hätte in einiger Entfernung zur Abschussanlage sein sollen, und vielleicht war er unter den Verletzten. Andrey versuchte, diese düsteren Gedanken wegzuschieben. Vielleicht lag er in einem der nahen Krankenhäuser. „Ich sollte ihm ein paar Äpfel bringen. Er mag sie, und er kann damit den Krankenschwestern eine Freude machen." Andrey lächelte und machte es sich bequem.

Das blaue Notizbuch steckte in der Tasche der Jacke, die über der Sessellehne hing. Es war ab jetzt Pravdins Amulett, denn es hatte ihm heute das Leben gerettet. Warum hast du es noch nie vergessen, aber ausgerechnet heute? Warum ist dir das Sekunden vor dem Unfall aufgefallen? Ein Zufall. Aber andere Menschen starben und wurden Krüppel aus einem bestimmten Grund. Er musste diese Ursache herausfinden, wie sollte er sonst den Waisen und Witwen der Männer in die Augen schauen, die nicht mehr nach Haus kamen. „Ich lebe, aber es hätte ganz leicht auch anders herum sein können."

Robert Lenz war schon einige Tage mit Großwildjägern und Fischern in der Taiga unterwegs. Es war schwierig, die sowjetischen Behörden dazu zu bringen, so ungewöhnliche Ausflüge für Ausländer zu genehmigen, aber nach langen Verhandlungen und Garantieerklärungen wurde alles auf höherer Ebene arrangiert. Doch die Amerikaner suchten nach einem noch größeren Wild, nach Raketenschächten, versteckt in den Wäldern. Natürlich wurde die Route so weit wie möglich entfernt von allen geheimen Objekten festgelegt, die in der Taiga verstreut waren und von keinem Fremden gesehen werden sollten, aber Lenz machte gelegentlich Vorschläge, die Reiseroute ein wenig abzuändern, mehr in die Richtung, die ihn interessierte. Warum war die CIA sicher, dass dieser riskante Trip Resultate bringen würde? Robert hatte mit seinem Führungsoffizier einige Wochen vorher ein Gespräch gehabt.

„Ich werde vier Tage in der Region sein. Das wird genügen. Ich hoffe, unser Mann in Moskau wird zu diesem Einsatz beitragen?"

„Mach dir keine Sorgen. Aber wenn es nach dem geht, würdest du in einem russischen Gefängnis sitzen mit Bettwanzen und Läusen und Kalinka singen lernen. Du weißt, nachdem ich gesehen habe, wozu er fähig ist, bin ich völlig sicher, dass dieses Land von seinen eigenen Leuten zerstört wird. Alles was sie brauchen, ist ein bisschen Hilfe, ein Schubs in die richtige Richtung. Und dann werden wir den Krieg gewinnen, auch ohne extra Blutzoll und Kosten."

Natürlich nickte Robert und stimmte allem zu, aber sein letzter Einsatz hatte seine Haltung zu den Menschen in der Sowjetunion verändert. Sein Land baute von den Russen das Image eines blutsäuferischen, aggressiven, immer betrunkenen und unterlegenen Volkes auf. Barbaren, aber mit der Atombombe. Natürlich haben die Russen ein paar Eigenheiten, aber sie lieben ihre Kinder auf die gleiche Weise wie Deutsche oder Amerikaner und andere. Wir haben die selbe menschliche Natur. Ideologie macht uns zu Feinden. Verräter und prinzipienlose Menschen kann man in jedem Volk finden.

Diesmal fürchtete er sich nicht vor der Reise in die UdSSR. Nur die wachsame Spionageabwehr, die zweifellos schon auf ihn wartete, machte ihm ein wenig Sorge. Er hatte nirgends auf der Welt einen so professionellen und erfahrenen Geheimdienst kennen gelernt. Die Aktion mit dem „Atomzug" steckte ihm noch in den Knochen, und er gestand seinen

Kollegen, dass er das Gefühl hatte, ausgetrickst worden zu sein. Er hatte den Auftrag fast bis zu Ende durchführen können – aber warum war es so einfach gewesen? Natürlich hatte er wohl genügend Routine dafür, aber er war nicht sicher, ob er Sieger über die Russen geblieben war. In anderen Ländern war es einfacher und bequemer zu operieren. Und der KGB beschattete ihn selbst hier in der Weite der endlosen Taiga. Er kannte einige KGB-Offiziere von Einheiten, die in der Gegend stationiert waren. Er studierte ihre Biografien und memorierte vor seiner Abreise stundenlang ihre Fotos. Robert war sicher, dass sie ihm folgen würden.

Spät am Abend, als das Lager am Taigaufer aufgeschlagen war und alle sich für die Nacht vorbereiteten, kam ein Gast. Es verstieß gegen alle konspirativen Regeln, doch er musste Robert treffen. Dieser erfahrene Jäger, dessen wirklichen Namen niemand wusste, war von ausländischen Geheimdiensten schon seit zehn Jahren bei besonderen Anlässen als Kontaktmann eingesetzt worden.

Als Robert ihn sah, wusste er, dass etwas Ernstes passiert sein musste. Man hatte ihm gesagt, dass dieser Mann nur in Notfällen auftauchen würde. Und tatsächlich, nach einer Weile am Lagerfeuer mit den Touristen und einigen Jagdgeschichten, übergab er Lenz eine kurze Botschaft aus dem Hauptquartier und eine schwarze Schachtel mit zwei Löchern und einem Schalter. Sein ursprünglicher Auftrag wurde aufgehoben, er hatte nun einen anderen, den er so schnell wie möglich ausführen musste.

Das CIA-Hauptquartier hatte durch einen Spionagesatelliten von der heftigen Explosion erfahren, die in der Region, wo Robert war, und in der Nähe einer Raketeneinheit stattgefunden hatte. Die Experten nahmen an, dass eine Rakete explodiert war, aber wegen der dichten Wolkendecke konnten sie nicht feststellen, was tatsächlich passiert war. Vielleicht war es auch ein Test für eine neue Waffe. Daher sollte Robert Boden- und Luftproben vom Explosionsort einsammeln, sich vor Ort ein Bild machen und aus der lokalen Bevölkerung möglichst viele Informationen herausholen.

Der Jäger konnte nicht dafür eingesetzt werden, er war zu wichtig für verschiedene verdeckte Einsätze. „Finde es, keine Ahnung was, finde es, keine Ahnung wo" – keine geringe Herausforderung, aber Robert musste den Auftrag durchführen. Er blickte auf die Karte. Die Entfernung zum potentiellen Einsatzort war ungefähr fünf Kilometer Luftlinie, und er konnte versuchen, von den Einwohnern in den umliegenden Dörfern etwas zu erfahren.

Robert war umgeben von Stille und dunkler Leere. Die Zweige schwangen leicht, das Wasser plätscherte. Der Mond war nicht zu sehen. Aber auch er hatte an diesem beinahe unberührten Ort vor einer Weile Explosionsgeräusche gehört. Waren das Waffenversuche? Die Gegend war voll von russischen Einrichtungen, die aber nicht ihre Friedlichkeit störten. Schächte, Masten und kilometerweit Wälder, Schluchten und Seen. Hatte nun das Echo des scheinbar lautlosen Krieges auch diese Ecke erreicht?

Die Taiga erstaunte und überraschte Robert immer und immer wieder. Der Ferne Osten war völlig anders als die europäischen Teile Russland, Ukraine oder Weißrussland. Das war eine andere Welt von seltener Schönheit. Der Amerikaner sog jedes Wort ein, das er hörte, erinnerte sich an jeden Ausblick, der ihm gefiel. Der Film in seiner Kamera war voll von schönen Landschaften. Daheim in Washington hatte Lenz ein ganzes Album voller Bilder der Länder, in denen er gewesen war. Aber die Bilder aus der Sowjetunion hätten ein eigenes Album verdient. All das schien ihm einzigartig und unglaublich. Natürlich gab es auch in Amerika erstaunliche Wälder und reiche Natur, aber das war kein Vergleich zu dem, was Robert jetzt sah.

Das war das Land derer, die daheim Feinde genannt wurden. Aber das war nicht der Krieg von Lenz. Er dachte, dass sein Auftrag wäre, das Recht auf Leben überall auf der Erde zu sichern. Wer sagte, dass die Großen Seen in Amerika einen höheren Wert hatten als die Jahrhundertbäume im Fernen Osten? Aber wenn der Mechanismus ablief, konnte jeder kleine Truppenteil all das Schöne zu Staub zermalmen. Der Auftrag eines Geheimagenten ist nicht die Zerstörung, sondern die Vermeidung der Zerstörung.

Um ungesehen aus dem Lager zu kommen, musste Robert zu extremen Mitteln greifen. Als er Wasser für eine Fischsuppe holte, gab er eine starke Dosis Schlafmittel in den Topf. Es hätte für zwanzig Männer gereicht, aber er musste auf Nummer Sicher gehen. Nach dem Abendessen gingen alle in ihre Zelte, nur ein Wachtposten blieb am Feuer sitzen. Er sollte wenig später abgelöst werden, aber binnen fünfzehn Minuten lagen beide Männer im Tiefschlaf auf dem Boden. Robert hatte nur vorgetäuscht zu essen und blieb wach. „Jetzt habe ich zwölf Stunden." Damit machte er sich, schwarz gekleidet, auf den Weg zu seinem Einsatzort.

Jetzt war er absolut allein in der Taiga. Er durfte kein Feuer oder laute Geräusche machen. Es war wilde Natur, und die KGB-Agenten waren nicht die einzigen, deren Aufmerksamkeit er nicht erregen wollte. Er marschierte zweieinhalb Stunden durch die Wildnis, direkt auf sein Ziel zu, andernfalls hätte er es verloren. Irgendwann hörte er Automotoren, sah Scheinwerfer und hörte Stimmen. Er ging langsamer und schlich von

Baum zu Baum. Der Wachkordon war dicht. Das bedeutete, er war am Ziel. Robert war von völliger Dunkelheit umgeben, aber je näher er der Lichtung kam, desto deutlicher traten Büsche und Bäume hervor. Ihm war klar, dass er, wenn ihn ein Suchscheinwerfer erfasste, davonlaufen müsste. Sie würden hinter ihm her schießen und Suchhunde losschicken. Er eilte weiter und warf sich in einen Graben neben einer gefällten Pinie. Plötzlich hörte er hinter sich Stimmen. Als er sich langsam umdrehte, bemerkte er zwei Soldaten, die ihre Lampen auf den Platz richteten, wo er eben noch gewesen war. Sie diskutierten und gingen direkt auf Lenz zu. Er presste sich an den Boden und blieb ruhig. Sie suchten das Gras mit ihren Lampen ab, doch blieben sie knapp vor Robert stehen. „He Soldat, wieso schläfst du?" sagte einer, und sie wendeten sich zum Wachtposten.

„Keine besonderen Vorkommnisse", stotterte der Mann.

„Die wird es aber geben, wenn du auf Wache schläfst." Sie schlugen dem Mann auf die Schulter und gingen in die entgegengesetzte Richtung. Lenz atmete langsam wieder ein. Das war wieder einmal knapp gewesen. „Es scheint, dass ich schon hinter der Linie bin. Glück gehabt", dachte er, doch er kroch vorsichtig durch das Gras, bemüht, die größtmögliche Distanz zu den Wachtposten zu halten.

Von hier konnte er deutlich sehen, was vor sich ging. Das Gelände war kaum erleuchtet. Es war still und ruhig. Nur ein Scheinwerfer auf einem niedrigen Wachturm leuchtete auf den Waldrand. Das beruhigte Robert ein wenig – die meisten schliefen. Auf der gegenüberliegenden Seite sah er deformierte Stahlkonstruktionen. Das waren offensichtlich Transportfahrzeuge gewesen, wie er sie von allen Armeen der Warschauer Pakt-Staaten kannte. Er begriff, dass die Explosion hier stattgefunden hatte, und er konnte den Explosionskrater und den verbrannten Boden rund um die Wracks erkennen. Genau von dort brauchte er eine Bodenprobe. er kroch so nahe heran wie möglich. „Lasst uns das Technikwunder ausprobieren", dachte er und nahm die kleine Schachtel aus der Tasche, die ihm der Jäger übergeben hatte. Er richtete sie auf die Fahrzeuge und drückte auf den Knopf. An einem dünnen Draht flog ein kleiner Behälter auf das Ziel zu. Damit konnte er auf die Entfernung kleinste Bodenproben für eine spätere Untersuchung einsammeln. Aus der zweiten Öffnung kam ein zischendes Geräusch – eine Luftprobe wurde eingesogen. Plötzlich schnappte Robert nach Luft und spürte einen starken Hustenreiz. Er schaffte es, ihn zu unterdrücken und bedeckte Mund und Nase mit seinem Mantelärmel. Seine Hand, mit der er sich auf dem Boden aufgestützt hatte, brannte. Als er den Kopf wieder hob, erstarrte er und vergass den Husten. Dort wo der Probenbehälter lag, war ein Hund. Er bewegte sich genau darauf zu, die Nase auf dem Boden. Plötzlich blieb er stehen, starrte etwas interessiert an und schnappte danach. „Lass es fallen, lass es fallen!", murmelte Robert. Der Offizier, der den Hund an der Leine führte, war durch ein Gespräch abgelenkt. „Weiter! Dummer Hund!" Der Geheimagent wusste, dass der Faden an der Ampulle genau zu ihm führen würde, und wenn sie ihn entdeckten ... In der nächsten Sekunde drehte sich der Hund und präsentierte seinem Herrn den Fund. Lenz zog an dem Draht, so fest er konnte, der Hund quietschte und biss ihn entzwei. „Was ist, Mars? Was hast du da?" Der Offizier bückte sich und sah einen kleinen Gegenstand neben den Pfoten des Hundes, der aussah wie ein Teströhrchen. „Haben das die Untersucher verloren? Ich werde es ihnen morgen zurückgeben."

Robert war geschockt. Er hatte sich zu Fuß durch die pechschwarze Taiga gekämpft, war durch die Linie der Wachposten gekrochen, war fast erstickt und dann das? Der Hund ruinierte seinen Auftrag. Und er hinterließ hier eine so deutliche Spur, dass der KGB unter jedem Baum eine Falle aufstellen würde. „Großartig, Robert Lenz, du hast herausgefunden, dass in den russischen Wäldern drei Fahrzeuge explodiert sind. Das wird für die Kollegen eine große Hilfe sein", sagte er zu sich. Er versuchte sich zu beruhigen und seine Gedanken zu konzentrieren. Sich dem Krater anzunähern, wäre verrückt gewesen. So musste er den Ort mit dem verlassen, was er hatte.

Er kroch wieder zurück. Sein vertrauter Wachtposten schlief beinah wieder, und Lenz passierte ihn ohne Eile und verschwand in der Dunkelheit.

Auf dem Weg durch den dunklen Wald dachte er nach, was er gesehen hatte. Es konnte kaum ein Waffentest gewesen sein. Metalltrümmer lagen überall herum, dunkle Flecken auf dem Boden. Das Lager selbst war hastig errichtet worden. Außerdem hatte der Hundeführer irgendetwas von Untersuchern gesagt. Robert war sicher, dass hier ein Desaster passiert und dass die Explosion ein echter Unglücksfall war, und offensichtlich versuchten sie das zu verheimlichen. Das war normal. Welches Militär prahlte schon gerne mit seinen Pleiten? Das würde man überall so machen.

Irgendwo hinter den Wolken ging die Sonne auf, und sie wurden zu einer grauen Masse über der Taiga. Robert lief auf ein kleines Dorf zu, beim ersten Brunnen schöpfte er Wasser und trank es gierig. In diesem Augenblick trat eine alte Frau aus dem Hof und zog eine scheckige Kuh hinter sich her. Als sie Robert sah, blieb sie erstaunt stehen, zog das Tier nahe an sich heran und sagte zu ihm: „So früh am Tag schon Wasser? Du warst wahrscheinlich gestern betrunken, dass du dich jetzt danach fühlst", begann sie zu lachen.

Robert legte den Schöpfer auf den Brunnenrand, lächelte sie an und antwortete in korrektem Russisch, wenn auch mit schrecklichem Akzent. Er hatte die Sprache leicht gelernt, aber mit der Aussprache kam er nie klar, sodass er sich für solche Fälle eine Legende zurecht gelegt hatte – er gab sich als Lette aus. Und er erfand immer den passenden Beruf dazu.

„Nein ich bin Geologe, wir untersuchen die lokalen Bodenschätze. Ich bin durch den Wald gestreift, und jetzt bin ich durstig. Ihr Wasser ist köstlich! Ich kann gar nicht genug davon trinken", antwortete er und spürte außer dem unstillbaren Durst Brustschmerzen und Magenkrämpfe. Ihm war klar, dass das Auswirkungen von seinem Vorstoß ins Epizentrum des Zwischenfalles waren. Der Boden hatte gerochen, als hätte jemand eine große Portion Gift darüber ausgeleert.

„Ja, unser Wasser ist das beste. Viel besser als im Nachbarort! Trink nur!"

„Danke, dass Sie mich nicht wegjagen!" Robert umklammerte wieder den Schöpfer und versuchte, die Symptome einer schweren Vergiftung etwas zu mildern. Die alte Frau lächelte noch freundlicher.

„Mütterchen, warum sind so viele Soldaten in eurem Wald? Das sind ja so viele wie die Bäume", versuchte er einen möglichst lockeren Ton anzuschlagen, damit sie nicht Verdacht schöpfen würde. Sie starrte ihn an, zögerte einen Moment, aber dann erzählte sie es ihm doch.

„Es hat eine Explosion gegeben. Mitten am Tag hat es gestern gedonnert. Wir haben geglaubt, dass es ein Donner war, aber es hat kein Gewitter gegeben. Es heißt, mehr als 200 Menschen sind umgekommen und noch einmal so viele verstümmelt. Entweder war es eine Bombe oder ein Tankwagen. Weiß der Teufel, sie sind alle unfreundlich, fahren ständig hin und her." Plötzlich schien ihr wieder das alte Plakat einzufallen, das im Parteilokal jeder Siedlung hing. Rede nicht mit Fremden. „Aber ich weiß nicht, woher sie kommen. Und es geht mich auch nichts an. Ich weiß gar nichts."

„Ja Mütterchen, danke für das Wasser." Robert nahm noch ein paar Schluck Wasser aus dem Schöpfer und legte ihn zurück. Die alte Frau lächelte wieder, zog ihre Kuh weiter und blickte Robert misstrauisch nach.

Der Amerikaner blickte auf seine Uhr – das Schlafmittel würde nur noch kurze Zeit wirken. Es wurde heller, und Lenz fühlte sich immer schlechter. Auf der Straße fuhren etliche Militärfahrzeuge. Robert wollte aber nichts riskieren, denn wenn er ohnmächtig wurde, konnte er seinen Zustand auf einem Polizeirevier erklären.

Die letzten Kilometer vor dem Touristenlager fielen ihm immer schwerer. Er konnte kaum atmen, kalter Schweiß bedeckte sein Gesicht. Es fiel ihm schwer, die Füße zu heben, und so stolperte er immer wieder über Äste und Wurzeln. Mechanisch ging er weiter, konnte kaum noch etwas sehen. Als im Nebel die flachen Zelte auftauchten, verließen ihn endgültig die Kräfte. Er versuchte sich an einem Ast festzuhalten und fiel nach vorne. Um ihn wurde es schwarz.

Robert wachte in einem Zelt auf. Der Reisebegleiter der Gruppe beugte sich über ihn. „Wir haben alle irgendeine Vergiftung erwischt. Wahrscheinlich der Fisch. Wir haben wie tot geschlafen. Was machst du im Wald, so weit weg von den Zelten?"

„Ich bin auf die Toilette gegangen, dann war es plötzlich schwarz vor meinen Augen, und dann weiß ich nichts mehr." Robert bekam einen Hustenanfall.

„Verstehe", sagte der Führer langsam. „Es muss dich schlimmer erwischt haben als die anderen. Hattest du eine zweite Portion?" Er schlug Lenz mit einem Lächeln auf die Schulter. „Wie auch immer. Wir brechen ab. Wir haben genug vom Herumreisen."

Der Mann stellte ihm keine Fragen mehr. Sobald er draußen war, überprüfte Lenz den Inhalt seiner Taschen. Das einzige, was er vom Unfallort mitgebracht hatte, die Luftprobe, war noch da. Es fiel ihm schwer zu atmen und sich zu bewegen, aber mit Anstrengung schaffte er es aus dem Zelt. Die frische Luft machte ihn schwindlig, und die ersehnte Sonnenwärme war angenehm.

Am Morgen kam ein Bus mit einem Dutzend ernster Männer an den Unfallort. Jeder hatte eine kleine schwarze Tasche mit einem Stapel Geheimdokumente. Eine Sonderkommission kam aus Moskau. Generäle, Techniker, die Konstrukteure der explodierten Rakete und Geheimdienstler. Das Auftreten einer solchen Kommission hatte gute Gründe. Vergleichbare Desaster gab es in der Geschichte der Sowjetunion nur wenige. Die drei schlimmsten mit den größten Verlustzahlen waren die von 1960, 1963 und 1967. Vielleicht gab es noch mehr, aber es wussten nur wenige darüber Bescheid. Und auch über die bekannten wurde nur geflüstert. Das schlimmste Unglück war 1960 in Baikonur geschehen. Das unautorisierte Zünden der zweiten Stufe einer ballistischen Interkontinentalrakete führte zu einer Explosion und einem anschließenden

Feuer, dabei kamen insgesamt mehr als siebzig militärische und zivile Spezialisten ums Leben.

Auch der Oberbefehlshaber der Raketentruppen, Marschall Mitrofan Nedelin, kam bei diesem missglückten Startversuch ums Leben. Das wurde aber heruntergespielt, und die offizielle Version war, dass der Marschall bei einem Flugzeugabsturz umgekommen sei.

Für die Mehrheit der Menschen ist es schwer vorstellbar, dass diese Tragödien ein Appell des Schicksals sind, innezuhalten. Die Erdbevölkerung hat unglaubliche Fortschritte in der Kunst des Massenmordens gemacht, aber die Waffen wenden sich gegen ihre Erbauer. Vielleicht ist es keine Warnung von oben, sondern das Resultat menschlicher Irrtümer. Aber was führt zu diesen Fehlern?

Das Hauptproblem ist der Wettlauf. Bei hoher Geschwindigkeit sind die vielen kleinen Details am Straßenrand kaum wahrnehmbar. Zwei Weltmächte konkurrieren miteinander, holen aus ihrer Bevölkerung alles heraus, hetzen sie ständig gegeneinander auf. Natürlich stolpert irgendwann einer. Oder nimmt die falsche Richtung. Irgendwann wird man diese Politik als unmenschlich und sinnlos bezeichnen. Jetzt ist es Zeit, endlich die Menschen zu schätzen. Es ist nicht wichtig, dass wir zu weit gegangen sind. Es ist wichtig, wer recht hat.

Der Morgen war hart für Andrey. Er musste die Toten identifizieren. Am meisten fürchtete er sich davor, seinen Mitbewohner unter ihnen zu finden. Dieser Gedanke beschäftigte ihn den ganzen Morgen. Was er auch versuchte, er kam davon nicht los. Die Antwort vom Krankenhaus war eindeutig: „Der ist nicht hier." Doch alles war möglich, Dokumente konnten verloren gegangen sein, oder zerrissen oder verbrannt.

Das Auto hielt neben dem zweistöckigen Ortskrankenhaus. Andrey, zwei Offiziere und zwei Gefreite gingen schweigend einen schwach beleuchteten Korridor hinunter. Die braunen Wandfliesen und das gelbe Licht der kleine Glühbirnen erzeugten Kopfschmerzen. Der Pathologe erwartete sie bereits. „Legen Sie die Masken an."

Die breite Tür ging auf, und Andrey hielt den Atem an. Auf den Tischen längs der Wände lagen überall Körper. „Ich nehme ein Blatt Papier und wir werden die Überprüfung der Teile beginnen", sagte der Arzt mit ruhiger Stimme. „Das sind immer noch Menschen, keine Teile", wollte Andrey ihn korrigieren, aber der Arzt seufzte nur schwach und sagte nichts. Er verlas die Verletzungen, die an den Leichen festgestellt worden waren und Merkmale, die zur Identifizierung beitragen konnten. „Die armen Menschen. Warum muss das so sein?" Vor Andreys Augen stand das

Bild der Explosion, die herumlaufenden Soldaten, die lodernden Flammen und der brennende Boden. Sie hatten keine Chance gehabt.

Beim nächsten Tisch las der Arzt vor: „Erkennungsmerkmale: goldene Zahnkronen, vor kurzer Zeit gemacht." Andrey hielt inne und sah den Toten genau an. Das war Sergey, sein Nachbar, ohne Zweifel. Aber wieso? Er war weit weg von der Explosion. Hatte er sich bei der Rettung der Verwundeten selbst in Gefahr begeben? Sergey war ein großer Mann gewesen, jetzt war er auf einen halben Meter Überrest zusammengeschmolzen. Der Kloß in der Kehle war wieder da. Eine Frau und drei Kinder warteten in diesem Augenblick auf seine Rückkehr.

„Lässt sich die Todesursache feststellen?"

„Das ist unrealistisch. Das einzige was ich sehen kann, ist ein Schlag auf den Schädel mit hoher Geschwindigkeit. Wahrscheinlich ein Splitter von irgendwas."

Andrey starrte noch eine Weile auf den Körper und trat dann still zur Seite. Es bedrückte ihn etwas, das er niemandem mitteilen konnte. Der Mann, dessen Überreste da vor ihm lagen, war einer seiner wichtigsten Agenten gewesen. Andrey hatte seinem Urteil immer vertraut. Wäre Sergey noch am Leben gewesen, hätte er mit Sicherheit die Ursachen herausgefunden.

„Andrey Ivanovic, achten Sie auf die Zeit. Die Sitzung der Kommission beginnt bald", unterbrach einer der Offiziere seine Gedanken.

„Ja, wir müssen gehen."

Es war die erste Sitzung der Sonderkommission am Unfallort. Obwohl Andrey nur wenige der Versammelten persönlich kannte, hatte er doch alle schon mehr als einmal gesehen. Seine unmittelbaren Vorgesetzten waren auch anwesend. Er fühlte ihre prüfenden Blicke – viele dachten, dass er den Tod vieler Menschen auf dem Gewissen habe. Niemand sprach ihn an, und er setzte sich still auf seinen Platz.

Es gab keinen Morgenappell an diesem Tag, die Soldaten und Mannschaftsdienstgrade wurden eingehend verhört. Die Untersuchung wurde in allen Details ausgebreitet, aber an ihm floss alles vorbei. Das Hauptquartier war sicher, dass die Explosion der Rakete absichtlich herbeigeführt worden war, und es war nur noch herauszufinden, wie es geschehen war und wer es getan hatte. Man musste nur herausfinden, wer der Feind war – mit dem geringst möglichen Aufwand. Alle anderen Fakten wurden beiseite gewischt, als Fantasie betrachtet.

Andrey war extrem aufgeregt über diese Sicht der Dinge. Sollte die Sabotage bestätigt werden, trug er persönliche Verantwortung, und dann stünde nicht nur seine Karriere, sondern sein ganzes Leben auf dem Spiel. Die Anklage der Fahrlässigkeit und ähnlicher Delikte konnte jeden Augenblick beginnen. Und dann würde er ein Verdächtiger sein, was unweigerlich zu Arrest bis zum Ende der Untersuchung führen würde. Aber darauf gab es noch keine Hinweise.

Am nächsten Tag sollte Andrey sprechen und mitten in diesem Chaos sollte er die Richtigkeit seines Verhaltens und seiner Mitarbeiter darstellen. Er hatte mit allen Agenten Kontakt gehabt, hatte Berichte aus Moskau angefordert, hatte alle Dokumente wieder und wieder gelesen. Aber es hatte keine verdächtigen Personen auf dem Übungsgelände gegeben, es gab keine Berichte über Aktivitäten ausländischer Agenten in der Region, und sogar die ersten Untersuchungsergebnisse boten keinerlei Hinweise auf fremde Sprengstoffe oder Bombenteile. Sollte der Täter einer der Männer gewesen sein, die die Rakete betankt hatten, dann wäre es ein Selbstmordanschlag gewesen.

In seiner Aussage erwähnte einer der erfahrenen Offizier, der das Betanken überwacht hatte, dass zum Zeitpunkt der Explosion erst sehr wenig Kerosin im Tank gewesen wäre. Er nahm an, dass die Ursache im Inneren der Rakete liegen musste. Aber es war einfach unmöglich, das Aggregat zu öffnen und etwas hineinzugeben, sobald die Rakete die Fabrik verlassen hatte. Und die Hauptfrage blieb, wer und wo und wann hätte das tun können?

Andrey sah den Schlüssel zur Antwort auf viele Fragen in der Gruppe von Wissenschaftlern, die zusammen mit der Kommission angekommen waren. Er hatte große Hoffnung, dass diese Männer unvoreingenommen wären und bat darum, an ihrer Besprechung teilnehmen zu dürfen. Sie diskutierten mehr als vier Stunden, beugten sich über den Tisch, Argumente gingen über in wissenschaftliche Auseinandersetzungen, sie studierten Skizzen, analysierten die Prozesse, die während des Tankvorganges abliefen, wieder und wieder. Aber die Schlussfolgerung blieb, es gab in der Rakete nichts, was explodieren konnte.

„Vielleicht ist etwas mit dem Brennstoff falsch gewesen?", sagte ein Konstrukteur vom Raketenforschungsinstitut heiser, als wieder eine Argumentationsrunde zu Ende ging.

„Mit dem Treibstoff?" fragte Andrey wieder. „Ich habe das schon überprüft, damit war alles in Ordnung. Ich habe Proben eingeschickt, für alle Fälle, aber diese Ladung wurde nicht nur an uns geliefert. Es gibt nirgendwo Probleme damit."

„Kann es ein, dass Sauerstoff in die Tanks geraten ist? Dass sie nicht ordnungsgemäß befüllt worden sind?"

„Das ist kaum möglich. Die Überlebenden sagen übereinstimmend aus, dass alles korrekt abgelaufen ist. Ich selbst war nur zehn Minuten nicht dabei. Das Kerosin wurde eingefüllt, solange ich noch dabei stand. Ich bin sicher, dass sie vollständig betankt wurde. Die Pumpen sind einwandfrei gelaufen. Alles hat wie im Handbuch funktioniert."

Ein älterer Ingenieur nahm Andrey ein wenig zur Seite und flüsterte beinahe, während er ihm in die Augen starrte: „Ich sage nicht, dass Sie oder Ihre Kollegen etwas falsch gemacht haben, junger Mann. Ich sage nur, dass bei aller Anstrengung des Tanktrupps etwas im Treibstoffsystem der Rakete zurückgeblieben sein kann, was dort nichts zu suchen hat. Verstehen Sie, was ich meine? Achten Sie darauf."

Andrey blickte den Wissenschaftler nachdenklich an. Meinte er, dass der Sauerstoff irgendwo zurückgeblieben sein konnte und beim Einfüllen zusammen mit dem Übungstreibstoff zu einer Reaktion geführt hatte? Wenn das so war, dann konnte das nur passieren – durch einen Konstruktionsfehler. Das ist es, was er andeutet. All die Daten, die wir in diesen zwei Tagen zusammengetragen haben. Morgen wird es eine Auseinandersetzung mit der Kommission geben. Aber jetzt bin ich dafür gerüstet. Er konnte durch das Fenster sehen, dass das Licht im Lager erlosch. Ihm blieben noch einige Stunden Schlaf. Und am nächsten Morgen würden sie die Zelte abbrechen – es war die letzte Nacht am Unfallort.

Beinahe niemand außer Andrey durfte in diesen zwei Tagen das Camp verlassen. Doch trotz aller Bemühungen, das Unglück unter Verschluss zu halten, verbreiteten sich wilde Gerüchte in der kleinen Garnison. Frauen und Mütter fragten einander Dutzende, Hundert Male: „Was ist passiert, warum bleiben sie so lange weg?" Und sie warteten, waren angewiesen auf ihre Hoffnung, ihren Glauben und die Liebe zu ihren Männern und Kindern. Zwei schlaflose Nächte, zwei Tage voll Schmerz, lassen jedes Herz zerspringen. Diese tapferen Frauen, die ihre Männer jeden Tag zu ihrer gefährlichen Arbeit schickten, wussten nie, ob sie heil wieder zurückkehren würden. Es war kein Krieg, und es schien, als müsste man nichts fürchten, aber es konnte immer etwas passieren, irgend jemand würde immer vergeblich warten.

Und in den Morgenstunden kamen die Fahrzeuge an. Die Frauen rannten auf die Straße, um zu sehen, ob ihre Männer unter den Ankommenden waren. Sie standen und beobachteten jeden Soldaten und jeden Offizier, der dem Bus oder Lastwagen entstieg. Manchmal rannte eine aus der Reihe der Frauen und umarmte ihren Liebsten. Und da war so viel Schmerz in den Augen derer, die bei den leeren Autos warteten ... Sie standen erstarrt in trauriger Stille, hielten ihre Kinder, die mitgekommen waren, um die Väter abzuholen, fest an der Hand. Und dann begann ein Offizier, die Liste mit den Namen derer zu verlesen, die nicht mehr zurückkommen würden. Ein schreckliches Schluchzen schwemmte über das Viertel ... Die Frauen weinten nicht, sie schrien ihren Schmerz hinaus. Es war herzzerreißend. Sie hatten so mühsam versucht, ihren Männern, die ihr Leben riskiert hatten, ohne das Recht auf Angst oder Verzagtheit, die nötige Unterstützung zu bieten. Und jetzt hatten sie sie verloren.

Andrey, begleitet von zwei Offizieren, läutete an der Tür. Es war seine Wohnung, in der zwei Familien lebten – er und Mila, seine Frau, und ihre kleine Tochter; und Sergey mit seiner Familie. Der Hauptmann wartete schreckerfüllt, wer die Tür öffnen würde. Er hatte sich Hunderte Möglichkeiten überlegt, wie er sagen konnte, dass Sergey nicht mehr wiederkommen würde, aber jede führte zu demselben Ergebnis.

Andreys Frau öffnete still die Tür. Als sie ihren Mann sah, umarmte sie ihn stürmisch: „Andryusha, Liebster, was ist Schreckliches passiert? Wir haben so sehr gewartet, aber es gab keine Informationen. Und ... wo ist Sergey?" In diesem Augenblick kam Alisa aus der Küche. Andrey machte sich von der Umarmung seiner Frau los und ging mit versteinertem Gesicht ins Haus. Die Offiziere folgten ihm und nahmen die Mützen ab.

Sie verstand alles ohne irgendein Wort, schluchzte auf und rutschte an der Wand hinunter, Andrey konnte sie kaum festhalten. Mila eilte zu ihrer Freundin, die überwältigt war von der Nachricht. „Er starb als ein Held, Alisa! Er hat Verwundete herausgeholt", sagte Andrey, aber er wusste, dass in diesem Moment jedes Wort sinnlos war. Sie konnte nichts hören oder sehen. Sie blieb allein zurück. Die Gedanken schossen durch den Kopf des Hauptmanns, und er fühlte sich schuldig – dass er überlebt hatte.

„Mila, die Rakete ist explodiert. Ich bitte dich um eines – sag niemandem ein Wort davon, weder in der Stadt noch bei der Arbeit. Sie werden euch noch zusammenrufen und alles erklären. Aber jetzt bleib bei Alisa. Bei der Stadteinfahrt ist der reine Alptraum los ... Bleib daheim."

Die Frau nickte und schluchzte und verbarg das Gesicht in den Händen.

„Ich muss jetzt gehen. Aber ich komme zurück, hörst du mich? Alles wird gut, ich bin am Abend zurück."

Pravdin umarmte seine Frau fest, und sie wollte ihn nirgendwohin gehen lassen. Diese Umarmung war das Wertvollste in der Welt.

„Ich liebe dich so, Andrey. Bitte verlass mich nicht."

„Liebling, ich verspreche, dass ich zurück komme. Ich liebe dich."

Andrey ging die Stufen hinunter und dachte, dass alle, die nun tot waren, genauso jemanden umarmt und geliebt und etwas versprochen hatten. Nicht genauso. Sie alle hatten vor, ein langes Leben zu führen, und dachten, dass eine Reihe besonderer Tage auf sie warten würde. Sie dachten, sie könnten ihrer Liebsten Blumen kaufen, mit ihr einen schönen Tag haben, mit der Familie auf den Rummelplatz gehen – alles am nächsten Tag. Und sie würden einen Brief an ihre Mutter schreiben. Aber ein Morgen würde es nicht mehr geben. Und die Männer hatten sich zu Asche verwandelt.

Die ganze Menschheit kann so vergehen.

„Verdammte Waffen."

„Was sagst du, Andrey Ivanovic?"

„Wie? Ich sagte, die Pfützen sind aufgetrocknet. Die Sonne ist herausgekommen. Wir haben so darauf gewartet, und nun ist es endlich so weit."

Das Auto fuhr langsam zum Militärkommando. Andrey hatte mehrere Tage praktisch nicht geschlafen. Er tat sein Bestes, sich zu konzentrieren und nicht zu zeigen, wie schrecklich müde er war. Er wollte diesen Alptraum hinter sich bringen. Pravdin blieb ein paar Sekunden vor der Tür stehen, hinter der die Kommission tagte, zog seine Krawatte fest und sein Hemd zurecht, straffte den Rücken. Als er aufgerufen wurde, öffnete er die Tür und ging mit energischem Schritt in die Mitte des Raumes. Sein Leben und der gute Ruf der Toten hingen von dem ab, was er sagen würde.

Düstere Männer saßen an den halbkreisförmig zusammengestellten Tischen. Die in der Mitte trugen Uniform mit vielen Sternen auf den Schulterstücken. Links und rechts von ihnen saßen die KGB-Offiziere und die Wissenschaftler. Pravdin, der umgeben war von diesem undurchdringlichen Wall versteinerter Gesichter, stand stramm, bis ein Mann mit dem Wappen der UdSSR auf den Schulterstücken sagte, beinahe ohne aufzuschauen: „Wir hören."

Andrey holte weit aus. Zuerst berichtete er der Kommission vom Plan der Übung und ihrem Verlauf. Dann berichtete er vom Ausgang der Tragödie. Die Kommissionsmitglieder hörten ihm kaum zu. Aber als er jede Version der Unglücksursache darstellte und ihre Fadenscheinigkeit untermauerte, wurden die Offiziere nervös. Sie tauschten Bemerkungen aus und reichten dem Vorsitzenden Schriftstücke. Andrey fuhr in seinem Bericht mit ruhiger Stimme fort, manchmal blickte er auf und beobachtete die Wirkung seiner Worte. Er betonte seine Sätze mit deutlicher Schärfe, um so auch seine Entschlossenheit zu zeigen, auf seinen Schlussfolgerungen zu bestehen. Die Spannung und der Geräuschpegel im Raum stiegen, und als Andrey damit begann, die Version von minderwertigem Kerosin und Konstruktionsfehlern zu erklären, wurde einer der Generäle ungeduldig:

„Was für einen Unsinn erzählen Sie uns da?" rief er und schlug mit der Faust auf den grauen Tisch, dass der beinahe brach. „Ist Ihnen klar, was Sie uns da weismachen wollen? Dass die sowjetische Raketenindustrie fehlerhafte Raketen baut und sie mit schlechtem Treibstoff betankt? Kann es sein, dass Sie die Sowjetunion für unfähig halten, kampfbereite Waffen zu produzieren? Da übernehmen Sie sich, Pravdin, meinen Sie nicht?"

Andrey war auf eine solche Reaktion vorbereitet und fuhr ruhig fort:

„Ich finde nur die Möglichkeit von unzulänglichem Treibstoff bedenkenswert, und ich sage, dass in diesem speziellen Fall die Möglichkeit eines Konstruktionsfehlers oder Produktionsfehlers besteht. Vielleicht hat es eine chemische Reaktion von Sauerstoff und dem Übungstreibstoff gegeben. Diese Möglichkeit auszuschließen wäre falsch und ... verantwortungslos." Obwohl er im Inneren überwältigt war vom Bewusstsein, dass er recht hatte und er am liebsten geschrien hätte, blieb Andreys Stimme gleichmäßig und fest, und in seinem Gesicht zuckte kein Muskel. Von seiner stehenden Position starrte er in die Augen der Kommissionsmitglieder, die reglos an den Tischen saßen. Der ältere Ingenieur, der ihm den Hinweis auf die Version gegeben hatte, die er gerade vorgetragen hatte, starrte vor sich auf den Tisch und drehte nervös einen Bleistift in den Händen. Andrey erhoffte sich von ihm Unterstützung, war sich aber bewusst, dass der Wissenschaftler sich nicht selbst belasten würde.

„Meiner Meinung nach war das ein klarer Fall von Sabotage, aber Sie versuchen uns mit irgendwelchem technischem Zeug abzulenken. Kann es sein, dass Sie verschleiern möchten, was wirklich passiert ist? Kann es sein, dass Sie die Sabotage arrangiert haben?" Der Vorsitzende, Marschall der Sowjetunion, erhob sich von seinem Stuhl. „Alle Raketen unterliegen den strengsten formalen Prüfungen und sind mehr als einmal getestet. Glauben Sie, dass Sie klüger sind als die Tausenden, die daran arbeiten? Oder versuchen Sie sich zu schützen, indem Sie die Konstrukteure beschuldigen? Als Spezialagent haben Sie praktisch überall Zugang. Sie können vor der Übung an der Rakete gemacht haben, was immer Ihnen beliebte. Oder waren Sie impertinent genug, einen der Befüller für Ihre Zwecke zu benutzen? Wir wissen, dass Sie mit Yevdokimov, dem Kommandanten der Tankmannschaft, gut befreundet sind."

„Major Yevdomikov ist tot. Er ist mit seinen Soldaten verbrannt. Ich fordere Sie auf, Genosse Vorsitzender der Kommission, nicht sein Andenken grundlos zu beschmutzen!" Andrey konnte solche lächerlichen Anschuldigungen nicht mehr ertragen. Warum schweigt der Konstrukteur, dachte er. Warum lässt er zu, dass solche Lächerlichkeiten passieren? In diesem Moment reichte der Wissenschaftler dem Chefkonstrukteur der Rakete ein Schriftstück. Der Marschall setzte fort:

„Ja, der Major starb, aber seltsamerweise sind Sie kurz vor der Explosion von der Abschusseinrichtung weggegangen, obwohl Sie dort stehen sollten und den Vorgang beobachten. Wussten Sie, dass es zu einer Explosion kommen würde und haben sich geschützt? Es scheint, als wären Sie nicht inkompetent oder würden versuchen, uns in die Irre zu führen, sondern dass Sie ein direkter Komplize dessen sind, was da passiert ist!" Der Marschall streckte den Finger gegen Pravdin.

„Ich wiederhole noch einmal und ich werde es immer wiederholen, dass kein einziger Mann in der Einheit verantwortlich ist für das, was geschehen ist. Es gibt genug Beweise dafür. Die Rakete hat nicht funktioniert. Ich bestehe auf meiner Meinung!"

„Hören Sie auf, uns zu Idioten zu machen!" Die Stimme des Vorsitzenden wurde härter und härter, und er kannte jetzt keine Zurückhaltung mehr. „Sie gehören nicht nur aus diesem Raum hinausgeworfen, sondern man sollte Sie einsperren wegen Nachlässigkeit und wegen Verschwörung zur Untergrabung der Kampffähigkeit der Einheit. Sie werden später gestehen, für wen Sie gearbeitet haben – die Chinesen oder die Amerikaner. Schafft ihn mir aus den Augen!" Zwei Militärpolizisten setzten sich zu Pravdin in Bewegung und wollten ihn bei der Schulter packen, als der Chefkonstrukteur langsam aufstand.

„Ich denke, dass Andrey Ivanovichs Version ganz plausibel ist."

Alle erstarrten, das Rascheln und Murmeln erstarb. Der Marschall und die Generäle starrten auf den Wissenschaftler. Sie verstanden nichts, sie waren überrascht, sie warteten, was kommen würde. Der Konstrukteur setzte fort:

„Es scheint, als müssten wir nachdenken und eine Reihe zusätzlicher Untersuchungen anstellen, ehe wir ohne Beweise Menschen beschuldigen und zu vorschnellen Schlussfolgerungen kommen. Es ist notwendig, das Raketensystem noch einmal zu untersuchen. Schon vor einigen Monaten wurden wir von einigen Störungsanfälligkeiten unterrichtet, aber das war nicht alarmierend. Und jetzt sollten wir uns den Argumenten öffnen, Genossen Offiziere, ehe es zur nächsten Tragödie kommt. Es ist in unserem Interesse, die wirkliche Ursache der Explosion herauszufinden, weit mehr als nach einer bequemen Lösung zu suchen und uns zu überzeugen, dass wir jede Ursache ausschließen. Es muss nur das nächste Desaster passieren, und jeder von Ihnen kann sich in der Situation des Hauptmannes wieder finden. Ich appelliere an Ihre Verantwortung. Und um Himmels willen, lassen Sie Pravdin in Ruhe."

Der Vorsitzende hatte den Worten des Wissenschaftlers nichts entgegenzusetzen. Er winkte den Wachsoldaten, von Andrey wegzugehen. Der junge Mann schaute zu den Ingenieuren, er nickte nahezu unmerklich als Zeichen der Dankbarkeit, und ohne Genehmigung begann er wieder zu sprechen.

„Sehr geehrte Mitglieder der Kommission, Sie werden bald in Ihre Garnisonen zurückkehren. In unserer hier wird es bald eine Reihe von Begräbnissen geben. Nach einiger Zeit werden wir ein Denkmal für die Mannschaften und Offiziere an der Stadteinfahrt errichten, weil auf ihren Särgen werden nur Orden und Mützen liegen. Ich möchte nicht, dass Soldaten, die an diesem Monument vorbeigehen, denken: ich könnte einen ebenso sinnlosen Tod sterben. Ich möchte, dass sie nicht an ihrem Vaterland zweifeln, dass sie ihren Generälen vertrauen, dass sie wissen, dass sie nicht an ihren eigenen Waffen sterben. Und ich möchte glauben, dass dank unserer Schlussfolgerungen Mütter und Väter, Frauen und Kinder in anderen Garnisonsstädten nicht diese Dinge erleben müssen, die wir hier erlebt haben. Wir werden unsere Trauer nicht vergessen, auch wenn sie mit der Zeit schwächer wird. Und wir fühlen uns schuldig vor den Toten. Ich bitte Sie, die Wiederholung dieses Schreckens zu verhindern. Verweigern Sie nicht die Wahrheit."

Nachdem Andrey geendet hatte, blieb es sekundenlang still.

„Eine Stunde Unterbrechung." Die tiefe Stimme des Marschalls wurde hörbar.

Der Hauptmann stand am Fenster, weit weg von allen andern. Die Sonnenstrahlen durchdrangen das Glas und warfen helle Streifen über den langen Korridor. Andrey schloss die Augen einen Augenblick und entspannte sich – und er lächelte zum ersten Mal seit vielen Tagen. Er fühlte sich erleichtert, die Bilder der Tragödie ließen nach, in seinen Ohren gellte nicht mehr der Krach der Explosion. Er erinnerte sich an seine Kameraden, wie fröhlich und lebendig sie waren, und er erinnerte sich an die kleine Garnisonsstadt voller heiterer Stimmen.

Sein Vertrauter, der Ingenieur, kam geräuschlos zu ihm.

„Sie sind ein Draufgänger, Andrey Ivanovich! Sie haben sich nicht vor diesen hohen Tieren gefürchtet, ehrlich gesagt, ich dachte, Sie würden in die Knie gehen und diesen Standpunkt, der umstürzlerisch ist aus der Sicht der Militärs, nicht verteidigen."

„Danke", sagte Andrey, „ich habe auf Sie gezählt. Und es war nicht umsonst. Ich hoffe, dass diese sinnlose Sabotagetheorie erledigt ist und sie sich um die Menschen kümmern. Noch einmal danke."

„Ich habe Sie beobachtet. Es braucht viel Hartnäckigkeit, um schwierige Probleme unter höchst komplizierten Umständen zu verstehen. Ich enthülle Ihnen ein Geheimnis, ich war selbst KGB-Offizier in der Armee, in meiner Jugend. Man kann heute und damals nicht vergleichen, es war damals härter. Trotzdem ist es heute auch noch kein Honigschlecken."

„Wie haben Sie es geschafft, den Beruf zu wechseln und Konstrukteur zu werden?" fragte Andrey überrascht.

„Die Wissenschaft hat mich immer mehr angezogen als die operative Tätigkeit. Ich hatte die Chance und habe das eine mit dem andern vertauscht. Sie wissen ja, in unserem Beruf gibt es keine früheren Agenten", grinste der Wissenschaftler. „Seine Rakete ist nicht die erste, die ich geprüft und getestet habe, es waren Hunderte. Aber da war nicht so eine Aufregung. Ich hatte bezüglich dieser Rakete einige Unterlagen, die ich dem Chefkonstrukteur präsentiert habe. Er entschied, dass man die Fragen nicht aufbauschen sollte. Die Menschen sind ihm ziemlich egal. Diese politischen Spiele haben keinen Wert für ihn. Machen Sie sich keine Sorgen, wir werden alles Notwendige tun, und mit dieser Rakete wird es keine weiteren Unfälle mehr geben. Der Marschall hat schon seine Befehle erlassen – alle Aktivitäten mit dem Typ werden sofort eingestellt. Und ich glaube, Sie können weiter Ihrer Arbeit nachgehen."

„Das wäre gut", sagte Andrej hoffnungsvoll.

„Zweifellos." Andreys Vorgesetzter kam zu ihnen und klopfte Andrey auf die Schulter. „Genosse Ingenieur, könnten Sie den Hauptmann und mich bitte allein lassen?"

Der Ingenieur lächelte verständnisvoll, schüttelte den beiden Offizieren die Hände und zog sich zurück.

„Andrey, sobald die Sitzung beendet ist, kommen Sie zu mir, wir müssen reden. Ein Wachtposten hat eine Ampulle gefunden, er dachte, sie sei von den Untersuchern, aber das ist sie nicht. Sie ist zu klein, solche verwenden sie nicht. Es gibt also den Verdacht, dass wir unerwünschte Gäste haben. Also kommen Sie zu mir, nicht vergessen!"

„Jawohl."

„Und noch etwas, Andrey, Sie müssen wissen, dass wir Ihnen vertrauen. Wir werden Sie in jedem Fall unterstützen."

„Ich weiß das zu schätzen, Genosse Oberst. Ich bitte auch um einen Gefallen. Ein Offizier hier hat für uns gearbeitet und ist gestorben. Wir sollten uns um die Familie kümmern."

„Ich werde das Hauptquartier informieren, ich denke, das Problem wird gelöst werden. Wir sehen uns am Abend."

Als der Oberst ging, wendete Andrey sich wieder zum Himmel. Er schaute hinaus zu den weichen weißblauen Farben, dann schweifte sein Blick zu dem frischen Grün der Bäume. Er öffnete das Fenster und eine leichte Brise wehte durch das stickige Gebäude. Aus der Entfernung hörte man Lachen. Andrey spürte Freude, weil er atmete und fühlte, aber später dachte er bitter: „Warum hat die Sonne nicht geschienen, als sie noch lebten? Warum ... Nichts ist so kostbar wie ... jeder Tag."

Nach einigen Wochen fand Andrey auf seinem Schreibtisch zwei Briefe. Der erste enthielt die Untersuchungsergebnisse. Er hatte absolut recht gehabt. Das Treibstoffsystem der Rakete war in der Fabrik getestet worden. Bei normalen Abläufen gab es keine Schwierigkeiten. Aber aufgrund falsch montierter Teile an einer kleinen Tankdüse blieb eine ganz geringe Menge Kampftreibstoff zurück, der sich mit dem Übungstreibstoff zu einer tödlichen Mischung verband. Auch wenn Reinigung und Betankung korrekt abliefen, setzte eine chemische Reaktion ein, die niemand aufhalten konnte. Diese Umstände zerstörten und ruinierten so viele Leben.

Der zweite Brief war auf dem Briefpapier des Marschall der Sowjetunion. Er war kurz und förmlich: „Ich entschuldige mich und danke für den Einsatz".

„Ich bin froh, dass es doch noch Offiziersehre gibt", dachte Andrey und steckte den Brief in eine Schublade. Eine Minute später kam sein unterstellter Leutnant ins Zimmer.

„Andrey Ivanovich, es wurde Material über einen Ausländer gebracht, der sich unlängst in der Gegend herumgetrieben haben soll. Es wird zur Wachsamkeit aufgerufen. Ein gewisser Lenz ..."

## Das furchtbare Unglück

„Das schlimmste ist die Gamma-Strahlung. Meistens verursacht sie chronische Strahlenkrankheit. Es ist eine sehr starke Strahlung, die alles Leben tötet. Und es ist schwierig, sich
vor ihr zu schützen, dafür braucht man mindestens einige
Zentimeter Blei. Sie geht durch den menschlichen Körper
hindurch. Wir wissen nur theoretisch über die Auswirkungen Bescheid. In Wahrheit weiß niemand, wie gefährlich sie
wirklich ist. Und auch wenn du alle Sicherheitsvorschriften
befolgst, bedeutet das nicht, dass du überlebst."

Der Frühling hatte das Land schon erwärmt, das sich so nach schönen Tagen gesehnt hatte. Leichter Wind wehte von den Baumwipfeln ins Gesicht. Es waren nur noch zwei Wochen, bis Andrey nach Hause zurückkehren würde. Für jeden Sowjetbürger war ein anderes Land ein attraktives und kaum erreichbares Ziel, doch Pravdin bedauerte nicht, Europa wieder zu verlassen. Ausland war schön, aber er war hier nicht im Urlaub, und stressige ununterbrochene Arbeit im Ausland kostete Substanz. Und es gab Veränderungen in der UdSSR, wie es damals schien, Veränderungen zum Besseren.

Andrey beschloss, Isztvan an seinem letzten Samstag zu treffen. Sie waren in der letzten Zeit Freunde geworden und hatten oft Wochenenden zusammen mit ihren Familien verbracht. Und jetzt waren sie verabredet, mit den Kindern am frühen Morgen in den Stadtpark zu gehen.

Isztvan war ein wenig älter, sprach Russisch mit witzigen Fehlern, aber in den drei Jahren Unterhaltung mit Andrey waren es deutlich weniger geworden. Er bekleidete eine wichtige politische und staatliche Position; so hatte er an Arbeitstagen kaum Zeit für ein Treffen. Und auch Andrey konnte während der Woche oft kaum eine freie Minute finden. Diesmal hatte Isztvan auf einem Treffen bestanden. Er musste eine Dienstreise machen und fürchtete, seinen Freund vor dessen Rückkehr in die UdSSR sonst nicht mehr zu sehen.

Nach freudiger Begrüßung entschuldigte sich Isztvan bei den Frauen, dass sie mit den Kindern kurz allein bleiben müssten und zog Andrey für ein privates Gespräch mit sich. Die Freunde gingen langsam auf einem schmalen Weg durch den Frühlingspark. Die Bäume hatten schon neue Kraft gewonnen und reckten sich mit jungen saftig-grünen Blättern.

„Andrey, was ist heute Nacht in der UdSSR passiert?" fragte Isztvan.

„Nichts. Wovon sprichst du?" Andrey schaute ihn erstaunt an.

„Nichts?" Isztvan grinste und fragte noch einmal. „Wir kennen uns nicht erst seit gestern. Warum verheimlichst du mir etwas? Vertraust du mir nicht?"

„Natürlich vertraue ich dir. Aber ich weiß wirklich nicht, wovon du sprichst." Andrey schüttelte den Kopf und versuchte sich zu erinnern, ob er irgend etwas in den Berichten übersehen hatte.

„Ganz Europa ist alarmiert, und du hast nichts mitbekommen? Kurz gesagt, irgendetwas ist passiert mit einem Atomkraftwerk. Es heißt, es sei extrem ernst. Natürlich sprichst du nicht gerne über eure Pannen, aber viele Menschen bekommen das mit, nur Moskau schweigt immer noch."

„Ich weiß tatsächlich von nichts. Es könnte schon sein, dass sie nicht einmal uns informieren. Auf gar keinen Fall würden sie darüber etwas verlautbaren. Aber ich werde meine Leute fragen."

„Versuch das, ich versuche auch, noch Details herauszubekommen. Mag sein es ist noch früh, und die Informationen kommen später."

Andrey verstand tatsächlich nichts. In den Dokumenten für den internen Dienstgebrauch stand nichts über einen Zwischenfall in der UdSSR. Wie konnte das sein? Die Ausländer wussten Bescheid, und er, als KGB-Offizier, tappte im Dunkeln? Nein, das war bestimmt irgendein Durcheinander.

Die Freund gingen zurück zu ihren Frauen und Kindern, zeigten nichts von ihrer Besorgnis und schmiedeten lächelnd Pläne für den Abend.

„Freunde, ich lade euch heute Abend in unser traditionelles Restaurant ein. Sie kochen köstliches Fleisch. Mit Paprika und mit Wein!" Isztvan arrangierte gerne Feste, und heute würde es ihr Abschiedsabend vor einer langen Trennung werden, deswegen wollte er ihnen etwas Besonderes bieten.

Sie saßen an einem Tisch voller Köstlichkeiten, die zum hervorragenden Ruf des Landes beitragen. Angesichts dieser Fülle wollte man gar nicht erst abreisen. Isztvan tat wirklich sein Bestes. Die Freunde genossen den heimischen Wein und hatten eine lange Unterhaltung, lachten viel im Rückblick auf die Erfolge und Abenteuer der vergangenen drei Jahre. Ungeachtet ihrer verschiedenen Bräuche, Unterschiede im Lebensstil, Sprachen, kam Pravdin in seinem Dienst weiter, erwarb gute Erfahrungen im Umgang mit Kollegen aus den sozialistischen Bruderstaaten und bekam ein Angebot für eine neue Position.

„Andrey, leistest du mir Gesellschaft an der Bar?" Isztvan klappte die Speisekarte zu. „Und ihr genießt die Nachspeisen, die ich bestellt habe."

Die Männer saßen auf den Barhockern, Isztvan vergewisserte sich, dass der Barmann sie nicht belauschte und sprach trotzdem nur halblaut.

„Du wirst nach Tschernigov versetzt, richtig?"

„Ja, es ist eine Beförderung. Und eine neue Aufgabe. Etwas Großes", lächelte Andrey.

„Ich habe ein paar Dinge herausgefunden, die in deinem Land passiert sind."

„Und ich habe gar nichts erfahren. Stille. Aber ich kann mir nicht vorstellen, dass sie uns nicht informieren. Es bedeutet einfach, dass ich alt werde", antwortete Andrey immer noch lächelnd.

„Es gibt keinen Grund zu lächeln." Isztvan hielt inne und schaute in Pravdins Augen. „In deinem Land ist ein Atomreaktor explodiert. Sogar in Schweden sind die Strahlungswerte in die Höhe geschossen. Zuerst dachten sie an ihr eigenes Atomkraftwerk, aber dann lokalisierten sie die Ursache. Die Satellitendaten haben das bestätigt. Kannst du dir vorstellen, was in deinem Land los ist?"

„Ist das dein Ernst?" Pravdin starrte Isztvan mit großen erstaunten Augen an. „Kein Irrtum? Welches Kraftwerk?"

„Kein Irrtum, Andrey. Es ist in Tschernobyl passiert. Der europäische Teil der UdSSR kann sogar jetzt schon komplett von der Strahlung betroffen sein. Mein lieber Freund, es sind weniger als hundert Kilometer zwischen Tschernigov und Tschernobyl."

Andrey war still und versuchte krampfhaft zu verstehen, was hier vor sich ging. Konnte er jetzt überhaupt in die Ukraine reisen?

„Was weißt du sonst noch?" fragte er nach einer Pause. „Sind wir hier auch betroffen?"

„Im Augenblick ist gar nichts klar. Bevor du abreist, wird man sicher mehr wissen, aber um sicher zu gehen, schicke Mila mit eurer Tochter zu ihren Eltern. Du hast gesagt, sie leben hinter dem Ural. Und überleg dir, ob es sich lohnt, dein eigenes Leben zu riskieren." Isztvan blickte Andrey aufmerksam an, doch der war still, blickte ins Leere.

Den Rest des Abends demonstrierte Andrey besondere Sorglosigkeit. Aber er blieb nur äußerlich ruhig und unberührt. Er musste dauernd über den Unfall nachdenken. Daheim schaute er auf den Abreißkalender, der im Flur hing: 26. April 1986. Er blätterte ein paar Seiten weiter – bald war der 1. Mai, einer der wichtigsten sowjetischen Feiertage, mit traditionell riesigen Paraden zum Ruhm des Sowjetregimes in jeder Stadt. „Sie werden doch unter solchen Bedingungen die Leute nicht auf die Straße schicken?" Andrey war klar, dass, wenn in ganz Europa die angestiegene Radioaktivität wahrgenommen wurde, es in der Ukraine besonders schlimm sein würde. Irgendetwas Schreckliches war dort passiert, und die Luft ist voller Radioaktivität. „Und unsere Leute erzählen gar nichts. Aber vielleicht wissen sie selbst nichts." Pravdin wollte keine übereilten Schlussfolgerungen ziehen, aber er wusste um die Auswirkungen solcher Störfälle. Sieben Jahre zuvor hatte es einen im Atomkraftwerk Three Mile Island in den USA gegeben, und schon 1957 hatte ein Unfall in der sowjetischen Plutoniumfabrik Majak zu vielen Folgeerkrankungen geführt. Das waren die ersten Opfer der Atomkraftindustrie. Aber nach den ersten Tagen der Katastrophe von Tschernobyl konnte niemand ahnen, welchen Schaden sie auslösen würde und wie es die ganze Welt betreffen würde. Auf der Skala der Industriekatastrophen lässt Tschernobyl alles hinter sich. Aber in den ersten Tagen hatte Andrey keine Informationen darüber. Man konnte den Eindruck gewinnen, es gebe überhaupt kein Problem und man müsse sich gar keine Sorgen machen. Aber irgendetwas beunruhigte ihn sehr. Wenige Tage später sollte er in Tschernigov sein, nur wenige Kilometer vom explodierten Reaktor entfernt.

Die Rückkehr in die Sowjetunion nach dem langen Auslandseinsatz war ein weiterer Meilenstein in Andreys Lebensgeschichte. Die Arbeit in Tschernigov war wesentlich schwieriger als die im Ausland. Sie bedeutete mehr Verantwortung und Herausforderung, aber es war das, was er seit Jahren angestrebt hatte.

Andrey folgte dem Rat seines Freundes nicht, sondern behielt seine Familie bei sich. Mila wollte nicht weggehen und sich verstecken. Keine der Offiziersfrauen tat das, und so würde sie auch bleiben. Nach einiger Zeit wurde es auch klar, dass die radioaktive Wolke an Tschernigov in einiger Entfernung vorbei zog. Hauptsächlich deshalb rückte die Stadt unfreiwillig ins Zentrum der Aktivitäten, die später als „Bekämpfung der Auswirkungen des Störfalles im Atomkraftwerk Tschernobyl" bezeichnet wurden. Nicht enden wollende Ströme von Fracht und Menschen aus dem ganzen Land kamen hier zusammen, der Himmel war ständig erfüllt vom endlosen Röhren der Turbinen von Flugzeugen und der Hubschrauber, die täglich zum Maul des rauchenden Reaktors eilten.

Andreys Büro lag an der Hauptstraße, und er konnte beobachten, wie Hunderte Busse mit evakuierten Einwohnern aus dem Sperrgebiet durch die Stadt fuhren. Es waren Menschen mit verstörten und gezeichneten Gesichtern, denen die absolute Fassungslosigkeit über das Geschehen abzulesen war. Während die Einwohner von Tschernigov ihr Leben weiter führten, wurden die Schicksale der Abgesiedelten über Nacht für immer verändert, und niemand konnte irgendetwas dagegen tun. Noch gestern hatte man sie so beneidet – sie hatten eine Zukunft in Pripyat, einer der besten Städte der Sowjetunion, wo mehr als vierzigtausend junge Menschen lebten, die aus dem ganzen Land gekommen waren, um im Atomkraftwerk zu arbeiten. Nun wurden sie für drei Tage evakuiert, aus denen Jahre wurden. Luxuriöse Wohnungen – nach sowjetischem Maßstab – mussten sie nun mit einer Ecke in einer Jugendherberge oder einem provisorisch hergerichteten Sommerlager eintauschen. Von diesen Orten mussten sie zu ihren neuen Arbeitsstätten aufbrechen, die oft tausend Kilometer entfernt waren. Sie hatten kein Eigentum mehr, und auch keine Zukunft. Da gibt es nur Leere. Es ist schwierig, sich die Gefühle eines

Die Stadt Pripyat wurde im Jahr 1970 gegründet.

Menschen vorzustellen, der sein Leben neu startet, indem er eine schwarze Seite umblättert und nur die kostbarsten Dinge mit sich tragen kann, die er von zu Hause mitnehmen durfte. Aber da war kein Weinen, keine Hysterie, kein Schreien, keine Wut und keine Panik. Jeder verstand, dass die unsichtbare und heimtückische Todesdrohung auf ihn wartete. Und alle hegten die Hoffnung, dass das Land sie nicht im Stich lassen würde.

Als er in Tschernigov ankam, begriff Andrey, dass die Situation nicht schnell vorbeigehen würde. Die Wissenschaftler, die sagten, dass alles gut sei und keine Gefahr für die Menschen bestünde, betrieben Augenauswischerei. Im Vergleich zu dem, was hier passierte, war der Einsatz von Atomwaffen ein Kinderspiel. Die schrecklichen Ergebnisse ließen die Ergebnisse von Hiroshima und Nagasaki mehrfach hinter sich. Hier wurden nicht zwei Städte zerstört, sondern ein riesiges Gebiet wurde in eine öde Wüste verwandelt, umzäunt mit Stacheldraht und gelb-roten Warnschildern STRAHLUNG. Ungefähr 170 Städte verschwanden von der

Das Hochhaus im Zentrum von Pripyat ist heute nur noch das Denkmal der schrecklichen Tragödie.

Landkarte der Sowjetunion. Mehr als hunderttausend Menschen verloren ihre Heimstatt innerhalb der 30-Kilometer-Zone.

Andreys Aufgabe hatte nicht direkt mit dem Desaster zu tun, aber immer wieder hatte er es mit den Auswirkungen der Tragödie zu tun. Es wurden ständig neue Katastrophenhelfer für die Arbeit in der Zone aufgenommen. Neue Truppenverbände wurden geschickt, um die Spezialkräfte zu ersetzen, die eine spezielle Ausrüstung hatten, um den Unfall zu bekämpfen. Die Sache war die, dass die Liquidatoren, die neben dem Reaktor arbeiteten, nur einmal eingesetzt werden durften und nur eine Aktion durchführen konnten. Innerhalb von sechzig Sekunden bekamen sie eine so hohe Dosis Strahlung ab wie ein Mensch normalerweise in seinem ganzen Leben. Kurz hinrennen, einmal mit der Schaufel in den radioaktiven Schlamm stechen, und wieder zurück. Für die übrigen, die weiter weg arbeiteten, wurden ebenfalls Verstrahlungsgrenzen festgelegt. Die Verstrahlungskontrollen mussten genau durchgeführt werden,

Neuankömmlinge mussten instruiert werden und die Taschen derer, die das Gelände verließen, mussten kontrolliert werden, damit niemand irgendwelches verstrahltes Zeug mitnahm. Es gab solche Idioten …

Natürlich wurde die Stadt vom ersten Tag von Nachrichtenjägern und Kriminellen aller Art heimgesucht. Jedes einzelne Wort aus Tschernobyl und über die Stadt wurde besonders wertvoll. Aus alter Gewohnheit benutzte Andrey nie nur KGB-Kanäle, sondern versuchte auch alles wahrzunehmen, was ringsherum passierte. Die verschiedensten Berichte vom Innenministerium und anderen Institutionen über die Zahl der Menschen, Fahrzeuge, Gesetzesbrüche, Versuche des unerlaubten Eindringens in die Zone, Verletzung von Vorschriften, Diebstahl, Plünderung, Streitigkeiten und alles mögliche landeten auf seinem Schreibtisch.

Nach der Rückkehr aus dem Sperrgebiet waren Offiziere und Soldaten jederzeit ein perfektes Ziel nicht nur für neugierige Mensche, die wissen wollten, was hinter dem Zaun vor sich ging, sondern auch für richtige Verbrecher. Schon damals konnten das die sein, die sich ihre eigene schmutzige Bombe zusammenbauen wollten. Das Jagdobjekt konnten auch alle Informationen sein, von Angaben über das Maß der Verstrahlung bis zu Landkarten, Zeichnungen und ähnlichen Dingen und sogar radioaktive Materialien. Natürlich wurden die meisten Versuche vom KGB verhindert, aber es passierten auch Fehler und manche Informationen wurden hinausgetragen.

Wann immer die Vertraulichkeit der einen oder anderen Information das Thema war, erinnerte sich Andrey an die Tatsache, die ihm Kollegen erzählt hatten, die schon in der Zone waren und ihre 25-rem-Dosis gesammelt hatten. Einige Zeit nach dem Unfall hatte der KGB festgestellt, dass man im Ausland in allen Details Bescheid wusste über die Verstrahlungssituation in Tschernobyl. Natürlich fiel der Verdacht zunächst auf die Strahlenmessungs- und Beobachtungstrupps. Lange Zeit wurde jeder Aufklärer verhört, als ob nicht jeder sich für die schrecklichen Dinge interessiert hätte.

In der Zentrale, wo alle Daten über die Zone zusammenflossen, konnte sich beinahe jeder alle Angaben ohne besondere Gründe verschaffen. Wenn man nichts dagegen unternahm, verbreiteten sich die Informationen unter Tausenden Menschen, und es war unmöglich herauszufinden, wer sie hinaustrug. Wahrscheinlich war es auch nicht nur eine Person.

Abgesehen von allem anderen, versuchten verschiedene ausländische Forscherteams und Hilfsorganisationen unter jedem Vorwand in die Zone hineinzukommen, um einzigartige und frische Informationen zu erlangen. Westliche Wissenschaftler durften aber nur in bestimmten Fällen hinein und auch nur, um Fragen zu klären, die ausländische Belange betrafen. Auf allen Erdteilen hielten die Menschen den Atem an und warteten auf die offiziellen Berichte der sowjetischen Regierung, aber da sie mit Lügen rechneten, unternahmen sie alles Mögliche, um sich selbst Informationen zu verschaffen und einmal mehr die Erfolglosigkeit der UdSSR-Führung zu beweisen.

Nachdem Andrey in Tschernigov seine Tätigkeit aufgenommen hatte, machte ihm ein unklarer Umstand immer wieder zu schaffen. Die ausländischen Geheimdiensttätigkeiten in Tschernobyl, Pripyat und angrenzenden Städten hatten vor dem Störfall im Atomkraftwerk eingesetzt. Wieso?

War es ein seltsamer und unklarer Zufall, oder wussten die ausländischen Geheimdienste, dass der Störfall bald stattfinden würde? Waren sie nicht nur darauf gefasst – sondern arrangierten ihn sogar? Andere Option – sie waren gar nicht am Atomkraftwerk interessiert, sondern an irgendeiner anderen Einrichtung in der Nähe. Aber selbst wenn irgendeiner der Feinde in die Tragödie verwickelt gewesen sein sollte, so hatten die schreckliche Wucht der Explosion, das Austreten radioaktiver Brennstoffe und die Notmaßnahmen zur Eindämmung der Katastrophe alle Spuren ausgelöscht.

Ein Sabotageanschlag auf ein Kernkraftwerk – dieses Szenario haben die Geheimdienste in allen Ländern, wo es Atomanlagen gibt, tausendmal durchgespielt. So ein Anschlag beendet das normale Leben in ganzen Regionen für Dutzende Jahre – und das ist in der Ukraine passiert. Daher sind Atomkraftwerke Objekte oberster Priorität und werden gegen alle Arten von Anschlägen geschützt. Andrey hatte kaum Zweifel an der Widerstandsfähigkeit eines AKW, auf der anderen Seite wusste er genau, dass jede Sicherheitsmassnahme unterlaufen werden kann, und auch, dass es keinen hundertprozentigen Schutz dagegen gibt, dass irgendjemand von den Mitarbeitern von einem ausländischen Geheimdienst rekrutiert wird. Tschernobyl könnte ein Präzedenzfall dafür sein.

Andrey wusste, dass der Strom an Informationen über die Entwicklung neuer Waffen, verborgene, hochgezüchtete, von Tag zu Tag zunahm. Psychotronische Waffen, meteorologische, tektonische – Konzepte für solche Waffen erscheinen nur dem als Fantasie, der noch nie Gelegenheit hatte, in die Hinterzimmer zu schauen, wo sie entwickelt werden.

Andrey glaubte nur in gewissen Grenzen an solche Dinge, aber er wusste, dass die Sowjetunion sich ernsthaft mit der Lasertechnologie auseinander setzte. Andere Länder mochten anderes entwickeln und Tschernobyl als Testgelände verwenden.

Ermittlungsbeamte suchten nach den Ursachen des Desasters; Tausende Armeeangehörige kämpften jeden Tag gegen die Auswirkungen. Es war nicht möglich, mit dem Bau der Schutzhülle zu beginnen noch das Gelände rund um den zerstörten Reaktor zu räumen, und die Kontamination mit Luftemissionen konnte nur von der Natur selbst zum Stehen gebracht werden. Die radioaktive Hintergrundstrahlung in Tschernigov war nicht hoch, stieg aber manchmal mit wechselnden Windrichtungen und Wetterbedingungen an. Doch immerhin konnte man hier ohne ernsthafte Beeinträchtigungen leben, während in anderen Regionen der Sowjetunion – in Gomel, Bryansk, Mogilev, Begorod, Voronezh und auch Kursk und Oryol, die im radioaktiven Strömungsgebiet lagen, die Bewohner der radioaktiven Strahlung ganz erheblich ausgesetzt waren.

Andrey sorgte sich nicht um das Leben seiner Familienmitglieder in Tschernigov. Aber sogar hier, wenn die Luft sauber war, hatten die Menschen andere Gründe zur Klage. Es gab nicht genug Lebensmittel in der Stadt. Die Milch der Region, Gemüse, Früchte, Getreide waren verboten. In den Apotheken gab es für Normalsterbliche keine Medikamente gegen Strahlenkrankheit. Die Spannung stieg in der Stadt. In den ersten Tagen nach dem Störfall konnten die Menschen die Ernsthaftigkeit der Situation nicht einschätzen und dachten nicht darüber nach, warum ihnen die Ärzte statt einer ganzen nur eine halbe oder gar nur eine Viertelpille gaben.

Später entstanden Groll gegen die Regierung und ganz neue Phänomene – Radiophobie, also Angst vor Verstrahlung, begann sich zu entwickeln. Nach einer Weile erfuhr Andrey, dass sogar in Moskau manche Leute, die in der Nähe eines Heizkraftwerkes oder sogar bei einem simplen Kesselhaus wohnten, mit Misstrauen die gestreiften Stangen betrachteten, die sie an die erinnerten, die sie aus den Nachrichten über Tschernobyl kannten. In Tschernigov war die Nervosität auf jeder Ebene zu spüren – hier sahen die Stadtmenschen die Realität mit eigenen Augen.

Ungefähr ein Jahr nach dem Störfall wurde Andrey in die Zone abkommandiert. Das überraschte ihn nicht, er hatte seit langem damit gerechnet. KGB-Angehörige, die an der Schadensminderung beteiligt waren, wurden alle drei Monate ausgetauscht, und jetzt war er dran. Aber es ist verdammt schwierig, über Dienst, Vaterlandspflicht, Befehle zu sprechen, wenn man eine schwangere Frau hat.

„Warum sollst du dahin, warum?" Mila saß mit gefalteten Händen auf dem Küchenstuhl und blickte ihn verletzt an.

„Wie soll ich nein sagen? Jeder geht hin, und ich soll da bleiben?"

„Das stimmt nicht! Nicht jeder! Viele Leute denken darüber nach und kommen drum herum."

„Ja, Feiglinge bleiben da. Ich möchte nicht, dass die Leute auf mich zeigen und sagen: Hey KGB-Mann ... hast du Schiss? Möchtest du das?"

„Ich möchte, dass du an deinen ungeborenen Sohn denkst. Und deine Tochter ist alt genug zu fragen, warum ihr Vater ins Feuer geht." Mila schrie beinahe, dann hielt sie inne und schaute weg. „Andrey, du weißt es selbst, es ist kein Spaß. Heute hatten wir eine Besprechung mit dem Chefarzt. Die Zahl der Schilddrüsenerkrankungen ist signifikant angestiegen. Durch die Explosion hat sich das Jod überall im Gebiet verbreitet, es hat eine geringe Halbwertszeit, aber es macht die Leute krank. Unsere Körper können es nicht vertragen, weißt du das? Auch wir Ärzte können nicht alles wissen, und es macht einen Unterschied, ob man hier lebt oder dorthin geschickt wird ..."

„Mila, es waren schon so viele in der Zone, und die Schutzhülle ist fertiggestellt." Andrey drehte sich zu seiner Frau um und umarmte sie. „Ich habe noch Zeit, ehe ich hin muss. Bis dahin werde ich alle Details herausfinden. Über besseren Schutz und wie ich keinen Schmutz zu dir bringe."

Andrey legte seine Handfläche auf den Bauch seiner Frau und sagte weich: „Ich werde die ganze Zeit an dich denken. Hab keine Angst, das Baby wird einen Vater haben." Mila lächelte unter Tränen. Wieder ließ sie ihren Liebsten ziehen, und diesmal war er so nahe, aber so sehr in Gefahr. Sie machte sich oft Sorgen um ihn, aber diesmal war es eine fremde Angst. Sie wurde von einer Vorahnung gequält, dass es für ihren Ehemann keine einfache Sache werden würde.

„Keine Heldentaten, Andrey ... Mach einfach deinen Dienst, und das ist genug." Sie standen einige Minuten da, umarmten sich und schwiegen. Es gab viele solche Momente in ihrem Leben, aber jetzt lag eine neue unbekannte Gefahr über ihnen. Sie hatten Angst, aber sie wussten nicht, wovor sie sich fürchteten ...

Nachdem er einige recht fragwürdige Bücher über Verstrahlung und den Schutz davor gelesen hatte, entschied sich Andrey, einen Schulkollegen zu besuchen, der ein ziemlich bekannter Physiker geworden war und an der Universität unterrichtete. Andrey ließ sich nie auf etwas Neues ein, wenn er sich nicht vorher genau erkundigt hatte. Eine Gewohnheit seit seiner Kindheit. Jetzt wollte er einfach an dem Ort überleben, an den er geschickt wurde, daher rief er seinen Freund an und traf ihn am Abend bei einer Tasse starkem Tee.

„Du gehst also auch in die Zone?" fragte Arcady nach einer freundschaftlichen Umarmung und rückte seine runde Brille zurecht.

„Ich kann nichts dagegen machen. Das ist der Fall, denke ich, wenn man mit Recht sagt, alle müssen an einem Strang ziehen. Erzähl mir etwas über die Situation da drin und über alles, was damit zusammenhängt."

„Hm, ja, ich will nicht fragen, warum du das brauchst; du wirst mit niemandem darüber sprechen, das liegt in der Natur deines Jobs. Aber es ist sehr rational – so darüber nachzudenken, ehe man hinein geht." Arcady lächelte. „Was möchtest du über Strahlung wissen?"

„Am meisten interessieren mich die Schutzmaßnahmen, aber vielleicht kannst du mir einfach alles erzählen, was hilfreich ist. Warst du schon dort?"

„Ja ein paar mal. Habe ein paar Orte erforscht, beobachtet. Ich bin jedes Mal in verschiedenen Strahlungszonen gewesen, aber ich habe nie lang drin gearbeitet. Es gibt viele Spezialisten mit demselben Gebiet, so werde ich in Reserve gehalten, für den Fall, dass Bedarf besteht. Aber einige Wahrheiten über das Leben hinter dem Zaun habe ich gelernt. Lass mich dir eine nach der anderen erzählen. Was du über Strahlung als erstes wissen musst ... beginnen wir mit dem, was Strahlung eigentlich ist – Ionenstrahlung. Um nicht tiefer auf die physikalische Natur dieses Phänomens einzugehen, werde ich dir nur die Fakten erzählen, die du brauchst."

„Aber Arcady, bitte keine abstrusen wissenschaftlichen Details. Einfach eine Geschichte für einen einfachen Mann."

„Gut. Es gibt drei Arten radioaktiver Partikel – Alpha- und Beta-Partikel und Gamma-Strahlung. Sie haben verschiedene Größen, und wenn du überleben möchtest, solltest du ihnen Aufmerksamkeit schenken. Hauptsächlich musst du dich vor der Gammastrahlung schützen. Diejenigen, die mehrfach in der Zone gearbeitet haben, haben eine interessante Regel aufgestellt. Eigentlich keine Regel, sondern ein Überlebensgesetz. Wenn du bei Arbeiten in der Zone plötzlich einen seltsamen Geruch nach Ozon spürst, dann lauf weg. Ohne lange zu überlegen. Weil dein Dosimeter misst die Strahlung langsam. Ein Röntgen, zehn, fünfzig ... bis du eine Dosis hast, die du nicht komisch findest. Und der Ozongeruch erscheint bei einer hohen Strahlung, während dein Dosimeter noch misst. Wenn du nicht sofort wegläufst, hast du nur noch ein paar Tage."

„Ozongeruch?" Andrey lächelte schmerzlich.

„Wie eine Ultraviolett-Lampe ... Ozon riecht so ähnlich. Unglücklicherweise ist der Ozongeruch das einzige Strahlungssignal, das der Mensch wahrnehmen kann."

„Ziemlich gerissen."

„Hör weiter zu. Es ist nicht langweilige Theorie, sondern es kann nützlich sein. Alpha-Teilchen sind die schwächsten. Sie haben eine starke Ionisierung, aber nur eine schwache Durchdringungskraft. In der Luft kommen sie etwa 11 Zentimeter weit und im menschlichen weichen Gewebe nur einige Mikron. Also wasch dir die Hände, dann bist du sie los. Wenn du deine Kleidung fest schließt, ist die Alpha-Strahlung minimal. Ein Blatt Papier reicht auch, um sie abzuhalten. Aber wenn sie in deinen Körper eindringt, macht sie dich zum Krüppel. Beta-Teilchen sind sehr ähnlich wie die Alpha-Partikel, aber sie verursachen ernsthaftere Verbrennungen."

„Wie schützt man sich dagegen?"

„Einige Millimeter Plastik oder eine dünne Metallplatte müssten als Schutz reichen, steht in den Büchern. Aber in Tschernobyl ist alles anders. Hier gibt es an manchen Stellen besonders starke Beta-Strahlen. Man sollte vermeiden, heiße Teilchen in den Körper zu bekommen. Wenn du sie einatmest, stirbst du einen langsamen und qualvollen Tod. Du stirbst nicht am nächsten Tag, sondern du leidest jahrelang."

Andrey wurde von Angst ergriffen. Der Feind war gefährlicher als es schien. Er überlegte, wie er damit umgehen sollte. Wer vorgewarnt ist, kann sich rüsten. Es gibt immer einen Weg der Rettung.

„Das schlimmste ist die Gamma-Strahlung", fuhr Arcady fort. „Meistens verursacht sie chronische Strahlenkrankheit. Es ist eine sehr starke Strahlung, die alles Leben tötet. Und es ist schwierig, sich vor ihr zu schützen, dafür braucht man mindestens einige Zentimeter Blei. Sie geht durch den menschlichen Körper hindurch. Wir wissen nur theoretisch über die Auswirkungen Bescheid. In Wahrheit weiß niemand, wie gefährlich sie wirklich ist. Und auch wenn du alle Sicherheitsvorschriften befolgst, bedeutet das nicht, dass du überlebst. Die Unvorhersehbarkeit der Strahlung – das ist ihre hauptsächliche und schrecklichste Waffe. Wie alt ist die Atomwissenschaft? Einige Dutzend Jahre. Und wir haben begonnen, uns wie die Könige zu fühlen. Das ist die Rache.

Prinzipiell ist Radioaktivität wie ein Ofen, je näher du an die Strahlungsquelle herankommst, desto wärmer wird sie. Je weiter weg du bist –

du verstehst ... Wenn du sie berührst, wirst du dich verbrennen. Es sieht alles so einfach aus, aber glaube mir – es ist sehr kompliziert. Und jetzt kommt das wichtigste: die radioaktiven Partikel greifen alle gleichzeitig an. Bei einem hochstrahlenden Hintergrund brauchst du besonders guten Schutz, denn dann ist auch die Strahlung hoch! Das ganze Periodensystem ist hier zu finden, mit allen Zeiten und Halbwertszeiten und mit völlig neuen chemischen Verbindungen, die man früher nicht einmal im Labor herstellen konnte. Und es gibt nicht nur eine Strahlungsquelle, vor der du dich schützen musst, sondern Tausende. Es gibt keine Deckung, du kannst dich nicht schützen. Du kannst einen nicht kontaminierten Weg entlang gehen und dann machst du einen Schritt ins Gras und erwischst eine tödliche Dosis."

„Arcady, das wird immer hoffnungsloser."

„Das wichtigste ist, nicht allzu viel Strahlung auf einmal zu bekommen. Der Körper tut sich sehr schwer, auch mit geringen Strahlungsmengen. Die Strahlung trifft den schwächsten Teil in deinem Körper. Wenn du Leberprobleme hast, werden sie schlimmer. Wenn deine Lungen krank sind, wird es zum Fiasko. Geh nie ohne Maske herum. Ich kenne Fälle, da sind die Menschen innerhalb weniger Tage gestorben. Durch Dummheit, das hatte nichts mit ihrer Arbeit zu tun. Du musst auf dich achten."

„Das ist richtig. Einer meiner Kollegen konnte wegen seines Hustens nicht lange in der Zone bleiben. Nach zwei Wochen kam er zurück, abgemagert, mit schrecklicher Gesichtsfarbe. Er hat so gelitten, dass er sich bis heute nicht erholt hat. Es sieht aus, als hätte er eine große Dosis erwischt."

„Viele Leute leiden dort unter Husten. Ich würde sogar sagen, dass Husten dort normal ist. Ein Kratzen im Hals spürst du sofort, wenn du hineingehst, und das bleibt die ganze Zeit. Bei manchen sogar monatelang, auch wenn sie wieder heraus sind. Ich möchte nicht über rasanten Krebs und andere bösartige Tumore in der Kehle sprechen."

„Ich glaube, der beste Weg, sich vor der Strahlung in Tschernobyl zu schützen, ist nicht nach Tschernobyl zu gehen."

„Nimm es nicht so schwer. Viele kommen zurück und sind gesund."

„Manchmal sind die Umstände gegen jedes Planen und Wünschen. Du weißt, was ein Befehl in meiner Institution bedeutet. Es ist alles klar. Und was ist mit der Schutzhülle? Sie haben den Sarkophag gebaut und wieder vergessen, oder tut sich da irgend etwas?"

„Du weißt, ich bin kein Ingenieur und es ist nicht leicht, sich da ein Urteil zu bilden, aber ich glaube, dass da nicht alles so gut läuft, wie es gerne geschrieben wird. Die Schutzhülle selbst wurde ohne Probleme gebaut. Erfahrene Ingenieure und Experten, am Rand des Abgrunds, manchmal auch darüber hinaus ... Man muss sich die Größenordnung anschauen und die Bedingungen, unter denen die gearbeitet haben. Aber es gibt ein ganz anderes Problem. Die inneren Bereiche sind nicht erforscht worden, die Hölle weiß, was da drin passiert ist. Was ist stabil geblieben und was ist zerstört. Für die Errichtung des Sarkophag wurde alles bis zum letzten Millimeter ausgemessen, soweit es die Bedingungen zugelassen haben. Stell dir einen Kran vor, siebzig Meter hoch und der Ausleger ist auch so lang. Und er wirft Betonklötze hinein, mit maximal 20 Zentimeter, und die Klötze wiegen bis zu 200 Tonnen. Kannst du dir die Situation vorstellen?"

„Aber was hat das mit den inneren Teilen des Kraftwerkblocks zu tun?"

„Es hat damit zu tun, dass unter den Betonklötzen zerschmetterte Etagen liegen, zerstörte Räume, Brocken, die hineingeworfen wurden, und alles, womit man das Feuer gelöscht hat. Das liegt alles auf dem Reaktor."

„Und das bedeutet was?"

„Das bedeutet, dass selbst wenn die Außenmauern und der Rahmen der Schutzhülle halten, jederzeit etwas hinunterstürzen kann, auf den Reaktorraum und auf die Lagerräume, die durch die Explosion zerstört worden sind. Ich will nicht sagen, dass sie stark zerstört sind. Aber niemand war drinnen, niemand hat das überprüft, und es ist kaum möglich, da hinein zu gehen. Sie haben das alles nur von außen überprüfen können. Und die Brennstäbe ... die sind alle noch drin ... Das Ziel war, alles so schnell wie möglich abzuschirmen. Dieses Problem wird nicht kommuniziert."

„So kann es neue Explosionen geben, wenn die inneren Teile zusammenbrechen. Die Schutzhülle wird aufgesprengt und das war es dann. Warum sagt das keiner?"

Arcady zuckte mit den Achseln. „Ist das zum ersten Mal so? Also wenn du dort bist, kümmere dich darum, du wirst sicher eine Menge interessante Dinge finden. Und du hast mehr Möglichkeiten."

„Das sind Informationen von Staatsinteresse! Danke! Ich werde mich gleich darum kümmern, wenn ich dort bin."

„Versuch es, aber du wirst wichtige und gewichtige Gegenspieler haben. Es wird schwierig, gegen ihre Meinungen anzukämpfen."

„Keine Bange, wenn das wirklich so ernst ist, dann finde ich Unterstützung."

„Dann wünsche ich dir viel Glück." Arcady glaubte an die ernsthaften Bemühungen von Andrey, aber er zweifelte trotzdem. Die politischen Signale waren längst gesetzt – der Störfall war neutralisiert worden. Jeder konnte nur die offizielle Partei- und Regierungslinie verfolgen. Um das Thema zu wechseln, sagte Arcady: „Weißt du was das Erstaunlichste ist?"

„Was?" zeigte Andrey Interesse.

„Der rote Wald. Hast du davon gehört? Westlich des AKW lag ein großer Pinienwald, der das Kraftwerk vor Pripyat abschirmte. Als der Störfall passierte, wechselte er seine Farbe von Grün in ein Toten-Gelb, nicht einmal Gelb, eher Sandfarben. Oder Orange, Ziegelrot. Ich habe es zum ersten Mal vom Hubschrauber aus gesehen. Rundherum ist alles grün, und in der Mitte ist es Herbst. Der Wald hat einen radioaktiven Schlag bekommen und ist sofort gestorben. Wie wenn man eine Leiche anschaut. Ich habe gleich weggeschaut, aber es ist mir im Gedächtnis geblieben. Diese Schnitte auf den Bäumen – wie vergossenes Blut.

„Später haben sie die Bäume gefällt."

„Ja bei der Dekontaminierung haben sie die Bäume umgeschnitten und haben sie am selben Ort begraben. Dort wächst jetzt gar nichts mehr, und es sieht aus, als würde das so bleiben."

„Dort ist jetzt überall leeres Land, Arcady." Andrey atmete hörbar ein. „Mit Abschluß der Schadensbeseitigung werden sie alle Leute von dort absiedeln, und es wird nur Friedhofsruhe übrig bleiben. Und so wie es aussieht, wird die lange dauern."

Die Freunde blickten einander an, dann schwiegen sie, dann blickten sie in ihre Tassen. Es gab nichts mehr zu sagen, und der Tee war kalt geworden.

Das Gespräch mit Arcady blieb tief in Andreys Gedanken verankert. Man musste kein Atomwissenschaftler sein, um das zu verstehen – unkontrollierte, unbekannte Prozesse unter der Schutzhülle, um die man sich nicht kümmert, werden zu Problemen führen.

Diese hoffnungslose und Du-bist-verdammt-Einstellung zu dieser Sache war fremd und absolut undenkbar für Pravdin. Es war sinnlos zu hoffen, dass der Blitz nicht zweimal an derselben Stelle einschlagen würde. Er begann Informationen über Atomreaktoren insgesamt und über Tschernobyl im speziellen zusammenzutragen.

Die Geschichte der Atomenergie begann mit der Geschichte der ersten Atombombe. Die Idee der zivilen Nutzung der neuen Technologien war ursprünglich eine Fantasie der Wissenschaftler, und nach dem erfolgreichen Einsatz der Bombe interessierten sie sich für den Gebrauch des Atomreaktors mit einer gewaltigen Energiekapazität zur Stromerzeugung. Zuerst lachten die Kraftwerksingenieure über das Spielzeug der Wissenschaftler, aber dann zeigten die ersten Test nicht-konventioneller Reaktoren, dass damit die Energie dutzendfach effizienter zu erzeugen war als auf jedem bisherigen Weg. Es war ein weiterer Erfolg des Russen Kurchatov und seines Teams.

Genauer gesagt machte man sich für die Stromerzeugung eine gefährliche Eigenschaft des Reaktors zunutze: die intensive Abwärme der Kettenreaktion. Sie kann genutzt werden, um Dampf zu erzeugen, der treibt das Turbinenblatt an, und darauf beruht die Stromherstellung. In Tag-und-Nacht-Arbeit wurde das erste Atomkraftwerk der Welt in Rekordzeit und nur mit der Leistung des russischen Volkes auf sowjetischem Boden errichtet. Seine Inbetriebnahme erregte nicht nur weltweites Aufsehen, sondern auch die Eifersucht der meisten großen Länder.

So wurde „Atom für den Frieden" ein wichtiges Gegengewicht zu den militärischen Entwicklungen in diesem Bereich. Nun waren die Leistungen der Wissenschaftler darauf ausgerichtet, nicht nur zu zerstören, sondern zu erschaffen. Die Entwicklung ziviler Reaktoren, der Ausbau ihrer Kapazität und Sicherheit wurde ein eigener Zweig der Atomwissenschaften, mit großem Nutzen für die Völker.

Das Herzstück im Atomkraftwerk von Tschernobyl war der auf große Kapazität ausgelegte Reaktor vom Typ RBMK-1000. Viele sowjetische Atomkraftwerke wurden mit diesem mit Graphit moderierten Kernreaktor betrieben – die Serienherstellung machte ihn attraktiv für die Hersteller wie für die Regierung. Die Produktionstechnik war schon erprobt, und sie erlaubte die Errichtung mehrerer Reaktoren im Jahr, sodass sich die Kosten leicht planen ließen. Außerdem hatten die Reaktoren dieses Typs eine fast unbegrenzte Kapazität. Ein weiterer Grund für die Entscheidung, den RBMK-1000 im AKW in Tschernobyl zu installieren, war die Möglichkeit, das verbrauchte nukleare Brennmaterial auszutauschen, ohne den Reaktor herunterfahren und die Energieerzeugung stoppen zu müssen.

Aber die Münze hatte auch eine Rückseite. Alle Vorteile, warum genau dieser Typ gewählt wurde, bedeuteten, dass er schwieriger in der Handhabung war und empfindlicher in der sogenannten „Technik-Kultur". Hochrangige Experten mit gründlicher Ausbildung und speziellen professionellen Kenntnissen wurden für den Betrieb des Reaktors benötigt. Der Reaktor gestattete keine Leichtfertigkeit im Umgang.

Wieder und wieder bewegte Andrey der Gedanke, dass jemand von der Bedienungsmannschaft bei jenem fatalen nächtlichen Experiment am

Block 4 und unmittelbar davor, in den Störfall verwickelt sein könnte, entweder weil man ihn dazu gezwungen hatte oder wegen eigener Motive.

Er entdeckte absolut unerwartete Fakten über die Konstruktion des AKW. Sie wären unter dem Staub in irgendwelchen archivierten Dokumentenmappen geblieben, existierten nur in einer Kopie und waren den meisten unbekannt, und so wäre das auch geblieben, wenn nicht der Störfall eingetreten wäre. Aber die Kette ist so stark wie ihr schwächstes Glied, und jetzt verstand Andrey, dass die Katastrophe möglicherweise schon in der Errichtungsphase angelegt war.

Bei dem ursprünglichen Konstruktionsplan fanden sich, wenig überraschend, keine Abweichungen und Defekte. In den Unterlagen waren nur an manchen Stellen die Arbeitsfortschritte vermerkt – Vorbereitung der Baugrube für Block 1, Betonarbeiten, Errichtung von Block 2 und viele andere Details, die nicht weiter interessant waren. Andreys Aufmerksamkeit wurde von einem kleinen handbeschriebenen Zettel mit geodätischen Berechnungen geweckt. Es wirkte mehr wie der Entwurf für ein Dokument, aber das Ergebnis unter den Berechnungen war schockierend: „Seismologisch aktiver Bereich – die Errichtung ist nicht zu empfehlen." Da war ein Haufen bestätigender Diagramme und Tabellen im Akt. Es war nicht möglich, den Autor dieser Notizen zu identifizieren, aber konnten solche Erkenntnisse unberücksichtig bleiben, wenn es um die Errichtung eines Atomkraftwerkes ging? Jeder Narr weiß, dass die Möglichkeit eines Erdbebens ein Atomkraftwerk in eine tickende Zeitbombe verwandelt, die jeden Augenblick hochgehen kann. „Furchtbar, was hier passiert ist."

Andrey hatte den Kopf in den Händen geborgen, schaute auf die Wörter und Zahlen. Es war schwer zu glauben, aber hier waren die Beweise. Auf seinem Schreibtisch, unter der Lampe.

Hier waren auch Dutzende wasserdichte Beweise, Protokolle und Berichte über Beschwerden in der Errichtung, über Material, das nicht dem geforderten Qualitätsstandard entsprach. Einmal wurde Beton verwendet, der nicht den Anforderungen genügte, ein andermal wurde schlechter Armierungsstahl verwendet, der aus irgendwelchen unklaren Bezugsquellen stammte; hier wurden brennbare Baumaterialien verwendet statt der geforderten, dem Standard entsprechenden. Für sich genommen mochten das alles lässliche Fehler sein, aber gebündelt in einem riesigen Objekt, einem Atomkraftwerk, bilden sie eine permanente Gefahrenquelle. Die Informationen über diese Verstöße hätten der Regierung berichtet werden müssen. Aber war das der Fall gewesen?

Speziell die Verwendung brennbarer Materialien verschlechterte dramatisch die Umgebungsbedingungen für die Feuerwehrleute, die schon fünf Minuten nach der Explosion auf dem brennenden Dach standen. Abgesehen von der hohen Strahlenmenge, die sie erwischten, wurden ihre Haut und ihre Lungen vom brennenden Bitumen ebenso angegriffen wie von rot-glühenden Fragmenten der Grafitbrennstäbe, die aus dem Reaktor geschleudert worden waren. Sie waren die ersten in einer langen Reihe von Tausenden Tapferen, die sich opferten, um die Fehler anderer zu korrigieren.

Einige Tage vor seiner Fahrt in die Zone übergab Andrey seine Angelegenheiten an seinen Stellvertreter, in der Hoffnung, dass es nur ein kurzer Wechsel in der Verantwortung sein würde. Der Mann hatte seinen Turnus im AKW schon ganz zu Beginn der Aufräumarbeiten hinter sich gebracht und hatte volles Verständnis für die Bedenken seines Vorgesetzten.

„Ich möchte nicht lügen, Andrey Ivanovich, es ist wie in einem Krieg."

„Ich hatte keine Hoffnung, dass du mich beruhigen möchtest. Ich weiß, dass ich nicht in einen Kurort fahre."

„Wieso nicht, die Verpflegung ist wie in einem Kurort", versuchte der Major zu scherzen, aber er begriff schnell, dass Pravdin nicht in der Stimmung dafür war. „Um genau zu sein – eigentlich hatten wir gar keine Lust zu essen. Ein paar Bissen und dann schlafen, denn wir haben bis zum Umfallen gearbeitet. Generell hat man dort ständig gegen den Schlaf zu kämpfen. Dort ist alles anders als hier. Oft nur zwei Stunden Schlaf und die restliche Zeit muss man hochkonzentriert und wachsam sein. Was einen verrückt macht, ist der ständige Versuch, die Radioaktivität aufzuspüren – sie zu sehen, zu hören, zu riechen."

„Dann hast du Glück gehabt, dass du gesund wieder zurückgekommen bist?"

„Das ist nicht das richtige Wort. Erst neulich ist mir eine Sache eingefallen: wir hatten auf allen Straßen nach Pripyat spezielle Dekontaminationsposten. Ich war bei einem davon zur Inspektion. Da wollte einer aus einem Dorf in der Zone hinaus. Ein Soldat kam auf mich zu, er war seit sechs Monaten dabei und hatte große Angst vor jedem Fehler. Er sagte zu mir: Herr Major, bitte schauen Sie auf das Dosimeter, es scheint kaputt zu sein. Der Mann im Auto hatte riesige Augen. Die Messung ergab die tausendfache Normaldosis. Wir zogen ihn aus dem Auto, das nagelneu war und berieten lange, was damit geschehen sollte. Es hatte keinen Sinn, es zu waschen, es würde nie wieder sauber werden. So haben wir es vor seinen Augen mit einem Schützenpanzer in einen Graben gestoßen und zugeschüttet. Er weinte, fluchte, er hatte keine Ahnung, worum es ging. Wir schickten ihn ins Krankenhaus. Wenn schon sein Auto so verstrahlt war, wie mochte es um ihn stehen.

Übrigens pass auf die Dekontaminierungspunkte auf. Dort machen die Soldaten oft die größten Fehler. Manche lassen sich bestechen, damit man etwas aus der Zone mitnehmen kann. Die Hölle mag wissen, wo und welche Dinge aus Tschernobyl irgendwann auftauchen werden. Ich möchte nicht einen günstigen Atom-Kühlschrank auf dem Schwarzmarkt kaufen."

„Und sie bringen oft Dinge heraus?"

„Zunächst in großem Maßstab. Vergiss nicht, wir haben die Menschen praktisch nackt aus ihren Häusern herausgeholt, ohne Kleider, ohne alles. Sie glaubten, sie würden nur für drei Tage weggehen. Als wir dann sagten, dass wir sie in ihrem Interesse evakuieren, haben wir sie für einige Dinge zurückkommen lassen, und da haben sie um jeden Preis versucht, ihre Sachen heraus zu bekommen. Frauen kämpften um ihre Pelzmäntel. Möbel, Fernsehgeräte, Waschmaschinen, Spielsachen ... Wir haben alles weggebracht und in Gräben zugeschüttet. Die Frauen schüttelten die Fäuste, die Männer schlugen mit Fäusten auf uns ein. Manche versuchten die Strahlungskontrolleure zu bestechen. Viele hatten übrigens hoch kontaminiertes Geld, sogar die Pässe waren verstrahlt. Ein Mann hatte 500 Rubel Ersparnisse, und wir mussten sie ihm wegnehmen und vernichten. Ich bekam viele Beschwerden. Und was könnte man hier machen, wenn es verstrahlt ist ... – dann haben wir das Zeug auf dem Friedhof begraben, wir haben all diesen Idioten Furchtbares erspart. Ich denke, dass die Situation jetzt ganz anders ist, Plünderer und unsere Leute gehen gleichermaßen auf die Jagd, um irgendwas von Wert herauszuschaffen. Wir haben sie so oft erwischt. Es soll auch ein Spezialkommando gegeben haben, das in den Wohnungen alle wertvollen Sachen vernichtete, damit nicht irgendein Idiot die verstrahlten Sachen dieser Stadt stehlen kann."

„Ich verstehe diese Menschen nicht! Sie wissen, von wo sie die Sachen holen. Natürlich kümmern sie nicht um die Käufer von dem Zeug, aber ist ihnen nicht klar, dass sie ihre eigene Gesundheit zerstören?"

„Die glauben, dass wir hier irgendein Kriegsspiel machen und ihnen das Leben vermiesen. Viele von ihnen sagen: was ist Strahlung? Wir können sie nicht hören und können sie nicht sehen, also warum macht ihr euch hier wichtig. Solche Leute kannst du dauernd treffen. Übrigens einen Tipp gebe ich dir noch, aber lach nicht. Nimm jede Menge Toilettenpapier mit."

„Warum?" fragte Andrey verständnislos.

„Das wirst du heraus finden, wenn du dort bist, aber nimm es nicht weiter tragisch. Sei darauf gefasst, es geht allen so. Der Körper reagiert auf die Strahlung in unterschiedlicher Weise, und die Strahlung ist überall. Und wenn es dir schlecht geht, ist es wichtig, dass du nicht aus Angst Alkohol trinkst. Es wird dir nicht helfen, auch wenn das manche glauben. Einer war so enttäuscht über seine Impotenz, dass er drei Wochen nicht nüchtern wurde. Er bekam jede Menge Urlaubssperren, und dann war mit seiner Manneskraft wieder alles in Ordnung, aber er hatte nichts davon. Urlaubssperre bis zum Dienstende ... Also Andrey, die oberste Priorität hat Wachsamkeit, nüchtern bleiben und Glück. Sieh mich an – ich stehe vor dir, gesund und munter. Und genauso wirst du zurückkommen."

Der Major erzählte noch eine Reihe anderer Geschichten über die Zone – auch hier gab es lustige Geschichten ... aber Andrey war das Lachen vergangen. Am Abend vor seinem Aufbruch versuchte er zu Hause Witze zu machen, als wäre alles leicht, er spielte mit seiner Tochter und dann packte er seine Sachen, nicht anders als vor Dutzenden anderen Dienstreisen. Mila las in seinen Augen und wusste alles. In den letzten zehn Jahren war er viermal versetzt worden. Und es hatte so viele Dienstreisen und Nachtalarmsituationen gegeben, wenn du aufwachst von den schweren Schritten auf der Treppe im Offiziersquartier und wartest, wann du dran bist, wann dein Telefon läutet. Wieder und wieder verabschiedeten sie sich im Halbdunkel des Vorraums, und Andrey verließ das Haus mit dem „Notfallkoffer" in der Hand. Sie hatten gedacht, in Tschernigov sollte ein neues Leben für sie beginnen, aber der Störfall hatte diese Erwartungen grausam getötet. Bald würde ihr langerwarteter Sohn geboren werden – ein Teil ihrer Zukunft.

„Mach dir keine Sorgen, Papa, ich helfe Mama mit dem Bruder, bis du wieder zu Hause bist", hatte seine Tochter gesagt und ihn mit ihren zarten Armen umschlungen.

# Kapitel 6

## Die „zeitweilige" Evakuierung

Viel schlimmer war, dass in diesem Kampf gegen die Auswirkungen des Strahlungsdesasters die Menschen genauso zum Material wurden. Trotz aller Anstrengungen, die Liquidatoren mit allen Mitteln zu schützen, wusste jeder, dass es unmöglich war, sie restlos vor den Auswirkungen der Strahlung zu bewahren. Und jeder, der hier war, konnte sein Leben leicht einteilen in die Zeit vor Tschernobyl und die danach. Die vielen möglichen Auswirkungen des Aufenthaltes mussten sich nicht sofort bemerkbar machen, auch nicht in einem Jahr oder zwei, vieles kam erst später oder in der nächsten Generation zur Wirkung.

Würde Gott beschließen, dem Menschen zu zeigen, wie das Fegefeuer aussieht, würde er mit Sicherheit diesen Platz wählen. Er würde ihn mit Hunderten Warnschildern bestücken, mit Kilometern Stacheldraht umzäunen, der Alarm auslöst und nur einige Eingänge hat. Und nur hier würde er die Belastung von starken Seelen in zerbrechlichen menschlichen Körpern sehen ... Die Tests wären heimtückisch und unerwartet, und ihr Ergebnis würde hauptsächlich vom Willen des Gottes abhängen. Nicht aber von denen, die hierher gelangt waren.

Andreys Auto verließ Tschernigov ungefähr um sechs Uhr morgens, um sein Ziel noch in der Morgenkühle zu erreichen: der besondere Dekontaminierungspunkt „Dytatki". Er machte dreihundert Kilometer Umweg, denn er musste in Kiev dort spezielle vorbereitete Dokumente abholen.

Am Kontrollpunkt, einem der größten, herrschte rund um die Uhr Betrieb. Und ungeachtet der frühen Morgenstunde standen Autoschlangen in beiden Richtungen vor den rotweißen Schranken. Ein mannshoher mehrreihiger rostiger Stacheldrahtzaun erstreckte sich in beide Richtungen. Das von einer hohen Kommission als „nicht-kontaminiert" deklarierte Land endete hier. Für „saubere" Autos war die Weiterfahrt verboten. Genauer, man kann zwar in die Zone hinein, aber es ist viel schwieriger, sie wieder zu verlassen. Die Strahlung des Autos dürfte 3-5 Milliröntgen/Stunde nicht übersteigen, damit es die 30-Kilometer-Zone wieder verlassen könnte. Insgesamt war die Aufteilung in kontaminiertes und nichtkontaminiertes Gebiet ziemlich willkürlich. Man kann die Strahlung nicht mit einem Stacheldrahtzaun aufhalten, und ein Zaun teilt nicht die Luft. Vor langer Zeit hatte die Strahlung dahinter die Grenzwerte überschritten, aber das Gebiet galt noch als für Menschen erträglich.

Nachdem sie alle notwendigen Dokumente vorgezeigt hatten, betraten Pravdin und seine beiden Mitreisenden, die ebenfalls zwei Kollegen ablösten, das verbotene Gebiet. Sie wurden auf der anderen Seite schon erwartet. Ein hagerer Oberstleutnant mit ungesunder Gesichtsfarbe stand neben einem UAZ-Geländewagen, der für Andrey bestimmt war.

„Sie sind Pravdin?"

„Ja. Ich freue mich, Sie zu sehen."

Der Oberstleutnant blickte Andrey mit gerunzelter Stirn an, murmelte etwas und forderte ihn mit einer Geste auf, im Wagen Platz zu nehmen. Er schlug vor, um das Sperrgebiet herum und dann nach Tschernobyl ins Hauptquartier zu fahren, und dann raste das Auto über die kilometerlang schnurgerade Asphaltstraße.

Im Aufbau des UAZ waren noch die kleinen Löcher zu sehen, die daran erinnerten, dass noch vor kurzem die Fenster mit Bleiplatten abgedeckt gewesen waren. Diese Maßnahme war jetzt nicht mehr notwendig, aber noch sechs Monate früher hatten die Insassen die Welt um sie herum nur durch die Windschutzscheibe dieses metallenen Behältnisses gesehen.

Vor seiner Ankunft hatte Andrey andere Bilder dieser Landschaft vor Augen gehabt. Er dachte, dass hier ausgebranntes Land sein würde, wie eine Mondlandschaft, aber eigentlich war alles ziemlich normal. Die gleichen Felder, vereinzelte Häuser an der Landstraße. Zu beiden Seiten der Straße hatte der Wald kleinen blühenden Obstgärten Platz gemacht. Es schien, als wäre das Leben hier innerhalb der Zone nicht viel anders als außerhalb. Aber dieser Friede war nur eine Illusion.

Der dünne Schleier des hellen Frühlings verbarg die schrecklichen Konsequenzen der nuklearen Katastrophe. Und bald werden die blühenden Apfelbäume Früchte tragen, die niemand essen wird. Und es wird auch niemanden geben, der sie ernten wird. Hier leben keine Menschen, und so wird es viele Jahrhunderte bleiben. Aber das Auge kann nicht unterscheiden, ob die Natur lebt oder ob sie sich schon längst der ewigen Leere ergeben hat.

„Jaja, die Bäume sind die gleichen, und die Sonne sieht auch nicht anders aus als sonstwo", sagte der Offizier mit einem leichten Grinsen, als hätte er Andreys Gedanken gelesen. Vielleicht waren seine Gedanken auf seinem Gesicht gestanden. „Als ich hergekommen bin, habe ich auch so etwas erwartet wie nach einem Vulkanausbruch", setzte er fort. „Aber in Wahrheit ist alles ganz anders. Die Natur spielt hier ihre eigenen Spiele. Aber ich würde zum Beispiel nicht empfehlen, diesen Wald zu besuchen", damit deutete er auf ein Wäldchen hinter ihnen, „und in diesem Teich dürfen nur noch Selbstmörder fischen." Damit zeigte er in die andere Richtung. „Hier kann es überall Nester von einigen hundert Röntgen geben. Die Messtrupps haben hier jeden Meter untersucht, aber es macht überhaupt keinen Unterschied, weil immer wieder irgendwo eine extrem hohe Strahlungsquelle ohne erkennbaren Grund aufbricht. Hören Sie auf mich – bleiben Sie auf den festgelegten Wegen."

Andrey nickte und stellte einige dienstliche Fragen. Der Oberstleutnant beantwortete sie offen und ohne Beschönigung, und er gab ihm zu verstehen, dass er gerne so schnell wie möglich alles übergeben würde, um dann sofort zu verschwinden. Andrey begriff die Situation gut und war höchst interessiert an Details und Beobachtungen, die er nicht in den offiziellen Berichten, Briefen und Aktenvermerken finden würde.

Dekontaminierung war in der Zone von Tschernobyl ein wichtiges Thema. Menschen, Fahrzeuge, Kleidung und alles andere wurde untersucht, gereinigt oder entsorgt. Es galten strenge Vorschriften.

Stark verstrahlte Fahrzeuge wurden auf speziellen Waschplätzen bearbeitet.

▷

Sie hatten noch keine zehn Fragen besprochen, als das Auto an der nächsten Schranke anhielt.

„Hier beginnt die 10-Kilometer-Zone, und wir müssen sowohl die Kleidung als auch das Auto wechseln", erklärte der Oberstleutnant.

„Jedes Mal?" fragte Andrey. „Ja auf jeden Fall. Bis jetzt gibt es keine Möglichkeit, irgendetwas, das in der 10-Kilometer-Zone war, richtig zu dekontaminieren."

Es ist sinnlos, das Gelände zu reinigen. Pripyat wurde gereinigt, und jetzt strahlt alles wieder genau wie vorher.

Am Dekontaminierungspunkt kontrollierte der Strahlungsprüfer sorgfältig jeden einzelnen und zeigte ihnen den Umkleideraum. Beim Betreten der 10-Kilometer-Zone gab es keine besondere Prüfung, beim Verlassen aber war das ganz anders. Alle diese täglichen Routinemaßnahmen und Vorschriften sollten den Strahlenschutz für die bei der Säuberung eingesetzten Soldaten, Arbeiter und Beamten sicherstellen.

Am Checkpoint wurde langsam und sorgfältig gearbeitet, jedes Auto, jeder Insasse wurde genau überprüft. Diese Tätigkeit war sehr genau geregelt, und Abweichungen waren ausgeschlossen. Das verstand jeder. Manchmal fluchte ein Fahrer, beschimpfte die Kontrolleure, versuchte irgendwie, die Prozedur zu beschleunigen – aber das half ihm gar nichts. Sie beachteten ihn einfach nicht. Verstrahlte Fahrzeuge wurden zu einem speziellen Waschplatz gebracht und mit weißem Reinigungsschaum zugedeckt.

„Wir sind in Ordnung! Denn wenn wir es nicht wären, dann würden sie uns zur Dekontaminierung schicken. Das geht hier nur so. Auf unserem Rückweg werden Sie das verstehen. Manchmal muss man zehnmal am Tag ein- und ausfahren, und jedes Mal ist es dieselbe Prozedur. Schauen Sie, wie viele Mensche warten, dass sie an der Reihe sind. Am Anfang kochst du vor Wut, aber dann tut man alles automatisch. Jeder macht seine Arbeit; jeder hat es eilig, aber die Prozedur muss eingehalten werden."

Andrey zog einen „sauberen" Kampfanzug an und legte seine bisherige Uniform sorgfältig in einen speziellen Schrank. Teilweise wurde die kontaminierte Kleidung von hier zum Friedhof geschickt, begraben und durch neue ersetzt, teilweise wurde sie entstrahlt und später wieder verwendet. Mehrere Spezialwäschereien arbeiteten rund um die Uhr in der Zone.

Andrey ging mit seinem Begleiter hinaus, und sie stiegen in ein anderes Auto, das auf der anderen Seite des Zaunes wartete. Das fabrikneue Auto funkelte noch – so vieles wie möglich wurde möglichst unverstrahlt eingesetzt, und die meisten Fahrzeuge waren neu. Doch ihr Schicksal war besiegelt. Sobald sie nach kurzer Einsatzdauer eine bestimmte Menge Strahlung absorbiert hatten, die man mit keinem Dekontaminierungsmittel der Welt herausbekommen konnte, wurden sie zu den Friedhöfen geschickt. Hunderte Lastwagen, Traktoren, Dutzende Sattelschlepper, Züge und auch Hubschrauber lagen in den Gräben oder standen in endlosen Reihen auf Abstellplätzen. Boote und Motorschiffe wurden im Fluss in der Nähe des Kraftwerks ihrem Schicksal überlassen. Ein Paradies für schwachsinnige Plünderer.

Viel schlimmer war, dass in diesem Kampf gegen die Auswirkungen des Strahlungsdesasters die Menschen genauso zum Material wurden. Trotz aller Anstrengungen, die Liquidatoren mit allen Mitteln zu schützen, wusste jeder, dass es unmöglich war, sie restlos vor den Auswirkungen der Strahlung zu bewahren. Und jeder, der hier war, konnte sein Leben leicht einteilen in die Zeit vor Tschernobyl und die danach. Die vielen möglichen Auswirkungen des Aufenthaltes mussten sich nicht sofort bemerkbar machen, auch nicht in einem Jahr oder zwei, vieles kam erst später oder in der nächsten Generation zur Wirkung. Tschernobyl wurde zu einer Tragödie für jeden einzelnen und für die gesamte Menschheit.

Das Auto fuhr auf der Straße zum Dorf Kopachi, genauer gesagt: es fuhr vorbei an kleinen Hügeln, die vor nicht allzu langer Zeit Häuser gewesen waren. An der Straße stand noch eine weiße Tafel mit dem Dorfnamen; und neue Schilder auf den Hügeln warnten: „Strahlung!" Sie waren die Grabsteine des begrabenen Kopachi, das nun nur noch in der Erinnerung mancher Menschen weiterlebte.

Andrey schaute aufmerksam aus dem Autofenster. Gelegentlich tauchte ein Haus auf, aber sie wurden immer seltener. Sie fuhren in eine verlassene Stadt ein. Auf einem Mast sah Andrey einen Lautsprecher und erinnerte sich an die Ankündigung der Evakuierung von Pripyat, die an einem Sonntag die Musik unterbrochen hatte: „Achtung, Achtung! Genossen! Die Ratsversammlung der Volksdelegierten teilt mit, dass infolge des Zwischenfalles im Atomkraftwerk Tschernobyl in der Stadt Pripyat eine schädliche Strahlensituation eingetreten ist. Regierung, Partei und Militäreinheiten sorgen für alle notwendigen Maßnahmen. Um jedoch die völlige Sicherheit der Bevölkerung zu garantieren – und das gilt in erster Linie für die Kinder – werden die Bewohner der Stadt zeitweilig in andere Städte der Region Kiev evakuiert. Heute am 27. April ab 14.00 Uhr werden Busse eingesetzt, unterstützt von Polizei und Abgeordneten der Stadtversammlung, und werden bei jedem Wohnhaus stehen bleiben. Es wird empfohlen, zunächst nur Dokumente, Wertgegenstände und Lebensmittel für ein paar Tage mitzunehmen. Die Verwalter von städtischen Einrichtungen und Institutionen werden Angestellte benennen, die bleiben werden, um den normalen Ablauf der städtischen Angelegenheiten zu gewährleisten. Während der Dauer der Evakuierung werden alle Wohnhäuser von Polizeibeamten bewacht. Genossen, Sie verlassen Ihre Wohnungen für eine Weile, also vergessen Sie nicht, die Fenster zu schließen, Gas- und Stromzufuhr auszuschalten und die Wasserleitungen zuzudrehen. Wahren Sie während der Evakuierung Ruhe, Selbstdisziplin und Ordnung."

Diese Mitteilung an die Bewohner der verfluchten Stadt war eine Mischung aus Wahrheit, Lügen und einem völligen Nichtverstehen dessen, was rundherum tatsächlich vor sich ging. Die Regierung versuchte später sich zu entschuldigen, indem man sagte, das Wort „zeitweilig" sei verwendet worden, um Panik zu vermeiden. Aber schon am 26. April hätte man der Bevölkerung wenigstens einige Hinweise über Schutzmaßnahmen und Sicherheitsvorkehrungen geben können.

Während es in Europa schon an vielen Orten Alarm gab, bereiteten sich die Bewohner von Pripyat hingebungsvoll auf den 1. Mai vor. Natürlich war es das erste Mal, dass die Menschheit einer solchen Katastrophe gegenüberstand, und auch die Mitarbeiter des Atomkraftwerkes waren sich des Horrors nicht bewusst, den das „friedliche" Atom zu verbreiten vermag. Aber man kann es nicht glauben, dass die staatlichen Behörden wirklich der Meinung waren, sie könnten die radioaktive Verseuchung in drei Tagen bewältigen. Und so sind die leeren Fensterhöhlen der einst bewohnten Häuser ein Memorial der Menschheit geworden, die über ihr Handeln die Kontrolle verloren hat.

Pripyat war wie der Geist einer fröhlichen Vergangenheit. Wie das Gespenst des Kommunismus, witzelte Andrey sorgenvoll. Das sonnige Wetter war das gleiche wie an jenem Sonntag, aber statt der Freude vermehrte es jetzt die Schwermut, die mit jedem Meter weiter in die Stadt hinein wuchs. Man erwartete, dass ein Mädchen mit einem Kinderwagen aus dem Haus treten würde oder dass Ballspielen oder Knabenlachen hörbar würde, aber die verlassenen Straßen rochen nach Tod, und hinter dem Hauptplatz erhob sich das Skelett des Aussichtsrades, das im Volkspark nie in Betrieb gegangen war. Es hätte am 1. Mai 1986 zum ersten Mal fahren sollen ...

Am Tag der Katastrophe bereiteten sich die Menschen auf das kommende Wochenende vor, kauften Lebensmittel für die Festtafel, freuten sich aufs Grillen und genossen die warme Frühlingssonne. Auch die Gerüchte über den Störfall verdüsterten nicht die Feiertagsfreude. Die Menschen heirateten, schmiedeten Pläne für ihr künftiges glückliches Leben in einer der besten jungen Städte der Sowjetunion. Die Straßen waren voller Menschen, die Kinder auf den Spielplätzen trugen nur kurze Hosen und Kappen, und ihre Mütter lächelten und bummelten durch die Stadt. Es war heiß, die Fenster waren geöffnet, nasse Wäsche hing auf den Balkonen.

Die Bürger der Stadt waren während des ersten Tages nach dem Unfall völlig ahnungslos über die Lage, schenkten weder den Polizei- und Militärpatrouillen noch den Wasserwagen, die Straßen und Bürgersteige abspritzten, besondere Aufmerksamkeit. Das Leben ging seinen ganz normalen Gang, und vielleicht war es unvorstellbar, dass diese High-Tech-Stadt mit einem Schlag ihre Zukunft verlieren konnte. Nun war sie verdammt zum langsamen Zerfall unter Regen und Wind, die sich in den verlassenen Gebäuden einnisten. Die Stadt ohne ihre Menschen bewahrt das Gedächtnis derer, die hier lebten. Aber die Bilder und Zeichnungen an der Wand verblassen, Stein und Metall werden zerstört, Zeitungen, Briefe und Dokumente lösen sich auf.

Andrey erinnerte sich plötzlich an etwas aus seiner Kindheit. Mit zehn Jahren hatte er den Sommer bei Verwandten in einem kleinen Dorf verbracht. Viele Kinder waren für die Ferien dort, und als Bande von Freunden vollbrachten sie ihre kleinen Heldentaten. Am Dorfrand stand ein altes verlassenes Haus mit einem eingestürzten Strohdach. Die schwarzen Holzwände waren den abendlichen Spaziergängern unheimlich. Aber die Kinder trieben sich gern um dieses Haus herum, erzählten sich Geschichten von Geistern und einem Räuber, der vor vielen Jahren hier gelebt haben sollte. Die wirkliche Geschichte des Hauses war längst vergessen, was zum Geheimnis noch beitrug.

Aber trotz aller Gruselgeschichten wollte doch jeder hineinschauen. Jeder hatte den Wunsch, aber keiner wagte es, und sogar die tapfersten schraken vor den Stangen, die wie ein Zaun aufragten, zurück. Eines Tages überwand Andrey seine Furcht und drang vor den Augen seiner Freunde in das Haus ein. Durch die Löcher im Dach fielen spitze Sonnenstrahlen, wanderten über das schwarze Holz der Wände. Abgesehen von der Modrigkeit, die spürbar war, fand er das Haus nicht so furchteinflössend, wie er es sich vorgestellt hatte. Er stand eine Weile allein da, dann rief er seine Freunde, die einer nach dem andern ihre Angst überwanden und zu ihm kamen. Damit erwarb er sich Respekt unter den Kindern des ganzen Dorfes. Pripyat, das zur Geisterstadt geworden war, jagte ihm wie das Geisterhaus seiner Kindheit keine Angst oder Traurigkeit mehr ein. Es war eine schöne Stadt mit den regelmäßigen Straßen und Alleen, vielen Geschäftsschildern, Schneiderläden und Cafés. Vor dem Störfall war es eine Vorzeigestadt gewesen, Delegationen aus der ganzen Sowjetunion kamen hierher, um zu sehen, wie die ideale Sowjetstadt aussah.

„Lebensecht, nicht wahr?" sagte sein Begleiter zu Andrey.

„Genau. Es sieht aus, als hätten hier alle so gern gelebt." Der Oberstleutnant sog nur die Luft ein. Menschen, die sehr schnell vorbeigingen, brachten sie umgehend in die Realität zurück. Beinahe jeder rannte. Jede einzelne Minute auf der Straße konnte die tödliche Dosis erhöhen. Der Gehalt mikroskopisch kleiner radioaktiver Teilchen in der Luft überstieg mehrfach jedes zulässige Maß. Im Körper erzeugten sie ein unangenehmes Kratzen im Hals, das manche Menschen nie wieder los wurden. Auch im Auto fühlte sich Andrey unbehaglich und hatte den Wunsch, sich zu räuspern. Das bedeutete, dass der unsichtbare Feind nahe war.

Nach der Rundfahrt durch Pripyat und der Besichtigung wichtiger Punkte, fuhr Pravdin mit seinem Kollegen zurück. Und wieder wurde die Fahrt am Dekontaminierungsposten angehalten. Hier mussten sie wieder duschen und die Kleider wechseln.

„Schon wieder?"

„Gewöhnen Sie sich daran, Genosse Pravdin." Der Strahlenfachmann erklärte ihm, dass bereits eine halbe Stunde reichte, dass der Kampfanzug außerhalb der 10-Kilometer-Zone nicht mehr getragen werden durfte. Andrey begann langsam zu verstehen, dass die Situation hier keine Ausnahmen duldete.

Tschernobyl unterschied sich von Pripyat nur durch die niedrigeren Häuser, alles andere war sehr ähnlich. Jetzt waren hier nur noch Menschen im Kampfanzug und in Spezialanzügen zu sehen, die schweigend zu ihren dringenden Aufgaben eilten. Ein großer Schützenpanzer mit qualmenden Auspuffrohren hielt vor einem niedrigen Gebäude, an dessen Mauer ein buntes Schild „Kindergarten" und Bilder von Zeichentrickfiguren befestigt waren. Das Bild hatte Symbolcharakter. Das Hauptquartier des Verteidigungsministeriums, wo das Kommando und die Einsatzgruppe des KGB der UdSSR untergebracht waren, war im früheren Gebäude der Tschernobyler KPdSU. In diesem dreistöckigen Gebäude im Stadtzentrum bekam Andrey ein kleines Büro zugewiesen. Eine Polyethylenfolie bedeckte alles, sollte Wände, Mauern und Zimmerdecke vor der Strahlung schützen und häufig gewechselt werden. Dadurch sollte die Konzentration der tödlichen Partikel erheblich reduziert werden. Andrey verstand diese Sicherheitsmaßnahmen, deswegen störte es ihn auch nicht, dass die Folie während der Bürozeit ausgetauscht wurde. Es gab viele kleine Unachtsamkeiten – zum Beispiel trug fast niemand die vorgeschriebene Staubschutzmaske mit sich herum. Außer wenn sie ins Kraftwerk gingen. Die persönlichen Dosimeter wurden häufig als Souvenir betrachtet. Vielleicht ist es das, was die russische Seele ausmacht – manchmal sind wir eine gedankenlos tapfere Nation.

Die ersten Wochen seiner Arbeit in der Zone erschienen ihm als Ablauf von ununterbrochener Arbeit, ein Szenario, das einem alle Energie aussaugt. Wochentage und Wochenende, Tage und Nächte – alles floß ineinander. Bestenfalls bekam er vier oder fünf Stunden Schlaf pro Tag. Die zahllosen Wechsel von einem Fahrzeug zum nächsten, spezielle Dekontaminationszentren irgendwo auf der Landstraße, Dekontaminationspunkte, Deaktivierung, verschiedene Arten von Strahlungskontrolle und ständiger Kleiderwechsel – es war erschöpfend. Diese Alltagsdinge waren schier unerträglich, und die Strahlungsuntersucher schienen die wichtigsten Menschen hier zu sein. Jeder hatte sich ihren Anordnungen zu unterwerfen.

Die sogenannte Gewöhnung an die Strahlen war in den ersten Tagen fürchterlich. Durch seinen Dienst hatte Andrey oft verschiedene Sektoren des verstrahlten Gebietes zu besuchen, und oft war er auch im Kraftwerk selbst, wo die Strahlung besonders hoch war. Unangenehme Gefühle in den Gelenken, nervende Mundtrockenheit mit permanenten Halsschmerzen waren die Folge. Schrecklicher Durchfall erschwerte den Gewöhnungsprozess. Mit allen Körpersignalen für die Strahlenbelastung konnte man klarkommen, aber das letzte bescherte eine Menge Ärger. Man konnte weder essen noch trinken. Andrey erinnerte sich an seinen untergebenen Offizier, der ihm empfohlen hatte, genügend Toilettenpapier mitzunehmen. Und es war überhaupt nicht komisch. Er hat so recht gehabt, dachte Andrey manchmal, wenn es besonders schlimm war. Aber glücklicherweise ging dieser Zustand nach drei, vier Tagen vorbei. Schwindel, pochender Kopfschmerz und Knieschmerzen begleiteten ihn noch eine ganze Weile. Und jeder Liquidator, der hier ankam, musste da durch.

Die Verstrahlung war nicht wählerisch, wen sie wann angriff. Jeder dachte darüber nach, wen es wohl als nächsten erwischen würde. Die Menschen suchten die kürzesten Wege im Freien. Normale Gehgeschwindigkeit war nach dem ersten Tag vergessen. Jeder lief. Aber es war unmöglich, sich vor der Strahlung zu verstecken. Manche waren stärker, manche waren schwächer, manche blieben länger in der Hochstrahlungszone, andere nur ein bisschen. Doch jeder rechnete irgendwann mit der verborgenen Attacke der angesammelten Dosis. Die Situation wurde noch dadurch verschärft, dass die Listenführer regelmäßig logen, weil sie kaputte Instrumente verwendet und die echten Verstrahlungsgrenzwerte nach unten korrigiert hatten. Manchmal fühlten Menschen sich schrecklich, galten aber als arbeitstauglich.

Um die Menschen irgendwie vor starker Strahlung zu schützen, wurden sie nachts an den am wenigsten verstrahlten Plätzen untergebracht, häufig auch außerhalb der 30-Kilometer-Zone. Nichtsdestotrotz lebten viele Menschen sogar in der Zone selbst, in früheren Pionierlagern und Gesundheitszentren, eng, aber es ging. Soldaten hatten es am schlechtesten, sie waren in Zelten untergebracht. Andrey besuchte oft solche Siedlungen, schnurgerade ausgerichtet in Reihen, parallel zur Landstraße. Wehrpflichtige und Reservisten wohnten in der Nähe, sie wurden der Einfachheit halber „Partisanen" genannt. Die letzteren hatten die schwierigste Zeit. Die meisten von ihnen hatten ihren Armeedienst lange hinter sich und mussten sich nun wieder in den militärischen Lebensstil eingewöhnen. Jeder war unter gleichen Bedingungen untergebracht, ohne Ansehen von Rang und Titel. Mehrmals sah Andrey Offiziere und Soldaten am selben Tisch essen, gemeinsam arbeiten. Er begrüßte diese Haltung, denn der Offizier, der wirklich Respekt genießt, ist einer, der den Umgang mit Soldaten nicht meidet und stets bereit ist, mit ihnen zusammen zu sein.

Oft waren die jungen Leutnants aus den aktiven Einheiten halb so alt wie ihre Untergebenen, die aus der Reserve kamen, manchmal von hohen zivilen Posten. Jedoch das System ist das System, und wenn der Einrückungsbefehl kommt, bedeutet das, dass das Land seine ausgebildeten Soldaten braucht.

Viele der „Partisanen" hatten schon eine ganze Weile eine Familie, und viele hatten mehr als ein Kind. Ihre Zukunft war meistens klar. Junge Soldaten waren eine andere Sache. Viele von ihnen waren unter zwanzig Jahren. Sie hatten ihr Leben vor sich, und die Offiziere versuchten, sie nicht allzu sehr an der Liquidation zu beteiligen. Wer wusste schon, welche Konsequenzen jede extra Röntgen-Einheit in ihrem Leben haben würde? Viele Arbeiten waren völlig freiwillig und niemand befahl irgendwem, absolut mörderische Aktionen durchzuführen. Und doch war es nicht üblich, einen Befehl nicht auszuführen. Die Liquidatoren zeigten sich erstaunlich einig in ihrem Einsatz für das Gemeinwohl. Nur wenige waren feige, auch wenn die Angst sie beinahe zerriss.

Unter den jungen Offizieren gab es einige, die die Strahlung besonders fürchteten. Andrey erlebte einmal einen beinahe paranoiden Fall. Ein Leutnant stahl sich heimlich und unter verschiedenen Vorwänden in den Raum, in dem die Dosimeter und Strahlungslogbücher gelagert wurden, und zeigte unnatürliches Interesse an diesen Dingen. Als er dabei erwischt wurde, sagte er, dass er an Strahlenangst litte, vor allem weil die ersten Symptome schon aufgetreten waren. Dabei waren seine Ängste gar nicht so grundlos. Er hatte vor seiner Versetzung nach Tschernobyl geheiratet, und als kinderloser Familienmensch sehnte er sich nach Nachwuchs und wollte deshalb die Dosis wissen, die er tatsächlich angesammelt hatte. Aber die Art seines Selbstschutzes war ziemlich originell. Aus Furcht vor Zeugungsunfähigkeit schnitt er ein Schutzstück aus einem Bleituch und trug es immer unter der Uniform. In der Theorie war das sicher klug und richtig, in der Praxis aber war es höchstens unbequem. Wirklicher Schutz hätte einen Bleianzug für den ganzen Körper erfordert. Außerdem absorbiert Blei die Strahlen über einen längeren Zeitraum, dann verwandelt sich seine Schutzfunktion in einen zusätzlichen Belastungsfaktor. Ärzte aus dem Laboratorium, denen Andrey die Geschichte des Leutnants als Anekdote erzählte, hatten durchaus Sympathie für den armen Kerl. Man konnte ihn natürlich verstehen, aber anderseits hatte praktisch jeder die gleichen Ängste. Hier musste man Selbstkontrolle lernen, weil sonst unter so ernsten Bedingungen Vernunft der Furcht Platz macht.

Die Lebensweise und die Lebensbedingungen der Liquidatoren waren beinahe spartanisch. Sogar Andrey, der aufgrund seines Ranges und seiner dienstlichen Aufgaben manche Privilegien hatte, musste sich mit wenig zufrieden geben. Er lebte in der Zehn-Kilometer-Zone in einem kleinen einstöckigen Haus, wie es früher mehrere gegeben hatte. Kleine, ein wenig windschiefe Fenster blickten in den jungen Kirschgarten. Die Möblierung war einfach: das eiserne Feldbett in freudlos grauer Farbe, unbequeme Matratzen, wo das Bettzeug der Soldaten jede Woche gewechselt wurde. Ein kleiner Nachttisch und ein Stuhl komplettierten die Einrichtung. Es gab nicht einmal einen Tisch. Auf dem kleinen Flur stand ein Ofen, der in der Nacht mit Kohle geheizt wurde. Die kleine Kochnische wurde nie benutzt.

Andreys Kollege vom Kommando der Kampfgruppe des Verteidigungsministeriums wohnte auch in dem kleinen Haus. Um genau zu sein, die beiden kamen nur hierher, um ein paar Stunden zu schlafen. Ihre Kommunikation beschränkte sich auf ein paar Sätze am Morgen und am Abend. Auch die Tageseinteilung war ungefähr gleich. Sie kamen im Dunkeln und sie gingen im Dunkeln. Andrey schaffte es in der ganzen Zeit seiner Anwesenheit nur ein paar Mal, sein Haus bei Tageslicht zu sehen. Dann bot es ein noch deprimierendes Bild. Als ob es speziell dazu geschaffen worden wäre, zur alles beherrschenden bedrückenden Atmosphäre zu passen.

Es war, als hätten Rast und Erholung überhaupt keine Priorität mehr. Als ob jeder, der nach Tschernobyl kam, aufgehört hätte, ein Mensch mit Bedürfnissen zu sein. Die Petroleumlampe kam aus der Requisitenkiste der Vergangenheit zurück und ersetzte die Elektrizität. An der Wand gab es ein Waschbecken mit kaltem, aber immerhin sauberem Wasser. Und eine kleine Außentoilette, zu der der Weg durch verfallene Schuppen führte, erschien ein Luxus.

Es war nicht leicht, eine Dusche zu finden, aber manchmal musste man zwei oder dreimal am Tag duschen und die Kleider wechseln. Anders hätte man die Verstrahlungskontrolle nicht passieren können. Mobile Bäder halfen, aber zur festgesetzten Stunde zusammen mit 10 bis 12 anderen Liquidatoren zu baden, war kein wirklicher Genuss. Es gab auch spezielle Regeln, wie man zu duschen hatte. Zuerst musste man den Staub vom Körper waschen, mit kaltem Wasser, sodass der Staub nicht in die Poren gelangte. Dann war es nötig, sich selbst in heißem Wasser gründlich zu waschen, und dann wieder mit kaltem Wasser, damit der Staub nicht nach dem Duschen in die Haut eindringen konnte. Gemeinsame Arbeit, gemeinsame Mahlzeiten, gemeinsames Baden. Einerseits brachte es die Menschen einander näher, anderseits verloren viele ihre Individualität und vergaßen ihre Bedürfnisse. Solche Situationen konnten auch die tapfersten Liquidatoren deprimieren. Es war unmöglich, allein zu sein, sich ein wenig von den bedrückenden Erlebnissen zurückzuziehen und an daheim, die Familie und etwas Schönes zu denken. Aus irgendeinem Grund mündeten alle Gedanken hier immer in zermürbende Spekulationen über die Zukunft, die schwarz schien.

Die Sorge war nicht unberechtigt. Als Andrey ins Büro kam und sich mit den neuen Gesichtern vertraut machte, hörte er von jedem, dass der durch die Explosion zerstörte Block 4 noch nicht untersucht worden sei, weil es unmöglich schien, durch die tödliche Strahlung und die Blockaden hindurch ins Innere zu gelangen. So war es nicht klar, was im Reaktor geschehen war, und was mit dem Brennstoff los war, der aus seinem verstärkten Betongefängnis entkommen war. Niemand konnte ein detailliertes Bild geben, und es war klar, dass eine Überprüfung der Maschinenhalle dringend notwendig war. Getreu der Liquidatorenpraxis, sollte der Experte, der einen Vorschlag machte, ihn auch ausprobieren. Das heißt, wenn einer erklärt hätte, die baulichen Strukturen unter dem Sarkophag könnten zerstört sein, dann hätte er persönlich hinein gehen müssen. Niemand war so selbstmörderisch. Nach Einschätzung der Physiker konnte die Röntgenstrahlung in manchen Räumen 10.000 Einheiten/Stunde erreichen. Es ist furchtbar sich vorzustellen, welcher Tod einen da erwartet. Gleich nach der Katastrophe war der Strom von Ionenstrahlung in der Mitte der aktiven Reaktorzone so hoch, dass er augenblicklich jedes biologische Objekt in seine Elementarteilchen zerlegen konnte. Jetzt war die Gefahr mehr verborgen, verteilt in den verschiedenen Bereichen des Kraftwerks, und das Hauptproblem war, dass wer da hinein ging, gar nicht wissen würde, von wo die Strahlung käme.

Das Projekt „Schutzhülle" überstieg die Grenzen eines normalen Bauprojektes und wurde in extremer Zeitnot und unter komplexen Verstrahlungsbedingungen entworfen. Unter all den vorgeschlagenen Varianten wurde die beste gewählt. Die kühnsten Entscheidungen der Ingenieure führten schon in der Konstruktion zu diesem gewaltigen Projekt, das dann durch die heroischen Leistungen der Arbeiter errichtet wurde, die außergewöhnliche Konstruktion, die der einzige Schutz der Menschheit wurde vor der ausgebrochenen tödlichen Energie.

Dass das verstärkte Betongebäude, mit mehr als 60 Meter Höhe, in einem halben Jahr errichtet wurde, übersteigt die Vorstellungskraft. In der Sarkophagkonstruktion sind 360.000 Kubikmeter Beton und mehr als 6.000 Tonnen Metallstützen verbaut. Der gewaltige Riss in der Außenhülle des Kraftblock wurde mit einer Kaskade monolithischer Mauern überdeckt. Das Metallgerüst wurde mit Betonteilen gefüllt, die an manchen Orten bis zu 18 Meter Spannweite haben, und im Kraftwerk wurde zwischen Block 3 und dem zerstörten Block 4 aus demselben Material eine „biologische Schutzmauer" errichtet. Später wurden manche Wände mit Blei bedeckt. Das komplexe System von Belüftung und Kühlung war eine ingenieurtechnische Meisterleistung, weil dadurch das einzigartige Mikroklima innerhalb des Sarkophag erhalten werden konnte. Weiters wurde, um einen Anstieg der Neutronenaktivität zu verhindern, eine spezielle Einrichtung mit Bor-Lösung unter dem Dach des Sarkophag montiert. Auf den ersten Blick war alles unter Kontrolle und alle Ängste schienen unvernünftig. Doch was wenn alles Reden von der Instabilität des Reaktors von etwas viel Wichtigerem ablenken sollte ...

Unter diesem Monster aus Beton, Stahl und Menschenleben entwickeln sich Dinge, die den Wissenschaftlern neu sind. Die tapfersten Physiker behaupteten, dass unkontrollierte spontane Kettenreaktionen im übrig gebliebenen Nuklearbrennstoff Jahre dauern und mit jedem Element, mit jeder Substanz interreagieren können, um dabei Prozesse zu erzeugen, die die Menschheit noch nicht gesehen hat. Und über dieses Übel gibt es keine Kontrolle.

Andrey schlief schlecht bei dem heulenden Wind. Wieder sah er im Traum den Feuerwagen vom Himmel kommen. Diesmal zerbarst er am Himmel in Millionen Feuerbälle, die sich über den Horizont erstreckten und in Millionen immer kleinerer Teile zerfielen, bis sie für das menschliche Auge unsichtbar wurden. Andrey sah Menschen zu Tode stürzen, obwohl um sie nichts war als durchsichtige Luft. Steinerne Gebäude stürzten zusammen, und an ihrer Stelle wuchsen Bäume. Der Himmel war gelb, und blutrote Wolken schwammen darin. Tropfen fielen von ihnen herab und hinterließen kochende Spuren auf der weichen Oberfläche des Flusses. Andrey beobachtete alles von irgendwo in der Höhe, er konnte nicht verstehen, von wo. Als er hinunterblickte, erschrak er – unter seinen Füßen war das Metall des Sarkophag. Er stand in der Mitte des endlosen Daches. Plötzlich schüttelte sich der gigantische Bau, ein Röhren stieg von irgendwo aus der Tiefe auf und die Hitze wurde stärker und stärker. Andrey eilte von seinem Platz, aber die Rettungsleiter entglitt ihm. Es war schwierig, stehen zu bleiben. Betonpfosten barsten hinter ihm wie dünne Glasstäbe. Plötzlich ... Lichtblitze und ... Pravdin sprang aus seinem Bett. Er atmete tief ein und setzte sich auf sein Bett, von einem Hustenanfall geschüttelt. Als er aus dem Wasserglas auf dem Nachttisch trank, wurde der Husten nur stärker, und er warf es wütend gegen die Wand. „Verdammtes Tschernobyl", schluchzte er und begrub sein Gesicht in den Händen. Dieser Traum ist kein Zeichen, sondern eine Warnung. Die Reflexion der Erfahrungen, aber auch ein starkes Bild der Wirklichkeit. Man kann sagen, dass solche Bilder von einem erschöpften Gehirn erzeugt werden. Doch nach diesem hellen Blitz entschied Andrey, dass es ihm in der Realität gelingen würde zu entkommen, nötigenfalls auch kriechend, und dass er den Alptraum nicht noch einmal geschehen lassen würde.

Als er am Morgen ins Büro kam, rief er gleich seinen Freund Arcady an.

„Ich muss dich dringend sprechen", sagte er, sobald der andere abhob.

„Andrey, bist du das? Ich habe dich gar nicht erkannt. Deine Stimme ist so rau. Und du fängst gleich so ernst an. Klingt gar nicht nach dir."

„Wir haben keine Zeit zu verlieren, mein Freund. Ich brauche Informationen von dir. Möglicherweise sind deine Annahmen über den Reaktor korrekt, aber hier ist, was ich dachte. Der Reaktorblock wurde mit einem Haufen verschiedener Materialien aufgefüllt. Könnte das Auswirkungen darauf haben, was unter der Hülle abläuft?"

„Ich sehe, du bist wirklich nicht zum Scherzen aufgelegt. Okay, nachdem der Reaktor mit verschiedenen Materialien abgedeckt wurde, hat sich eine thermische Isolation gebildet. Dadurch entstehen die Bedingungen für einen Temperaturanstieg innerhalb der aktiven Zone. Sollte das am Ende zur Schmelze der nuklearen Brennmaterialien führen, die hauptsächlich aus Urandioxid bestehen, dann brennt sich das alles durch die Räume unter dem Reaktor und durch die Fundamente. Konservative Schätzungen sprechen von der Möglichkeit, dass das bis zu drei Kilometer sein könnten. Dieses Phänomen wird das China-Syndrom genannt. Blei und Sand sind in den Reaktor geworfen worden, um die Verbrennungstemperatur zu senken, aber ob das gelungen ist, ist zweifelhaft."

„Das bedeutet, wenn sich der Nuklearbrennstoff durch das Fundament brennt, wird er in die Erde und ins Grundwasser gelangen. Das Polesie-Becken wird vergiftet, und die Nuklide verbreiten sich allmählich über ganz Europa. Was passiert dann mit dem Trinkwasser?"

„Der größte Teil Europas wird dann unbewohnbar sein. So wie Pripyat. Aber lass uns hoffen, dass das nicht passiert. Weißt du warum? Mit einer fantastischen Leistung haben die Bergleute von Donezk praktisch mit der Hand einen Stollen gegraben, der später mit Beton gefüllt wurde, in den das Kühlungssystem eingebaut war. Das ist ganz erstaunlich! Das sind Helden, anders kann man das nicht ausdrücken."

Andrey war von allem, was er da hörte, erstaunt. Wieviele Menschen aus der Sowjetunion opferten sich auf, um den Planeten zur retten? Ohne diese Bergleute hätte es keine Barriere auf dem Weg der feurigen Lava gegeben.

„Arcady, und was jetzt?"

„Ich weiß es nicht. Wir sind genauso ratlos und fürchten uns wie die Kollegen im Ausland, um dir die Wahrheit zu sagen. Wir sind nicht sicher, wie ernst die Schäden sind."

Jetzt begriff Andrey endgültig, dass was in hunderten Papieren in beruhigendem Ton über das Bauwerk Sarkophag geschrieben wurde, nur die eine Seite der Medaille war. Auch wenn die ganze Welt vor Erleichterung aufgeseufzt hatte, als der Bau der Hülle abgeschlossen war, blieben doch noch etliche Fragen offen, und niemand wollte sie beantworten.

Dabei waren das Probleme, für die dringend Entscheidungen getroffen werden mussten. Aber physikalische und politische Phänomene widersprachen einander.

Von diesen Tragödien konnte man etwas lernen, wenn man ernsthaft bereit war, die Ursachen zu verstehen. Es scheint, dass jeder Schuldige am Tschernobyl-Unglück gefunden und das Urteil gesprochen war – eine thermische Explosion aufgrund der fahrlässigen Handlungsweise des Personals in Block 4. Alle unmittelbaren Zeugen der Tragödie waren entweder an akuter Strahlenkrankheit gestorben oder hatten sich in den Fakten verstrickt. Von ursprünglich zweihundert möglichen Ursachen blieb als einzige menschliches Versagen übrig. Sicher, alles war genau untersucht worden. Aber keine andere Version war überzeugender gewesen.

Aber manche Physiker hatten die Daten, die zeigten, dass der Unfall im Atomkraftwerk Tschernobyl in vielen Punkten den Gesetzen der Physik widerspricht.

Viele seismische Stationen registrierten unbekannte hochfrequente Erdstöße, nicht charakteristisch für Naturerscheinungen. Zunächst hielt man sie für nichts anderes als die Auswirkungen der Explosion vom AKW Tschernobyl, und erst viel später, als man in akkurater Kleinarbeit die Ereignisse im Kraftwerk zusammenfügte, entdeckte man, dass die Erdstöße fünfundzwanzig Sekunden vor dem Unfall stattgefunden hatten! Ein anderes Faktum war noch viel schockierender – das Epizentrum lag genau unter Block 4. Wie kann dieses unglaubliche Zusammentreffen aus dem Blickwinkel der Natur erklärt werden?

Ein starkes lokales Erdbeben? Solche Dinge passieren nicht von selbst. Einfache Berechnungen von Fachleuten zeigen, dass der Ausgangsort der seismischen Welle ziemlich dicht unter der Erdoberfläche lag, was allen Naturgesetzen widerspricht. Was war es denn? Andrey konnte nicht aufhören, über diese Frage nachzudenken. Er war nicht der einzige, der das Ereignis unter solch ungewöhnlichem Blickwinkel betrachtete. Aber die offizielle Haltung wischte alle Argumente als Unruhe stiftendes Rätselraten beiseite.

„Wann wird das vorbei sein?" fragten die Menschen, wenn sie ohne Schlaf oder Pause in der Zone arbeiteten. Viele wurden zu starren Robotern, die ihre vorgeschriebenen Aufgaben erfüllten. Eine Minderheit hielt durch, ohne das Denken aufzugeben. Es muss festgehalten werden, dass viele von ihnen Doppelschichten machten. Vielleicht haben die Liquidatoren nicht darüber nachgedacht, aber je mehr ein Spezialist in der Zone leistete, desto weniger frische Arbeitskräfte wurden gebraucht. Und desto weniger Leben konnten von Tschernobyl zerstört werden.

Arbeiten, essen und leben schienen hier zehnmal so hart zu sein als anderswo. Man konnte hier keine angemessene Ruhe finden. Viele Routinearbeiten waren deprimierend. All das vor dem Hintergrund der hohen Strahlung führte zu unerträglicher Müdigkeit. Für viele war das Schwierigste, nicht während der Arbeit einzuschlafen. Nur die maximale Aufmerksamkeit und die genaue Einhaltung aller notwendigen Sicherheitsvorschriften konnten die Qualität und die effiziente Arbeit sichern. Und jeder Liquidator wurde zum Helden, allein schon weil er diesen Boden des Todes betrat.

Es war streng verboten, aus irgendeiner offenen Quelle Wasser zu trinken. Radioaktive Partikel konnten sowohl in verschiedenen Quellen wie auch in unterirdischen Strömungen vorkommen. Manche Quellen wurden in den ersten Tagen zugeschüttet, andere blieben bestehen, aber von ihnen zu trinken war glatter Selbstmord. Keine Kleinigkeiten oder eine Tasse Tee zwischendurch, eine ganzen Arbeitstag lang. Man durfte nur in speziell gekennzeichneten Orten essen. Das waren gut ausgestattete Cafeterien, die praktisch rund um die Uhr geöffnet hielten. Die Nahrungsangebote wurden sorgfältig untersucht und erst dann serviert. Alles musste von außerhalb des 60-Kilometer-Kreises kommen. Manchmal wurden Getränke in verschlossenen Behältnissen zu den Baustellen gebracht. Das waren dann meistens Mineralwasser- oder Limonadeflaschen, die in einem Zug ausgetrunken wurden.

1986 führte die Sowjetunion noch Krieg in Afghanistan, und viele wehrpflichtige Soldaten betrachteten den Dienst in der Zone als Rettung vor Afghanistan. Aber die Offiziere, die in Afghanistan gewesen waren, sagten oft, dass sie es dort leichter gefunden hatten. In Afghanistan war alles eindeutig, hier der Freund, da der Feind. Und hier sind alle Kameraden, der Feind ist unsichtbar – aber er ist immer in der Nähe, immer um dich, auch wenn du schläfst. Er umhüllt den Menschen, kriecht ins Innere, beißt in den Körper, um zu töten. Nicht immer gleich. Später, wenn man glaubt, dass alles vorbei und überwunden ist, dann beginnt er den Menschen zu verbrennen, verwandelt ihn in eine schwache Kreatur. Die Strahlung bringt schrecklichen Tod, und wir haben noch nicht gelernt, wie wir mit ihr kämpfen und sie besiegen sollen.

Der nächste Tschernobyl-Tag begann mit einer fremden Angst im Herzen. Die Angst überflutete ihn wieder und wieder, vertrieb sogar die Müdigkeit. Andrey war sicher, dass dieses Gefühl nichts Gutes versprach.

Es war keine unwillentliche Verwirrung, es war vielmehr wie eine Intuition, die ihn immer wieder in seinem Leben gewarnt hatte. Und da war sie nun wieder ...

Noch vor Dienstbeginn ging Andrey ins Hauptquartier. Das verlassene Gebäude mit dunklen Fenstern hatte im morgendlichen Zwielicht eine abweisende Kühle. Pravdin blieb an der Eingangstür stehen und wollte in der frühen Morgenluft tief einatmen, aber dann besann er sich eines Besseren. Tausende radioaktive Mikroteilchen warteten nur darauf.

Andrey öffnete die Tür und betrat den schlecht beleuchteten Flur.

„Andrey Invanovich, da wartet ein Mädchen auf Sie. Ich konnte aus ihrer Erklärung nicht verstehen, was sie will, dachte aber, es wäre nicht so wichtig, jemanden zu verständigen. In einer Stunde sind ohnedies alle hier, so dachte ich – " Der Diensthabende sprang auf und versuchte, die Situation eilig zu erklären. „Ich konnte sie mit Mühe überreden, im Mannschaftsraum zu warten. Ihre Papiere sind in Ordnung, das habe ich überprüft."

„Ist gut ..." Andrey ging nicht erst in sein Büro, sondern gleich zu seiner nächtlichen Besucherin. Er hatte sich nicht geirrt, es passierte wieder etwas Besonderes. Im Raum saß beim verhängten Fenster eine zarte Frau mit schwarzem Haar, die Felduniform trug. Als sie das Geräusch der Tür hörte, wendete sie sich um.

„Nadya, Sie?"

Er erkannte sie, obwohl er sie vorher nur einige Male gesehen hatte. Das war Nadezhda, die junge talentierte Post-Graduate-Studentin aus Kiev, die sich der Atomwaffenforschung verschrieben hatte – durchaus ungewöhnlich für Frauen. Zu Andreys Dienstbereich gehörte es auch, die Arbeit des Speziallabors zu überwachen, das dem Verteidigungsministerium unterstellt war und in diesen Tagen Forschungen über den Einfluss der Strahlung auf lebende Organismen in der Zone anstellte. Für die fünfundzwanzigjährige Tochter eines Wissenschaftlerpaares war die Situation in Tschernobyl besonders unerträglich, aber sie machte ihre wichtige und gefährliche Arbeit, ohne das zu zeigen, sie litt, aber sie beschwerte sich nie. Für Frauen galten hier die gleichen Arbeitsbedingungen wie für Männer, ohne jede Einschränkung. Andrey kannte sie nur ein bisschen, aber er war immer erstaunt, woher sie diese unbeirrbaren, bisweilen manischen Charakterzüge hatte. Sie verteidigte immer energisch ihre Forschungsresultate und sie nahm ihre Aufgabe ernst. Aber was führte sie ins Hauptquartier?

Andrey sah ihre rotgeweinten Augen und das blasse Gesicht. Die dünnen hellroten Lippen waren fest zusammengepresst. Als sie Andrey erblickte, zitterte sie und begann zu weinen. Ihre Tränen liefen über die blassen Wangen, hinterließen verschmierte Mascaraspuren.

„Was ist geschehen", fragte Andrey von der Tür her. Sie versuchte ihr Gesicht zu verbergen, merkte dann, dass das unsinnig war, wendete sich um und blickte Andrey in die Augen.

„Da passiert eine Tragödie", schluchzte sie, ballte die Fäuste, nahm ihren Mut zusammen und ging auf ihn zu. „Er ist dort geblieben! Er stirbt!"

„Wer ist er? Wo?" Andrey verstand nicht, was das Mädchen wollte.

„Er ... er kam zu mir in die Zone. Er ist über alle Hindernisse gekommen und hat mich gefunden. Er ist hier, im Haus in den Außenbezirken. Ich wusste nicht wohin, vielleicht hätten sie ihn verhaftet. Ich dachte, Sie würden mich verstehen."

Andrey begriff allmählich, worum es ging, aber er konnte es nicht glauben, dass es jemandem gelungen war, durch alle Absperrungen und radioaktiven Felder nach Tschernobyl zu gelangen. Wie war es ihm gelungen, zu überleben? Andrey verstand den Ernst der Lage, jetzt ging es um Minuten.

„Zeigen Sie mir den Weg? Wissen Sie, wo er ist?" Andrey lief schon los. „Erzählen Sie mir den Rest unterwegs."

Er verständigte noch rasch den Strahlungsuntersucher und dann fuhren sie los.

„Gut, also wohin?"

„Zu dem verlassenen Haus irgendwo am südlichen Stadtrand. Ich werde es erkennen, wenn ich es sehe." Sie fuhren auf engen Straßen durch die tote Stadt. Üblicherweise wohnten die Menschen, die in Tschernobyl arbeiteten, an der sorgfältig dekontaminierten Hauptstraße im Zentrum, und die Außenbezirke blieben verlassen.

So tief in das Zentrum des verstrahlten Gebietes einzudringen, bedeutete ein massives Versagen des Sicherheitssystems. Andrey traf oft Plünderer und Schatzjäger, die die leeren Gebiete durchstreiften, die hatten ihre Systeme, aber wie konnte ein einzelner das geschafft haben, und was brauchte er. Nadezhda begann hastig mit ihrer Geschichte.

Sein Name war Gennady. Sie war ihm in Kiev einen Monat vor ihrer Abreise nach Tschernobyl begegnet, wo sie auf eigenen Wunsch hinging, um einerseits etwas Abwechslung in ihr Leben zu bringen, anderseits mit eigenen Augen zu sehen, was hier passierte. Ihr Leben war langweilig und einsam: Institut, Labor, Bücher. Jeder Tag schien wie ein Teufelskreis, der sich monoton wiederholte. Sie liebte die Wissenschaft, aber sonst hatte sie nichts. Aber dann kam mit den Frühlingsfarben auch Farbe in ihr Leben. Die plötzliche Liebe und das ganze Leben war anders. Jeden Abend, nachdem sie das Labor erstaunlich früh verlassen hatte, beeilte sie sich, um ihn zu treffen und gemeinsam den Blütenduft einzusaugen, und sie wanderten miteinander über die Boulevards der alten Stadt. Wenn sie nachts über den Dnjepr schauten, in dem sich der dunkelblaue Sternenhimmel und der goldene Mond spiegelten, hatte sie nur eine Sehnsucht – dass diese wunderbaren Gefühle nicht enden sollten.

Lange wollte sie ihm nicht sagen, dass sie demnächst eine Dienstreise antreten würde, weil sie wusste, dass es für ihn schwierig sein würde. Sie wollte auch nicht mehr gehen, aber es war zu spät, ihre Verpflichtung zu widerrufen. Sie versuchte die Notwendigkeit und Wichtigkeit ihrer Reise nicht nur für sie, sondern für die Tausenden Opfer des Feuers von Tschernobyl zu erklären. Er bangte um ihre Gegenwart und Zukunft und wollte ihre Gründe nicht akzeptieren. Nach eine Weile aber, als er begriff, wie wichtig es für sie war, ließ Gennady sie gehen. Sie versprach ihm, auf sich aufzupassen und er vertraute ihr.

Nadya ging schweren Herzens nach Tschernobyl. Jeder Tag hier dachte sie über ihr Schicksal nach, das ihr so unerwartet Glück und die langersehnte Liebe beschieden hatte. Aber vor ihr lagen so viele Tage des Dienstes. Um sich vor der Melancholie zu bewahren, stürzte sie sich in die Arbeit, in der Hoffnung, dass die Zeit dann schneller vorbeigehen würde. Nach der Arbeit versuchte sie, jeden Tag in ihrem Tagebuch festzuhalten.

Sie sammelte einen Strom von verschiedenen Tests, Materialien, Proben. Sie sah, dass alles in der Zone von der Strahlung betroffen war. Je mehr sie vom Einfluss der Strahlung auf die Menschen begriff, desto mehr verstand sie die Tiefe und den Horror der Tragödie von Tschernobyl. Nadya machte sich natürlich Sorgen um sich selbst, da sie erst kürzlich begonnen hatte, das Leben in freundlichen Farben zu sehen. Sie wusste um die tödliche Natur der schwarzen Energie, die aus dem Reaktor schlug, und ihre Gedanken an die Zukunft ihrer Familie, Kinder und Liebe ließen sie nicht los. Hier war sie allein mit ihren Ängsten.

Aber heute Nacht hatte es vorsichtig an die Fensterscheibe ihres jetzigen Heimes geklopft. Sie schaute hinaus und konnte ihren Augen nicht trauen. Das Schlagen ihres Herzens zerriss ihr fast die Brust. Da stand er hinter der Scheibe in der Dunkelheit. Wie konnte das sein? Wie hatte er das geschafft. Was sollte jetzt passieren. Die Gedanken rasten durch ihren Kopf. Sie warf die Uniformjacke über und rannte hinaus. Die Tür war noch kaum offen, da zog er sie an sich.

Leidenschaftliche Küsse bedeckten ihr Gesicht, brachten sie für einen Augenblick zurück zu den glücklichen Tagen von Kiev. Aber in der nächsten Sekunde besann sie sich. „Wie bist du hergekommen?"

„Ich konnte nicht ohne dich sein – ich liebe dich", antwortete er lächelnd.

„Was redest du da? Niemand darf hierher kommen, Absperrungen, Patrouillen überall."

„Ich bin überall durchgekommen. Ich hab dich so lang gesucht. Jetzt bin ich da. Ich habe dich gefunden. Meine Liebe ..."

„Was hast du getan? Hier ist überall Strahlung! Alles ist verseucht!"

„Unsinn! Ich habe in Afghanistan ganz andere Sachen überstanden."

Nadya wusste, dass sie Gennady möglichst schnell verstecken musste. Sie konnte ihn nicht in ihr Zimmer mitnehmen, die Nachbarn sollten nichts davon wissen. Sie kannte die verlassenen Häusern in den Außenbezirken, und ohne nachzudenken brachte sie ihn dorthin, weit weg von neugierigen Augen. Alles weiter würde sie später entscheiden.

Das UAZ hielt bei einem kleinen zweistöckigen Haus am äußersten Stadtrand. Nadezhda sprang hinaus und rannte zum Eingang. Andrey und der Strahlenuntersucher folgten ihr und stoppten sie an der Tür. Der Geigerzähler gab unheilvolle Klickgeräusche von sich. Andrey starrte das Haus und die Umgebung an und schrie dem Fahrer zu, er solle schnell den Arzt holen. Die Kontaminationspläne zeigten, dass das eine der höchst belasteten Ecken in der Stadt war. Nachdem er sich und Nadya Schutzmasken aufgesetzt hatte, betrat Pravdin das Gebäude.

„Zweiter Stock", sagte das Mädchen mit zitternder Stimme, kaum hörbar durch die Maske.

Als Andrey hineinging, hörte er das schwere Klicken des Dosimeters. Die Strahlung überschritt alle zulässigen Grenzwerte um das Fünffache.

Die Wohnung roch feucht und schimmelig. Bei ihrem hastigen Aufbruch hatten die Bewohner vieles zurückgelassen. Nur umgestürzte Stühle und geöffnete Schranktüren erinnerten an die Tragödie, die sich hier abgespielt hatte. Dicker Staub lag auf allem.

Ein junger Mann lag mit geschlossenen Augen auf dem Bett am Fenster. Andrey betrachtete sein dunkles Gesicht. Der Strahlenmesser bewegte sein Gerät über das Bett, drehte sich langsam um und starrte Pravdin furchtsam an. Das Gerät gab einen ununterbrochenen Ton von sich. Über Nadyas Wangen liefen die Tränen. Es war der am schlimmsten kontaminierte Platz im ganzen Haus. Das Bett schien alle tödliche Energie absorbiert zu haben. In der Bettwäsche hatte sich eine todbringende Menge radioaktiver Staub gesammelt, eine Falle für jeden, der es wagte, näher zu kommen. Das Dosimeter schlug aus, konnte den wirklichen Wert nicht mehr messen.

Als der Mann das Weinen und die Schritte hörte, öffnete er die Augen, versuchte sich aufzurichten, fiel aber vor Erschöpfung zurück. Nadezhda wollte zu ihm hin, aber Andrey stoppte sie mit energischem Griff, sie durfte den Raum nicht betreten. Sie leistete keinen Widerstand und weinte noch lauter.

Andrey erkannte Gennadys schlechten Zustand. Die absorbierte Strahlung hatte ihm jede Energie ausgesogen. Es war hart, einen sterbenden Mann auszufragen, aber es musste sein, solange es ging, damit sich die Sache nicht wiederholen konnte. Aufgrund der Strahlungsintensität hatte er drei bis fünf Minuten für seine Fragen.

„Wer sind Sie? Von wo kommen Sie und warum hierher?"

„Mein Name ist Gennady Chernov, ich komme aus Kiev, ich bin Nadyas Freund, und mehr, ich ..." Er konnte nicht weitersprechen, seine schwache Stimme wurde von einem Hustenanfall unterbrochen.

„Wie sind Sie hergekommen?"

„Das war nichts Besonderes. Mit dem Bus ins Dorf Oranoe." Er hustete und setzte fort. „Von der Straße in die Wälder, dann unter dem Stacheldraht durch." Er hustete wieder. „Dann bin ich eine Weile gegangen, immer abseits der Straße. Dort war eine Menge Leute, die haben geputzt und gewaschen. Und ich musste mich vor den Lastwagen verstecken, den Soldaten."

„Wie lange sind Sie gegangen? Was haben Sie unterwegs gesehen? Haben Sie eine Waffe?"

„Beinahe zwei Tage, leere Dörfer und Fabriken waren da. Ich hatte das Glück, in einem Lastwagen eine Uniform zu finden. Da hab ich mich umgezogen, um kein Aufsehen zu erregen. Da hab ich auch ein Messer mitgenommen, es ist in der Tasche", nickte er zu seinen Kleidern hinüber. „Die Nacht habe ich in einem verlassenen Dorf verbracht, dort habe ich Wasser und Nahrung gefunden."

„Welches Dorf?"

„Ich habe kein Schild gesehen. Die Häuser waren fast neu, mit einem schönen Teich. Die Storchennester auf den Dächern waren leer. In den Höfen war alles bepflanzt, an manchen Bäumen reiften die Früchte. Alles war normal, aber es war kein Mensch zu sehen."

„Seit wann fühlen Sie sich schlecht?"

„Am Morgen wurde ich von einem Auto geweckt. Männer kamen auf einem Schützenpanzer, haben etwas gemessen. Dann konnte ich mich kaum noch bewegen, dann wurde ich krank. Jetzt kann ich kaum aufstehen."

Andrey wusste, dass mobile Liquidatorentrupps nur im Hochstrahlungsgebiet arbeiteten. Sie säuberten die 30-Kilometer-Zone Tag und Nacht, zeichneten die Verstrahlungskarte ständig neu. Manchmal wurden die Häuser wieder und wieder untersucht, und immer wieder kam die Verstrahlung zurück. Manchmal mussten die Bulldozer das Problem lösen. Strahlung wird von Baumaterialien absorbiert, durchdringt den Erdboden, wurde in manchen gereinigten Gebieten durch Wasser und andere Lösungen nur noch tiefer getragen. An manchen Orten musste das Erdreich in dicken Schichten abgetragen und in Betongräben vergraben werden.

Es schien, dass der junge Mann das Unglück gehabt hatte, mehr als einen verstrahlten Platz auf seiner Reise gefunden zu haben. Auch die Liebe hatte ihn nicht von den Strahlenfallen ferngehalten. Gott weiß, welche Mengen er unterwegs abbekommen hatte. Gute Gefühle hatten ihn angetrieben, aber sie hatten ihm keine geeigneten Straßen gezeigt.

Der Lärm von Autos, Stimmen und Stiefelstampfen unterbrachen das Gespräch. Für Andrey blieb nichts mehr zu tun.

„Halte durch, Gennady!"

Pravdin trat vom Bett zurück, machte Platz für die Ärzte. Der sterbende Mann versuchte zu lächeln, verzog die trockenen Lippen. Er hatte für seinen Weg zu seiner Liebsten wohl die schlimmste und falscheste Route genommen, mitten durch mehrere verstrahlte Zonen. Die schreckliche Kraft, die manche für einen Mythos halten, zeigte nachdrücklich, dass sie Respektmangel bestrafte.

Nadezhda saß auf einem Stuhl an der Wand in Andreys Büro. Es schien ihr das Herz gebrochen zu haben und sie starrte auf den Boden. Sie quetschte eine Schutzmaske zwischen den Händen und begann zu sprechen.

„Als wir zu dem Haus kamen, fühlte ich, dass er zu schwach war. Und als wir diesen furchtbaren Raum betreten haben, habe ich an seinem Bein die Strahlenverbrennung gesehen. Das passiert, wenn man mit radioaktiven Objekten direkt in Kontakt kommt, das muss das Messer gewesen sein, das er in dem Dorf gefunden hat. Da wusste ich schon, dass er schwerst verstrahlt ist und dem Tode nah. Und ich musste mich entscheiden – entweder jetzt oder nie ein Kind von ihm."

„Was? Was haben Sie getan? Nadya!" Andrey war so schockiert, dass er nur leise sprechen konnte. „Wissen Sie, was passieren wird? Sie wissen alles. Wie konnten Sie ..."

Sie konnte nicht mehr weinen und starrte vor sich hin.

„In diesem verdammten Bett, in dem weiß Gott wer vorher geschlafen hat, haben wir geträumt. Es ist so hart, jemandem der stirbt, zu sagen dass alles gut wird. Aber ich habe gelacht. Ich wollte, dass er seine letzten Stunden ohne Traurigkeit verbringen kann. Wir haben auch einen Namen für das Kind ausgesucht. Vera. So wird es heißen, wenn es ein Mädchen wird. Aber vielleicht wird er es nicht sehen."

Andrey schaute sie an. Er war schockiert von ihrer Verrücktheit. Was würde das für ein Kind werden? Wird es überhaupt geboren werden? zum Untergang verurteilt ...

Nadezhda war für nichts zu bestrafen. Gennady hatte sich selbst schon mehr als genug bestraft. Was für eine bittere Lehre für dieses Mädchen. War es Dummheit oder wahre Liebe, was sie zu diesem Schritt veranlasst hatte, wer wusste das schon. Die jungen Leben wurden von der Tschernobyl-Katastrophe zerstört. Es gab Tausende solche Geschichten vom zerstörten Glück. Pripyat war 16 Jahre alt und seine Bewohner im Durchschnitt 26.

Nach einer Besprechung mit dem Truppengeneral Osipenko entschied Andrey, Nadezhda ohne Verhör nach Kiev zu schicken, um sich irgendwie zu erholen. Sie konnte in Tschernobyl weder physisch noch psychisch weiterarbeiten. Als der Wagen, der sie wegbrachte, außer Sichtweite war, ging Andrey zu seinem Schrank und holte ein Foto aus der Schublade. Seine Tochter und seine Frau mit liebevoll auf dem Bauch gefalteten Händen lächelten ihn an.

Ein anderer Tschernobylmorgen, der nichts als neuen Ärger und endlose Arbeit versprach. Andrey putzte seine Stiefel und wartete auf den Wagen. Heute war Inspektion der Zäune angesetzt. Als er das Motorengeräusch hörte und hinaus trat, kam ihm der Fahrer mit breitem Grinsen entgegen.

„Eine Botschaft aus Tschernigov!"

„Warum grinst du?" fragte Andrey und nahm ihm den Zettel aus der Hand.

„Sohn geboren. Wartet auf seinen Vater. Mila." Andrey lachte, strahlte über das ganze Gesicht. Dieses gewaltige Ereignis in seinem Leben löschte alle Erschöpfung aus. Der sonnige Tag wurde noch heller. Er umarmte freudig den Soldaten und lief vor ihm zum Auto.

„Zum Hauptquartier, schnell. Was für eine Freude!"

Im Büro nahm er sofort ein Blatt Papier und einen Stift. Nur ein ranghöherer KGB-Offizier konnte ihm die Genehmigung erteilen, die Zone zu verlassen, um seine Familie zu sehen. So schrieb er ein entsprechendes Gesuch. Es dauerte einige lange Tage, während denen er die Stunden zählte und versuchte, sich auf seine Arbeit zu konzentrieren. Er fragte nur hin und wieder nach, ob schon Nachricht vom Kommando gekommen sei.

Die Genehmigung galt für sechs Stunden. Das bedeutete, er konnte nur eine Stunde daheim verbringen, die restliche Zeit würde für die Fahrt und Kontrollen und Wartezeiten draufgehen. Er duschte schnell und zog eine saubere Uniform an. Am Kontrollpunkt war er der erste in der Schlange.

Grüne Bäume schlugen wieder an der Straße aus. Als sie von der Zone wegfuhren, schien die Luft frischer und die Sonne strahlte freundlicher. Manche Menschen warteten an Bushaltestellen auf einen Bus, auf der Straße fuhren mehr Autos, die Gebäude wurden größer. Es war nicht die Strahlung, was die Zone niederdrückte, sondern die Leblosigkeit. Und hier lebten die Menschen einfach. Erst jetzt realisierte Andrey, wie das Wort Sarkophag zu Schutzhülle passt. Tatsächlich waren gewaltige Kräfte darin begraben, und darum herum – eine gewaltige Nekropolis, wo Tausende Liquidatoren ihr Leben gelassen hatten. Und das wird der Ort sein, wo die Menschen nie wieder hingehen werden. Vielleicht für einen kleinen Spaziergang durch die Straßen der Stadt, die zu einem Denkmal des friedlichen Lebens geworden ist, und für einen Blick auf die Prometheus-Statue, die früher im Zentrum stand und jetzt beim Bahnhof steht. Sein Auftrag war, die Menschen vor dem Zorn der Himmlischen zu beschützen, aber er konnte sie nicht vor ihren eigenen Fehlern bewahren.

Der routinierte Fahrer erreichte Tschernigov viel schneller, als Andrey erwartet hatte. Jetzt ging er langsam die Stufen zu seiner Wohnung im dritten Stockwerk hinauf. An der Tür zog er zunächst alle Kleider aus und legte sie an der Wand sorgfältig zusammen. Niemand wusste, welchen Staub er mitgebracht hatte, niemand wusste, wer mit welchem Staub an den Kleidern vor ihm im Auto gesessen hatte. Keine verseuchte Luft sollte in die Wohnung kommen – hier begann eben ein neues Leben.

Andrey läutete an der Tür, das Schloss klickte zweimal, die Tür ging auf. Da stand seine Frau, die mit jedem gerechnet hätte, nur nicht mit ihm. Da stand er in der Unterhose vor ihr.

„Hallo." Das war alles, was sie sagen konnte und starrte ihn mit vor Staunen aufgerissenen Augen an. Er umarmte sie und konnte den Blick nicht von ihren Augen wenden, ihrem Gesicht, er konnte nicht genug bekommen vom Duft ihres Haares, und er berührte ihre weichen Hände. Er dankte ihr mit einem Kuss für das beste Geschenk der Welt.

„Lass uns schnell zu ihm gehen."

Auf Zehenspitzen betrat er das Kinderzimmer, wo sein Glück, sein geliebter Sohn, sein zukünftiger Erbe, in einem kleinen Bett lag. Er schien im Schlaf über etwas zu lächeln. So ein kleines, hilfloses Ding mit einem langen Leben vor sich, für das nun Andrey die Verantwortung trug. Er wollte das Kind in die Arme nehmen, es küssen, aber er betrachtete das Baby nur, beugte sich darüber, verbot sich, es zu berühren, um ihm keinen Schaden zuzufügen, denn er wusste, woher er kam. Seine Frau umarmte ihn, die Tochter nahm ihren Vater bei der Hand, und zu dritt standen sie da, betrachteten das Gesicht des Babys und versuchten, eine Ähnlichkeit zu entdecken.

„Danke, Liebste."

Es war das erste Mal in den vergangenen Monaten, dass Andreys Seele sich mit Wärme und Zärtlichkeit füllte. In einer für ihn so harten Zeit war etwas Wunderbares passiert, das ihm Mut machte und ihn inspirierte. Jetzt war er bereit für jede Herausforderung.

Wenn sie Schocks erleiden, sagen manche Menschen: „Das Leben geht weiter." Hier ist es – ein kleines Leben, das wert ist zu existieren. So wie vor zehn Jahren, als seine Tochter geboren worden war, dachte Andrey auch jetzt wieder: was liegt vor diesem Kind mit seinen klaren Augen? Es gab keine Gewissheit, weder in der Sowjetunion noch auf der Welt. Die Konflikte gingen weiter, und er hatte das Gefühl, dass vielleicht nur einige friedliche Tage vor ihnen liegen würden, ehe das Chaos beginnen würde und die Kinder in einer Welt voller verdrehter Ansichten über Gut und Schlecht leben müssten. Nun war ein Mann geboren, und da unausweichlich mit Kriegen zu rechnen war – würde er in einen ziehen müssen? Pravdin wusste, was es bedeutete, Soldat zu sein. Aber ungeachtet dieser beunruhigenden Gedanken fühlte Andrey wieder die große Freude, mit seiner Familie zu sein, egal was der Welt morgen passieren mochte. Nun hatte er für sie alles zu tun. Er sah seinen Sohn und wusste eines sicher – sein Leben würde in ihm fortgesetzt. Es schien, dass dieses Glück niemals enden würde.

Diese fantastischen Minuten konnten jeden wieder ins Leben zurückholen. Und die Zeit raste wie ein einziger kostbarer Augenblick vorbei, zurück blieb das Gefühl, mit dem einer zu seinem harten Auftrag zurück ging, in dem Wissen, dass das Leben auf gar keinen Fall enden würde.

Der Behördenbus, mit dem Andrey zurückfahren sollte, war voll – frische Kräfte für die Zone. Die Menschen im Bus waren laut, und Andrey war ebenso froh wie erstaunt, in dem Durcheinander seinen Freund Arcady zu sehen. Offensichtlich wurden jetzt auch die bisher nicht eingesetzten Wissenschaftler in Stellung gebracht und er wurde wieder in die Zone geschickt. Oder er hatte sich freiwillig gemeldet – so war er schon als Kind gewesen. Jetzt konnte er nicht einfach daneben stehen, wenn die schwierigsten Probleme der Sicherheit der Liquidatoren und die Reduktion der Strahlung in der Zone zu lösen waren. Er wusste genau, dass das Leben der Menschen der kostbarste Wert ist.

„Haben dir meine Strahlungsgeschichten geholfen?" fragte Arcady nach der Begrüßung.

„Sie haben mir nicht nur geholfen, sondern haben mich zum Nachdenken über wichtige Dinge gebracht. Aber wer auch immer was auch immer erzählt, wenn du es selbst erlebst, ist es etwas ganz anderes. Hier in Tschernigov kann man das nicht verstehen."

„Das ist richtig. Was wir hier in der Zone erleben, kann mit nichts verglichen werden. Ich hoffe, dass diese Tragödie die Menschen wenigstens ein bisschen zum Nachdenken bringt. Wir schaffen Maschinen, bauen, entwickeln – und denken nicht über die Konsequenzen nach. Egal was sich rundherum abspielt."

„Nachdenken? Weit entfernt. Ich glaube, es ist zu spät, dem Einhalt zu gebieten. Ich habe es zu oft erlebt. Wir laufen dauernd irgend etwas hinterher. Alles ist ständig am Horizont. Also auf einer imaginäre Linie, verstehst du? Machtvoller Reaktor. Erfolgreiche Konstruktion. Wir bauen mehr, schneller. Alles scheint wunderbar, Elektrizität in jedem Haus und überall, und dann sieht man, was der Preis für zu viel Vertrauen ist. So viele Menschen werden hierher geschickt, und niemand kann garantieren, dass sie am Leben bleiben werden. Vielleicht sterben sie nicht morgen, oder übermorgen, aber insgesamt verkürzt sich ihre Lebenserwartung um zehn, fünfzehn Jahre!"

„Andrey, du hast recht. Solche Katastrophen sind sehr beweiskräftig. Wäre die Technologie auf Steinzeitniveau geblieben, wäre die größte Katastrophe ein Stein gewesen, der bei den Bauarbeiten herunterfällt und fünf Steinmetze erschlägt. Heute ist das halbe Land durch die Hölle gegangen. Die technische Entwicklung muss mit der Sicherheitswissenschaft Schritt halten."

„Übrigens hast du recht mit den Zuständen im Inneren von Block vier. Ich habe das schon diskutiert mit der Regierungskommission und der

Bauaufsicht und den Betreibern. Jeder weiß Bescheid, dass es dieses Problem gibt, und jeder kennt die Gefahren, aber keiner möchte verantwortlich sein. Auch in meinem Bereich schaut jeder mit Skepsis darauf. Außer höhere Stellen wissen etwas, das wir nicht wissen. Das ist seltsam."

„Es scheint wirklich, dass hier alles in Ordnung ist und seinen Weg geht. Aber sobald jemand unangenehme Fragen stellt, wird er schnell zurückgepfiffen und mit Arbeit überhäuft. Was wist du also jetzt tun?"

„Ich habe eine Alternative, auch wenn es riskant ist. Aber daran bin ich gewöhnt. Wenn es sich nicht klärt, werde ich nicht lockerlassen. Zumindest bin ich verantwortlich für die hier stationierten Armeeangehörigen, und deswegen werde ich den Zuständigen klarmachen, dass es für die Garantie ihrer Sicherheit notwendig ist, den Zustand der Bauwerke, der stehen gebliebenen Teile des Reaktors zu überprüfen. Ich hoffe, es ist nicht ganz so schlimm. Ich möchte mich nur nicht dem beliebten Prinzip: Wenn ich nicht an das Böse denke, gibt es das Böse nicht!" anschließen. Mit dem Reaktor war es das gleiche: niemand dachte, dass er explodieren könnte, als man darüber nachdenken hätte sollen. Und ich möchte vor allem auch nicht, dass halb Europa wie die 30-Kilometer-Zone aussieht, nur weil jemand blöd und feig war. Es wird Frühling, die Sonne scheint, und der Anblick der Stadt jagt einem den Schauer über den Rücken. Die Straßen sind breit, die Höfe zwischen den Häusern weit – und nichts als Wind. Bei der Informationsbeschaffung in der Stadt waren wir auch in der Schule. Ein Trümmerhaufen, zerbrochene Fenster, eingeschlagene Türen, zerstörte Tische, überall verstreute Hefte. Und das an einem Ort, wo Kinder lernen und herumlaufen sollten. Wo ist das alles hin? Warum? Es sah aus, als ob ein Krieg stattgefunden hätte und das letzte Aufgebot sich in diesem Gebäude verschanzt hätte ... Ist solche Zerstörungswut ein Charakterzug des Menschen? Alles was man nicht wegschleppen kann, muss man zerstören. Es gibt schon eine Menge solcher Häuser ... Und das ist erst der Anfang. Sogar das Prometheusdenkmal musste weggebracht werden, damit die Schrottsammler es nicht abmontieren."

„Wenn du schon bei dem Thema bist ... Vor einigen Tagen habe ich darüber nachgedacht, nicht nur über Tschernobyl, sondern über unsere Existenz insgesamt. Hunderte Sonnenenergieausbrüche passieren jede Minute, und sie schenken uns Leben. Und hier auf der Erde reicht eine solche Explosion und die ganze Menschheit kann zerstört werden. Und wir versuchen, eine noch stärkere Explosion zu schaffen. Wir bekommen nicht genug."

„Ich habe mir hundertmal gesagt, dass der Herr der Schöpfung beide Seiten zerstören wird. Ab einem bestimmten Moment wird dieses Kräftemessen sinnlos – alles kann in wenigen Minuten zerstört werden. Aber die Atomwaffe ist noch nicht das Schlimmste, was Menschen bisher geschaffen haben. Es gibt viel schrecklichere Dinge, hundertmal schrecklicher als alles, was wir jetzt kennen. Und ich bezweifle, dass diese neuen Tötungsmethoden für ihre Erfinder sicherer sein werden. Und hier ... Gott weiß, was von diesem Ort übrigbleiben würde, wenn es zu einer Atomexplosion kommt."

„Das kann ich dir sagen. Bist du jemals in Kasachstan gewesen?"

„Ja, das bin ich."

„Hast du dort die Kilometer weit verbrannte Steppe gesehen?"

„Ja, ich war im Hochsommer da. Weit und breit nichts."

„So ähnlich würde es hier auch aussehen. Die Zone wäre leblos, nicht nur im Dreißig-, sondern mindestens im Hundert-Kilometer-Radius, die Menschen müssten fliehen. Vielleicht noch weiter. So wird das sein. Also haben wir ja noch Glück gehabt", sagte Arcady mit unbewegtem Gesicht und zitternder Stimme.

„Ich möchte daran glauben, dass irgend jemand da oben", und damit zeigte Pravdin ins Irgendwo, „sich nicht scheuen wird, als schwach zu erscheinen und jenen Frieden erklären wird, in dem das Leben das kostbarste Gut ist."

Dem war nichts mehr hinzuzufügen. Andrey wusste mit hundertprozentiger Sicherheit, dass er die Bitte von Mila nicht erfüllen würde, nur „Dienst nach Vorschrift" zu tun. Wenn er zurück ist in Tschernobyl, wird er ein anderer sein.

Die Liquidatoren auf dem Dach des 4. Energieblocks, wo man wegen der hohen Strahlung nicht mehr als 2 Minuten bleiben durfte.

Die oberste Schicht von 15 cm Erdreich wird abgetragen und entsorgt.

Der Bau der Wand
des Sarkophag über dem
4. Energieblock.

Der Bau des Sarkophag
ist beendet.    ▽

Anatoly N. Tkachuk, der Leiter der operativen Gruppe der Folgenbeseitigung der Havarie im Atomkraftwerk in Tschernobyl mit seinen Vertretern.

Anatoly N. Tkachuk vor dem Häuschen, wo er wohnte (in der 10-km-Zone). Über der Brusttasche befindet sich ein spezielles Dosimeter, das die im Laufe des Tages aufgenommene Strahlung feststellt.

Prometheus, der den Menschen Feuer, Wärme und Hoffnung gegeben hat, ist zum Symbol der Stadt der Atomforscher geworden.

# Kapitel 7

## Die Aufgabe der Spezialisten

Alle beteiligten Spezialisten wussten, dass einer von ihnen Teilnehmer dieser hochkomplizierten und höchst gefährlichen Expedition sein müsste. Jeder, der vorher erklärt hatte, wie unverzichtbar wichtig die Expedition sei, war plötzlich ganz still und wartete ab.

Man muss kein Spezialist für Atomphysik sein, um zu verstehen, dass jeder, der für diesen Gang ins Innere des Reaktors ausgewählt wurde, in den Tod geschickt würde. Auch Andrey wusste das. Ihm war klar, dass alles, was hier passierte, durch ihn ausgelöst worden war, und dass er für jedes verlorene Leben geradestehen musste. Vielleicht nicht vor den Vorgesetzten, aber vor seinem Gewissen. Andrey kannte nur zu gut dieses brennende Gefühl der Schuld gegenüber den Toten, wie es von innen nagt, keine Ruhe lässt.

Im Hauptquartier fand Andrey einen kleinen Stapel Briefe und mehrere Unterlagen mit Informationen vor. Ein Papier interessierte ihn besonders. Das war ein Bericht über die Entscheidung, ein internationales Atomenergie-Experten-Komitee in Tschernobyl zu empfangen, um den Zustand des Sarkophag ebenso zu diskutieren wie mögliche weltweite Bedrohungsszenarien. Es hatte schon zuvor Besuche ausländischer Delegationen in der 30-Kilometer-Zone gegeben, so war das zwar keine Überraschung, aber alarmierend. Ausländische Delegationen nutzten den Unfall und das dadurch entstandene schlechte Image der UdSSR, auch weil sie zu schwach war, sich dagegen zu wehren und die Experten einfach nicht zuzulassen, in dem Versuch, die Situation wieder in Griff zu bekommen. Die Welt blickte voller Angst auf die Ereignisse in Tschernobyl. Das Kraftwerk war zum Synonym geworden für die gefährlichen Konsequenzen der friedlichen Nutzung der Kernenergie.

Die Delegation war ähnlich wie die vorhergegangenen zusammengesetzt, aber ein kleiner Punkt irritierte Andrey. Er studierte die Teilnehmerliste eine Weile und blieb an der Zeile mit dem Nachnamen Lenz haften. Robert wurde mit dem akademischen Grad PhD angeführt, als Mitglied eines sicherlich einflussreichen Nuklearen Sicherheitsrates. Die beste Legende, um den Schauplatz des Unfalls von Tschernobyl zu besuchen.

Der Liste war ein Hinweis auf Robert Lenz beigefügt. Erstaunlich genug, dass er unter seinem echten Namen auftrat, als hätte er nichts zu befürchten. Sicherlich war das weder Schlamperei oder Leichtsinn, sondern ein Signal seiner Selbstsicherheit. Das hielt Andrey für ein gutes Zeichen, denn ein starker Gegner ist immer besser als zwölf schwache. Allerdings erforderte diese Situation Gegenmaßnahmen.

Im Vergleich zum ersten Mal, als er Lenz wahrgenommen hatte, war dessen Dossier beträchtlich gewachsen. Natürlich gab es noch genug weiße Flecken in seiner Biografie, aber insgesamt war das Bild bunt genug. Ursprünglich war er beteiligt an Raketenentwicklungsprogrammen, dann an Atomprogrammen, und zuletzt hatte er für einige reputierte High-Tech-Firmen gearbeitet. Das Gebiet derer Aktivitäten schien Andrey ziemlich klar. Robert war so möglicherweise auch ein Experte in modernen Waffensystemen geworden, die man manchmal aus Unwissenheit für Fantasie hält.

Andrey starrte Roberts Bild lange an. Er hatte sich kaum verändert, das neue Foto sah nicht viel anders aus als das allererste. Die harte Arbeit hatte sein Gesicht derber gemacht und seine Züge geschärft, ein paar Falten hinzugefügt.

Der Zweck seines Besuches war nicht ganz klar. Es würde unmöglich sein, dass er hier vor Ort irgendetwas herausfinden könnte, doch zumindest würde er die Situation professionell einschätzen. Doch das hatten schon viele ausländische Fachleute getan. Vielleicht hatte er ein spezielles Interesse. Aber was sollte das sein?

Seine möglichen Ziele konnten die Einschätzung der Konsequenzen des Unfalls einschließen, was ihm als Militärexperten möglich gewesen wäre. In diesem Fall wäre seine Einladung nur sinnvoll, wenn sie irgendeine Waffentechnik eingesetzt hätten. Es war ja nicht das erste Mal, dass Andrey darüber nachdachte. Und nun stieg angesichts der Tatsache, dass Lenz jüngst an der Entwicklung neuer Waffentypen beteiligt gewesen war, wieder der erschreckende Gedanke auf, dass es ein künstlich erzeugtes Erdbeben unter Block 4 gegeben haben könnte, als Resultat aus dem Einsatz von tektonischer oder anderer unbekannter Technik. Vielleicht wollte Robert kommen, um die Zerstörungskraft dieser neuen Entwicklungen in Augenschein zu nehmen. Um die Explosion im Zusammenhang mit möglichen militärischen Operationen zu sehen. Konnte er recht haben? War es kein Unfall, sondern eine geplante Aktion?

Aufgrund seiner Erfahrungen mit verschiedenen Tests wusste Andrey, dass es neue Waffensysteme gab, von denen noch nichts durchgesickert war. Ihm war klar, dass ein Atomkraftwerk einfach ein Testobjekt sein konnte, um die Macht und beispiellose Natur dieser Waffe zu demonstrieren. Man musste riesige Energiemengen haben, um solch einen Einsatz auf große Distanz durchzuführen. Was konnte die Quelle sein? Wie sollte sie in Stellung gebracht werden? Da gab es viel mehr Fragen als Antworten. Es wäre perfekt, Lenz darüber befragen zu können.

Auch wenn er über diese Theorie nachdachte, so konnte Andrey doch nicht wirklich glauben, dass jemand beschlossen und es gewagt haben sollte, eine solche Waffe anzuwenden. Hatte es wirklich begonnen? Ein neuer Krieg, der aus dem Reich der Fantasie zu kommen schien? Oder vielleicht sind sie wirklich interessiert an neuen Substanzen und atomaren Zerfallsprodukten, wie sie aus dem Unfall hervorgehen, rein aus wissenschaftlicher Sicht.

Andrey erinnerte sich an andere Seltsamkeiten im Kraftwerk im Augenblick des Unfalls. Sie mussten auch in Betracht gezogen werden. Noch in Tschernigov machte sich Andrey vertraut mit den Berichten der Augenzeugen, stellte eine gewisse Ähnlichkeit in manchen Aussagen derer fest, die zum Zeitpunkt der Explosion im Kraftwerk gewesen waren. Mehrere Augenzeugen berichteten über Ausfallserscheinungen und Schwächezustände, und zwar in den zehn Minuten vor der Explosion. Die Untersuchungskommission betrachtete diese Aussagen als Entlastungsversuche. Die Informationen über die Entwicklung psychotronischer Waffen im Ausland erweckten aber zusätzliche Zweifel an dieser Einschätzung.

Die Ingenieure haben schon lange alle Grenzen überschritten. Einstein hatte recht, als er sagte, niemand wüsste, mit welcher Bewaffnung der Dritte Weltkrieg geführt würde, aber die Waffen des Vierten wären Stöcke und Steine. Die Blindheit der Wissenschaftler und Militärs könnten möglicherweise zum Einbau sehr spezieller Objekte in der HAARP Station in Alaska, 320 Kilometer von Anchorage, geführt haben, die dem KGB bekannt waren. Auf der einen Seite ist das ein friedliches Forschungsprogramm von Meteorologen und Ökologen (High Frequency Active Auroral Research Program), anderseits bleibt vieles um diese Einrichtung streng geheim.

Es war allerdings durchgesickert, dass die wissenschaftliche Ausbeute armselig und eine inadäquate Tarnlegende für ein Objekt war, das ganz anderen Zwecken gewidmet war. Man kann sich kaum vorstellen, dass Millioneninvestments in ein enormes Antennenfeld nur für die Sonnenaura-Forschung dienen sollen.

Das Material, das Andrey vorlag, wies daraufhin, dass Marine und Luftwaffe bestimmter Gegner der UdSSR in das Projekt involviert waren. Als ein kleiner Teil eines grellen Projektes, genannt „Strategische Verteidigungs Initiative", konnte HAARP offensichtlich jederzeit in eine gefährlichere Waffe konvertiert werden.

Unter dem Prozess, der von den Gebäudeausmaßen abgeleitet werden kann, wird die Station genutzt, um hochfrequente elektromagnetische Strahlen zu entwickeln, mit denen Teile der Ionosphäre aufgeheizt werden können, was zu schweren Wetter- und Klimaveränderungen über bestimmten Gebieten führen. Auf der anderen Seite reicht die Energie der Anlage für die Zerstörung verschiedener Objekte an der Erdoberfläche. Von ihren Auslegungen her ist die Anlage für verschiedene Zwecke einsetzbar. Man kann nur raten, was der Hauptzweck ist.

Prinzipiell ist die Ausstrahlung enormer Energiemengen in die oberen Schichten der Atmosphäre ein Ereignis, dessen Konsequenzen das menschliche Verständnis überschreiten können. Das kann zu sehr unangenehmen Ergebnissen führen, wie einer neuen Eiszeit oder zu globaler Erwärmung, gegen die viele Forscher kämpfen, ohne zu ahnen, dass der Grund dieser Prozesse ihnen verborgen bleibt.

Andrey wusste, dass russische Entwicklungen in vergleichbare Richtungen gingen. Das offizielle Ziel dieser Anstrengungen war die Beobachtung aller Raketenstarts und Atomtests auf dem Planeten. Das war nur eine notgedrungene Gegenmaßnahme zu schon verfügbaren Mechanismen und Systemen. Die Situation wiederholte sich, wie bei der atomaren Aufrüstung. Wieder und wieder mussten wir Systeme entwickeln, um dem Druck der Waffen des Gegners standzuhalten. Das war die Grundlage des Überlebens des Landes und seiner Bevölkerung, die konstant unter der Drohung einer ausländischen Invasion lebte.

Als Ergebnis all dieser Theorien dachte Andrey intensiv über das Faktum nach, dass es nur eine Erde gibt und dass all diese Geschehnisse uns alle betreffen würden. Wo ist die Grenze für uns, um zu überleben? Sie zu überschreiten bedeutete, die Ära der Menschheit auf der Erde zu beenden. Mochte sich die Menschheit ihrem Ende nähern, ohne dass sie es wusste? Er hatte die Hoffnung verloren, die Aufmerksamkeit von irgend jemandem zu erlangen, der genug Kompetenz und Entscheidungskraft hatte, die Untersuchung der Prozesse zu gewährleisten, die im zerstörten Block und seiner Umgebung ablaufen mochten, und so entschied er sich zu einem extremen Schritt.

Die Sicherheit der Menschen, nicht nur der in unmittelbarer Nähe zum explodierten Reaktor, sondern auch derer in weit größerer Entfernung, stand auf dem Spiel. Die Zukunft der ganzen Menschheit war ernsthaft bedroht.

Dieser extreme Schritt fand seinen Ausdruck in einem direkten Bericht an die KGB-Führung in Moskau, am Dienstweg vorbei, über die unklare Situation von Block Vier und der Unkenntnis über den Verbleib des Brennstoffes in der Kammer. Diese Aktion konnte ihm ernsthafte Schwierigkeiten bescheren, aber er begründete seinen Vorstoß mit dem Wunsch, endgültig zu klären, was zu fürchten und was zu bekämpfen sei.

Und was, wenn er sich irrt und die Brennkammer intakt ist, wie alle behaupten? Dann wird er alles verlieren. Vielleicht ist es auch schon zu spät und es kann nichts mehr getan werden. Anderseits ist die Menschheit vielleicht nur einige Schritte von der Katastrophe entfernt. Er würde sich hassen, weil er es gewusst, aber nicht geschafft hätte, es zu melden, nicht geschafft, darauf zu bestehen, nicht geschafft, zu klären, nicht geschafft, zu überzeugen. In diesem Fall wird er auch alles verlieren. Er fand sich im Würgegriff des Lebens, und nur eine freie Entscheidungsmöglichkeit konnte ihm heraus helfen.

Die Antwort aus Moskau kam schnell. Nicht einmal einen Tag, nachdem er seinen Bericht abgeschickt hatte, läutete das Telefon in seinem Büro. Der Anruf kam vom KGB in Kiev, Andrey erkannte sofort die tiefe heisere Stimme von General Yudenkov. Das war ein erfahrener Truppengeneral, der vierzig Jahre in der militärischen Gegenspionage gearbeitet hatte und auf diese Führungsposition auf Empfehlung des ZK der KPdSU gelangt war. Er war berühmt für sein unfreundliches und unverträgliches Naturell. Ohne ihn zu begrüßen, begann Yudenkov unverzüglich mit dem Gespräch:

„Was tun Sie da? Haben Sie in Tschernobyl jeden Respekt vergessen? Oder halten Sie sich für einen Helden? Glauben Sie, dass man Sie wegen Ihrer Beziehungen in Moskau nicht in Stücke schneiden wird? Nach Tschernobyl schicke ich Sie in den hohen Norden! Dann sind Sie für Polarbären zuständig! Oder nach Afghanistan!" Es war klar, dass Yudenkov vor Wut bebte, und Andrey stellte sich vor, dass er wohl auch bei jedem Satz mit den Fäusten auf den Tisch schlug.

„Ich erfülle nur meine Verantwortung, die operative Sicherheit in der Dreißig-Kilometer-Zone rund um das Atomkraftwerk Tschernobyl zu sichern", antwortete Andrey sofort, der sehr schnell begriffen hatte, worum es in dem Gespräch ging. „Ich habe nach Moskau über die Unklarheiten im Störfall berichtet."

„Wer hat Ihnen das beigebracht? Ein Bericht vorbei am Dienstweg? Suchen Sie nach Orden? Wenn ich irgendwelche Informationen nicht weitergebe, bedeutet das, dass sie wertlos sind. Ich weiß mit Sicherheit mehr als Sie, und ich bin erfahren genug, um solche Entscheidungen zu treffen. Das ist nicht Ihre Sache! Sie schicken mir irgendwelche wilden Mutmaßungen, arbeiten Sie dort eigentlich oder sammeln Sie hauptsächlich Gerüchte? Geben Sie es einfach zu, dann versetze ich Sie auf eine weniger anspruchsvolle Position, dort können Sie dann Anekdoten sammeln und analysieren!" Yudenkov war offensichtlich nicht aufzuhalten.

„Alle meine Berichte sind untermauert durch wissenschaftliche Erkenntnisse, die unverzüglich überprüft werden müssen, anderseits kann hier alles zum Teufel gehen, und es werde nicht ich sein, der in den hohen Norden geht!"

„Ich habe Ihre Berichte gelesen. Das sind alles Märchen! Das Komitee hat beschlossen, dass die Arbeiten abgeschlossen sind und das Problem beseitigt ist. Das ist es, setzen Sie sich hin und seien Sie still, niemand braucht Ihre Fantasien. Warum muss ich mir die Beschwerden aus Moskau anhören, die Sie betreffen und mich nebenbei auch? Fakten? Wo sind Fakten?" Yudenkov beruhigte sich allmählich ein wenig, wenn auch seine Stimme immer noch unfreundlich und heiser war. Andrey konnte sich vorstellen, dass eines der Tschernobyl-Untersuchungskom missions-Mitglieder Bestrafung für den Versuch verlangt hatte, die verborgene Wahrheit herauszufinden.

„Es gibt Fakten, aber es ist nicht so einfach, sie unter dem Sarkophag herauszuholen. Ich musste mich nach Moskau wenden wegen Inaktivität der vorgesetzten Dienststellen und wegen deren Unwillen, die Sache selbst zu lösen." Andrey entschied, das Risiko auf sich zu nehmen und am Telefon alles zu erzählen, was er wirklich über die Situation dachte. Am andern Ende der Leitung entstand einige Verwirrung.

„Machen Sie sich auch nicht lustig über mich? Gut, ich werde Ihnen alles über Subordination erzählen, wenn Sie von Ihrer Dienstreise wieder zurück sind. Aber Sie sollten wissen, dass Ihre Schulterstücke in Sekundenschnelle weg sein können. Im übrigen findet heute auf Anordnung der Zentrale eine Regierungskomiteesitzung statt, die sich mit Ihnen beschäftigt. Sie müssen dort sein. Wenn Sie es versauen, werden Sie dafür bezahlen, und dann kann Ihnen niemand helfen."

„Verstanden, bereit zur Hinrichtung!" antwortete Andrey, aber er hörte nur noch Pieptöne im Hörer.

Andrey legte auf und kam langsam wieder zu Atem. Erst dann wurde ihm langsam bewusst, dass keine seiner Alarmmeldungen über die Situation in Block Vier, die er früher auf dem Dienstweg weitergeschickt hatte, von den Fachleuten ernst genommen oder nach Moskau weitergeleitet worden war. Die meisten wurden wohl in Akten versteckt oder vernichtet. So war die Situation. Niemand wollte das generelle Bild der erfolgreichen Heldengeschichte beflecken. Und niemand wollte schmutzige Wäsche in der Öffentlichkeit waschen, was zu unvorhersehbaren globalen Reaktionen hätte führen können. So wurden viele Dinge schnell und professionell erledigt.

Nach oben sollten nur positive Berichte über erfolgreiche Erledigungen geschickt werden, denn das versprach Orden, Belohnungen und andere Annehmlichkeiten. Andere Unterlagen verschwanden auf niedrigeren Ebenen, und niemand kümmerte sich darum. Vielleicht war der Grund der einfache Wunsch nach Beförderung, ohne Berichte über negative Entwicklungen, hier im Gebiet von Tschernobyl. Das war nicht das erste Mal, dass Andrey mit dieser Haltung konfrontiert wurde, und es war keine Überraschung für ihn. Manchmal sind Schwäche und Furcht auch an hohen Positionen angesiedelt.

Nun war das Öl ins Feuer gegossen, und es war unmöglich, auf halbem Wege umzudrehen. Andrey bereitete Unterlagen für die Sitzung vor, und er kam mehr und mehr zu der Überzeugung, dass er recht hatte und dass eine gründliche Untersuchung rund um die Brennkammer absolut notwendig war, weil es da einige Zweifel gab. Nach dem Gespräch mit General Yudenkov wusste er, dass wenn alles schief gehen würde, er zermalmt würde. Das war die Natur des Systems.

Er hatte noch einen anderen Gedanken, aber dafür war keine Zeit. Es war die simple Frage, ob es ausländische Agenten gab, die versuchten alles zu zerstören, deren Ziel es war, die Aufklärung der relevanten Fakten zu verhindern und auf die nächste Tragödie zu warten. Wie auch immer, alle diese Theorien mussten sorgfältig untersucht werden.

Das Regierungskomitee für den Reaktorunfall traf sich in einem kleinen zweistöckigen Gebäude. Viele Mitglieder waren seit dem Unglück hier, ungeachtet der konstanten Bedrohung, die über ihnen schwebte. Das waren erfahrene und in hohem Maß unersetzliche Fachleute. Ihre Position ermöglichte ihnen das absolute Verständnis jeder Situation und schnelle Beschlüsse zu jeder auftauchenden Frage.

Als Andrey den Raum betrat, waren schon viele von ihnen gekommen. Er fühlte sofort eine zwiespältige Stimmung ihm gegenüber. Wissenschaftler, die wiederholt auf das Problem hingewiesen, aber nie Gehör gefunden hatten, betrachteten ihn mit gewissem Respekt. Der Grund war, dass niemand es geschafft hatte, die Sache vor ein so hochrangiges Gremium zu bringen. Andere, die mit Andrey nicht übereinstimmten, blickten ihn mit deutlichem Missfallen an.

Das war eine erwartete Reaktion. Das Problem war mit Tonnen Eisen und Beton zugedeckt und damit für viele einfach verschwunden, und selbst wenn es für sie existiert hätte, dann als eine vage und möglicherweise absolut falsche Hypothese, die sich jemand in den Kopf gesetzt hatte.

„Ich gehe davon aus, dass jeder Anwesende um den Gegenstand des heutigen Treffens weiß, aber lassen Sie mich den Sachverhalt in einigen Details darstellen, und dann werden wir darüber diskutieren", sagte der Vorsitzende, nachdem alle an einer langen Reihe von Tischen Platz genommen hatten. „Die Sache ist die, dass es eine Weisung aus Moskau gab", er warf Andrey einen scharfen Blick zu, „jede Arbeit an Block Vier zu unterbrechen und eine genaue Untersuchung der ablaufenden Prozesse im Reaktor sicherzustellen, um zu verstehen, wie ernst die Bedrohung in Verbindung mit der Schutzhülle ist. Manche glauben, dass der Brennstoff, der nun freigesetzt und mit Dutzenden anderen Elementen vermischt ist, sich in eine Zeitbombe verwandelt hat, die jeden Augenblick explodieren kann. Ich glaube, es ist kein Geheimnis, dass die Konsequenzen von selbst-induzierten und unkontrollierten Kettenreaktionen höchst fatal sein können. Später werden unsere Kollegen detaillierte professionelle Berichte darüber vorlegen. Besondere Bedenken verknüpfen sich auch mit der unklaren Situation der inneren Strukturen von Block Vier rund um den Reaktor, die in nächster Zukunft zusammenbrechen können. Ihr Zusammenbruch kann in weiterer und noch schlimmerer Emission der radioaktiven Brennelemente münden. Das würde eine noch weit größere Katastrophe bedeuten als die jetzige. Das kann beinahe jeden Augenblick passieren, daher ist die Angelegenheit sehr dringend und muss unverzüglich gelöst werden. In diesem Zusammenhang ist es für uns als erstes notwendig, zu verstehen, wie realistisch unsere Theorie ist. Dazu brauchen wir ein vollständiges und objektives Bild der Vorgänge im Inneren."

Das Bild war ziemlich eindrucksvoll. Die Explosion in Block Vier führte zur teilweisen Zerstörung des Reaktors und zur vollständigen Zerstörung des Kühlsystems. Die Explosion sprengte das Dach und eine der Mauern des Blocks, wie auch zahlreiche innere Strukturen. Einige Teile der heißen Zone wurden kilometerweit entfernt gefunden. Die Explosion war so gewaltig, dass der Kessel aus seiner Betonhalterung gesprengt wurde. Nach der Zerstörung des Fundaments hat sich der Nuklearbrennstoff in die unteren Räume ergossen und sich durch alles durchgebrannt, was ihm im Weg stand.

Das „China-Syndrom" hat manche Wissenschaftler vom ersten Tag des Unglücks an beschäftigt. Sie waren voller Furcht vor den Konsequenzen, wenn sich restliche nukleare Brennmaterialien durch die Betonfundamente durchbrennen würden. Mehr und genauere Informationen wurden benötigt. Eine Simulation der Situation war sinnlos, weil die chaotischen Zustände nach der Explosion zu den unglaublichsten und unberechenbaren Konsequenzen führen konnten. Es stellte sich heraus, dass die Menschheit auf ihrem jetzigen Entwicklungsstand, nicht nur auf einen solchen Unfall nicht vorbereitet war, sondern auch nicht auf die volle Bandbreite seiner Konsequenzen.

Ungeachtet bestimmter Entwurfsvorsichtsmassnahmen und baulicher Sicherheitselemente, hatte die gewaltige Explosion zu ernsthaften Schäden geführt; in den Bereichen unterhalb des Reaktors waren die Ebenen verschoben worden, das Fundament des Reaktors war teilweise zerstört und das tragende Mauerwerk beschädigt. Die Ingenieure waren besonders über die mögliche signifikante Reduktion der Tragkraft des Betons besorgt, ein Resultat der hohen Temperaturen des brennenden

Treibstoffs, der überall hin floss und durchtropfte. Das konnte jeden Augenblick zu neuen Einstürzen führen. Zu einer neuen Katastrophe.

Die Situation wurde durch einen weiteren Faktor noch komplizierter. Eine der ersten Entscheidungen der Unfallbekämpfer war es gewesen, um jeden Preis den Reaktorbrand zu löschen. Da es absolut unmöglich war, das mit herkömmlichen Mitteln zu tun, versuchten sie es mit einer neuen Lösung. Borsäure, Dolomit, Marmorstaub, Lehm, Sand, Rohblei, Trisodiumphosphate, Latex, Maische, Flüssigglas und Alkohol wurden hineingeschüttet, insgesamt mehr als 16.500 Tonnen dieser Mischung. Das war nur möglich durch die Tapferkeit der Hubschrauberpiloten, die über dem Reaktor flogen und die Substanzen hineinzielten. Die Mitglieder dieser riskanten Operation bekamen hohe Strahlendosen ab, erfüllten die Aufgabe aber erfolgreich. Gleichzeitig bedeuteten diese Mengen an Material eine deutliche Gewichtszunahme auf den beschädigten Mauerteilen.

Der unkontrollierte Brennstoff, in dem weitere nukleare Reaktionen stattfanden, vermischte sich mit den abgeworfenen Dutzenden Substanzen, floß überall hin, bildete neue chemische Elemente, die die Wissenschaft vor dem Unfall nicht gekannt hatte. Daher kennt man ihre Zusammensetzung auch nicht, ebensowenig wie die möglichen Auswirkungen auf die menschliche Gesundheit und die Umwelt. Radioaktiver Staub und Aerosole mit neuen Elementen flogen von Tschernobyl weit weg um die Welt, manche mehrere tausend Kilometer weit, und produzierten Ablagerungen und Verschmutzungen. Kein Wissenschaftler würde das bestreiten.

Eine wichtige Frage blieb unbeantwortet: Welche Mengen atomaren Brennstoffs waren hinausgeschleudert worden. Darin gingen die Meinungen der Fachleute weit auseinander. Manche von ihnen glaubten, es sei nicht mehr als 5 % von 169 Tonnen. Andere dachten es wäre viel mehr, bis zu 90 %. Aber selbst unter der Annahme, dass nur 5 % des radioaktiven Brennmaterials hinausgeschleudert worden wären, und schon diese Folgen wären so disaströs für so weite Flächen und Hunderttausende Menschen, dann lässt der Gedanke schaudern, sich vorzustellen, was passieren könnte, wenn es doch etwas mehr war.

Die Überprüfung des beschädigten Reaktors könnte eine Antwort geben und helfen, diese Sache zu klären. So wurden genaue und umfassende Informationen über das Herzstück des Reaktors angefordert. Die permanente Überwachung auf Monitoren und die Kontrolle der laufenden Prozesse mussten arrangiert werden.

Natürlich waren nicht alle Stellungnahmen und Theorien, die von den Wissenschaftlern vorgebracht wurden, wohl fundiert, und jeder von ihnen hatte im Auditorium Befürworter und Gegner. Aber über zwei der bedrohlichsten Szenarien bestand eine einhellige Meinung: der Zusammenbruch der Druckröhren mit den brennbaren Materialien und die Möglichkeit des Durchbrennens der Betonstrukturen mit einem weiteren Eindringen der Brennelemente unter die Erdoberfläche. Und sie stimmten in einem überein: komplizierte Prozesse unter sehr unklaren Bedingungen konnten keine klaren und unbestrittenen Theorien bilden. Aber alle Dispute und Spekulationen kamen an dem einen Punkt zum Halt, dass die aktuelle Situation zu wenig bekannt und mit Sicherheit gefährlich sei.

Während der Sitzung blieb Andrey bei seiner gefestigten Position und widerstand allen „weichen" Szenarien, die auf eine komplette Widerlegung seiner Theorie hinausliefen, und immer wieder rief das die negative Grundhaltung der Mitglieder der Regierungskommission hervor. Der Bericht, den er vorbereitet hatte, zeichnete eine klare Linie. Er hatte große Mengen an Informationen zusammengetragen und Standpunkten, die sich mit diesem Problem beschäftigten. So konnte er vermeiden, dass alle Dispute sich im alten Fahrwasser bewegten. Die Wissenschaftler wurden mehr und mehr seine Verbündeten und sprachen für ihn. Lange vor dieser Konferenz hatten sie ihm die Kerntheorie der gegenwärtigen Situation vermittelt, wodurch er so stark und selbstbewusst auftreten konnte.

Die Entscheidung für die Inspektion der inneren Strukturen wurde getroffen, und es gab keinen Weg zurück. Die Dringlichkeit wurde nicht nur vom Team aus Moskau, sondern durch objektive Gründe. Die dargelegten Probleme machten klar, dass es hier nicht nur um das Wohl der Liquidatoren und der Menschen in unmittelbarer Umgebung des Sarkophag ging, sondern dass die ganze Sowjetunion und viele Menschen jenseits ihrer Grenzen bedroht waren.

Die einzige Frage die offen blieb, war: wie soll das geschehen. Die Strahlungsintensität im Inneren des zerstörten Blocks überstieg alle irgendwie zulässigen Grenzwerte zehnfach, an manchen Plätzen hundertfach, bis auf 1.000 Röntgen/Stunde. Und selbst das war noch keine gesicherte Annahme. Solch eine Hintergrundstrahlung hatte nur eines zu bedeuten: den schnellen und sicheren Tod. Die Spezialisten nannten dieses Phänomen „Tod unter dem Strahl". Er war nicht zu heilen. Radioaktive Nuklide verändern den menschlichen Körper mit unglaublicher Kapazität, zerstören lebende Zellen und beschleunigen die inneren Vorgänge.

Die Spezialisten schlugen Dutzende Möglichkeiten vor, wie man in den Reaktor eindringen und das Innere des Turbinenraumes inspizieren sollte, aber alle hatten Nachteile. So war zum Beispiel der Einsatz irgendwelcher Geräte im hochaktiven Bereich sehr kompliziert. Wie die Praxis gezeigt hat, geraten Roboter sehr schnell außer Kontrolle und werden außer Gefecht gesetzt, schaffen nur zusätzliche Komplikationen. Und der Zustand im Raum wäre ein gewaltiges Hindernis, Schutt und Trümmer erhoben sich statt gerader Korridore, sodass die Maschinen keine zehn Meter weit kommen würden. Ganz zu schweigen von notwendigen Umgehungsaktionen. Dann hätten erst recht wieder Menschen hinein müssen, um die teure Ausrüstung zu bergen.

Grundsätzlich wurde zunächst über technische Lösungen diskutiert. Nachdem eine nach der anderen wegfiel, wurde allmählich allen klar, woraus es hinauslief. Mit jeder abgehakten Version ließ die Situation keine andere Option über. Trotzdem wirkte es wie ein Donnerschlag, als ein Kommissionsmitglied sagte: „Wir müssen Menschen in den Reaktor schicken!" Der Sitzungsraum versank für einen Augenblick in Schweigen, zum ersten Mal seit Stunden. Jeder wusste, was das bedeutete: sie mussten Männer auswählen, die ihrem Schicksal entgegengehen würden.

Alle beteiligten Spezialisten wussten, dass einer von ihnen Teilnehmer dieser hochkomplizierten und höchst gefährlichen Expedition sein müsste. Jeder, der vorher erklärt hatte, wie unverzichtbar wichtig die Expedition sei, war plötzlich ganz still und wartete ab.

Man muss kein Spezialist für Atomphysik sein, um zu verstehen, dass jeder, der für diesen Gang ins Innere des Reaktors ausgewählt wurde, in den Tod geschickt würde. Auch Andrey wusste das. Ihm war klar, dass alles, was hier passierte, durch ihn ausgelöst worden war, und dass er für jedes verlorene Leben geradestehen musste. Vielleicht nicht vor den Vorgesetzten, aber vor seinem Gewissen. Andrey kannte nur zu gut dieses brennende Gefühl der Schuld gegenüber den Toten, wie es von innen nagt, keine Ruhe lässt.

Während der Vorbereitung der Unterlagen zu dieser Sitzung hatte Andrey die Bedingungen in Details erforscht und oft selbst Theorien entwickelt, die bei den Spezialisten auf echtes Interesse gestoßen waren. Er verstand auch genau, dass alle Aufträge an die Gruppe von dem Wissen um die Gefahr im Inneren des Reaktors abhängig waren. Die Überzeugung, du kannst keine Leute in den Tod schicken, du kannst sie höchstens dahin führen, ließ ihn jetzt handeln. „Du! Du wolltest die Expedition, worauf wartest du? Du hast deine Ideen dargelegt. Nun handle! Das Feuer schüren und andere machen lassen, das ist nicht dein Schicksal. Du musst dabei sein, mit ihnen zusammen, du musst einer von ihnen sein", ging es durch Andreys Seele.

Aber die Familie, der neugeborene Sohn, wie wird er ohne Vater aufwachsen? Wer würde sich um ihn kümmern, wenn nicht Andrey selbst? Diese Gedanken tauchten auch in seinem Kopf auf, blieben im Mittelpunkt, einfach ein Versuch, sich selbst aufzuhalten. Die Entscheidung war gefallen, und Andrey in seiner Radikalität sich selbst gegenüber zog nun eine Linie. Dann soll es so sein. Weil er selber der einzige sein würde, der alle seine Fragen beantworten konnte, wenn er alles mit eigenen Augen gesehen hatte. Andrey stand auf und sagte laut in die Stille hinein: „Ich werde die Gruppe anführen."

Leises Geflüster ging durch den Raum und wuchs zur stürmischen Diskussion. Niemand hatte diese Wendung erwartet. Auch die Kommissionsmitglieder, die Andrey bestraft sehen wollten, konnten sich nicht vorstellen, dass sie so grausam sein könnte. Niemand war gegen diese Kandidatur, und sie wurde einhellig unterstützt. Das war die bestmögliche Besetzung für den Gruppenführer. Aber die Frage der Auswahl von zwei anderen Spezialisten blieb offen.

Der Reaktorblock in einer Kraftwerksanlage ist ein sehr kompliziertes technisches Bauwerk von gewaltiger Größe mit ungefähr 4.000 verschiedenen Räumen, Korridoren, Zwischengängen auf verschiedenen Ebenen und dazwischen. Die Höhe war ungefähr 72 Meter, mit dem Entlüftungsrohr sogar 150 Meter. Ein komplexes System von Lüftungs- und Kühlungsrohren rundete das Durcheinander des Innenlebens ab.

Speziell in den Bereichen unter dem Reaktor erscheint das Gebäude als ein Labyrinth von Treppen und Durchgängen. Selbst in einem intakten Gebäude würden sich viele Menschen verlaufen und nicht den Ausgang finden. Im Fall des beschädigten Gebäudes, wenn einige Stockwerke zusammengebrochen sind, andere jeden Augenblick zusammenbrechen konnten, würde jemand ohne genaues Hintergrundwissen nicht durchkommen. Es musste auch in Betracht gezogen werden, dass das Ausmaß der inneren Zerstörungen völlig unbekannt und es möglich war, dass breite Korridore durch heruntergestürzte Bereiche blockiert waren. So musste also ein erfahrener Ingenieur, der die innere Struktur von Block Vier ebensogut kannte wie alle Wege, auf denen man zum Reaktor gelangen konnte, in dieser Gruppe dabei sein.

Jetzt war ein erfahrener Spezialist erforderlich, der angesichts der Situation, die sich tatsächlich im Inneren bot, in der Lage sein würde, eine rasche Entscheidung zu treffen und von verschiedenen im voraus bedachten Wegen den richtigen wählen würde. Das Resultat der Operation hing von der Richtigkeit des Weges ab, den er wählte. Wenn sie in eine Sackgasse gerieten oder die Orientierung im Raum verlieren würden, konnte die Gruppe sterben ohne das Ziel zu erreichen, oder die Aufgabe zwar erfüllen und nicht zurückkehren. Jedes Durcheinander oder jede lange Umgehung von Hindernissen im radioaktiven Bereich konnte tödlich sein. Jeder Extraschritt würde die Gruppe dem Tod näher bringen. Zu seinen Aufgaben gehörte auch die professionelle Einschätzung des Schadensausmaßes und das Zusammentragen der Informationen, die es brauchte, um die Situation einzuschätzen, die durch weitere Einstürze entstehen konnte.

Der radioaktive Hintergrund, der nach allgemeiner Einschätzung bei 1000 Röntgen/Stunde liegen sollte, war nicht das gefährlichste auf dem Weg der Expedition. Der Staub, der an jeder Oberfläche haftete und in der Luft schwebte, bestand aus einer Vielzahl mikroskopischer radioaktiver Partikel und war viel gefährlicher. Chaotische Prozesse liefen mit diesem radioaktiven Staub ab und konnten von den Spezialisten nicht vorhergesagt werden. Und da war noch ein weiteres Desaster, die Koerzitiv-Strömungen, die aus der Reflexion von Gamma-Quanten unter verschiedenen Winkeln von festen Oberflächen entstehen und komplexe Wirbel bilden. Sie wirken wie Dum-Dum-Geschosse, die mehrfach auf komplizierten Bahnen in den Körper eintreten. Wenn man im offenen Bereich der Gamma-Strahlung ausgesetzt ist, geht sie gerade durch den Körper, richtet dabei Schaden an ebenso wie in dem Organ, duch das sie durch geht. Bei dem Gamma-Strahlen-Wirbel aber vermehrt sie das Ausmaß der Zerstörung im ganzen Körper, beschädigt dieselben Organe mehrfach, raubt das Leben, führt zum Tod.

Das Problem wurde dadurch verschärft, dass in den zerstörten Räumen dieses Phänomen überall auftreten konnte und dass es keine Möglichkeit einer vernünftigen Vorhersage gab. Die Unregelmäßigkeit ihres Auftauchens, die Unmöglichkeit einer Lokalisierung aufgrund der Gebäudestruktur, diesem vielräumigen Labyrinth, das den unsichtbaren Tod förderte, jagte Angst ein. Deswegen musste der Ingenieur für den Schutz der Gruppe vor solchen Strahlenwirbeln verantwortlich sein und sie zu führen hieß, angemessen auf die Situation zu reagieren unter Bedachtnahme auf die Eisenstahlstruktur, aber immer mit dem Versuch, in weniger radioaktive Bereiche zu wechseln. Diese Frage musste der Ingenieur im voraus sehr gründlich mit anderen Fachleuten ausarbeiten.

Keiner der Anwesenden drängte sich danach, ein Pionier zu sein. So wurde nach langer Diskussion Militäringenieur Gruzdev nominiert. Er hatte an der Errichtung mitgewirkt, daher kannte er die Konstruktion perfekt, ebenso wie alle Unterlagen dazu. Als Gruzdev merkte, dass dieser Vorschlag allgemein angenommen wurde, erblasste er. Er wollte etwas entgegnen, aber die Furcht machte ihn stumm, die Zunge klebte ihm am Gaumen, und er blickte stumm auf die Menschen, die ihn zum Tod verurteilten. Er war knapp 54, und diese Entscheidung wurde für ihn zur unerwarteten Tragödie. Das Wort Tod läutete in seiner Seele als Gedächtnisglocke.

Auch ein erfahrener Atomphysiker musste dabei sein, um eine der wichtigsten Aufgaben zu erfüllen. Er musste mit jeder möglichen Methode die Strahlung messen, den Stand des Nuklearbrennstoffes einschätzen, visuell den Zustand beurteilen und das Verhalten außerhalb des Reaktors verstehen. Er müsste auch, so gut es ging, Proben von der verstreuten Brennmasse nehmen. Der dritte Gruppenspezialist musste auch Bescheid wissen über die inneren Räume des Reaktors, um seinen Zustand einschätzen zu können. Außerdem hatte er die Möglichkeiten zu prüfen, auf den bestehenden Reaktorelementen ein Überwachunssystem zu installieren, um die Prozesse in seinem Inneren kontrollieren zu können. Solche Messungen konnten nicht hundertprozentig exakt sein, aber mit großer Wahrscheinlichkeit die Möglichkeit eines neuen Unfalls ausschließen.

In diesem Bereich würde der Spezialist sich hohen Strahlungsdosen ausgesetzt sehen, sodass höchst wichtige Fragen sehr schnell beantwortet werden mussten. Bei geschätzten 7000 – 8000 Röntgen konnte man nur sehr kurz arbeiten, es würden nur Sekunden bleiben, um die entsprechenden Proben zu nehmen und in Spezialbehälter zu packen. Und selbst diese Sekunden konnten ihn zu viel kosten.

Der erfahrene Atomphysiker Aivazov wurde für diese Aufgabe nominiert, der Jahrzehnte an der Entwicklung und Modernisierung von Atomreaktoren gearbeitet hatte. Seine Erfahrung konnte in diesem Fall von unschätzbarem Wert sein. Mit einem solchen Spezialisten konnte man sicher sein, dass die Operation perfekt durchgeführt werden würde.

Aivazov nahm an der Sitzung nicht teil, aber seine Zustimmung war gar nicht notwendig. Alles was beschlossen wurde, war wie ein militärischer Einsatz, der Befehl wurde erteilt und er sollte um jeden Preis ausgeführt werden. Auch wenn niemand irgendjemandem den Tod wünschte – wie konnte man eine solche Entscheidung treffen, ohne dass der Betroffene selbst sie für sich traf.

Der kommandierende General der Armeetruppen, die als Liquidatoren eingesetzt waren, wurde der nächste Spezialist, der ins Ungewisse geschickt wurde. Die einzige Wahl dafür war General Osipenko, ein hochdekorierter Offizier, der jeden Auftrag erfolgreich zu erledigen pflegte. Und wenn er in den Tod geschickt wurde, dann war es für das Vaterland. Er war wie Andrey bereit alles zu tun, damit sich diese Katastrophe nicht wiederholen könnte. Ein solch erfahrener, starker Mann, der fähig war zu schnellen Entscheidungen, war in einem so riskanten Unternehmen für die Gruppe auch notwendig.

Er kommandierte ungefähr 20.000 Mann, Er konnte jeden seiner Untergebenen in den Reaktor schicken, aber er dachte nicht einmal daran. Sein Hauptanliegen war, alles herauszufinden was notwendig war, um künftige Arbeiten seiner Männer unter dem Sarkophag so sicher wie möglich zu machen. Das war das Schicksal der Armee im Krieg mit „Atom für Frieden". Dorthin zu gehen wo es besonders heftig war und das Land mit dem eigenen Körper zu beschützen. Viele Soldaten und Offiziere gingen in dieser Zeit durch die Mühle von Tschernobyl, aber die Situation forderte jeden Tag neue Opfer.

Nach dem Ende der Sitzung gingen die Teilnehmer in tiefem Schweigen auseinander. Manche hatten Schweiß auf der Stirn. Manche wussten, dass sie eben Männer zum Tod ausgewählt hatten. Manche versuchten, eine optimistische Sicht auf die Expedition zu finden. Aber nur sehr wenige glaubten, dass irgendjemand lebend zurückkommen würde. Und jeder wusste, dass es keine Alternative gab. Sie blickten einander nicht an. Sie gingen still, jeder zu seinen Aufgaben. Eine Woche blieb bis zum Gang in die Hölle. Und die Wissenschaftler hatten so vieles zu erledigen. Das komplizierteste war, detailliert herauszufinden, wie man zum Reaktor gelangen konnte, wie es möglich sein würde zu verhindern, dass die Radioaktivität bei der Öffnung für die Expedition aus der Schutzhülle austreten würde, wo man das Hauptquartier unterbringen sollte und vieles anderes.

Andrey hatte oft gesehen, wie Leute starben. Manchmal fühlte er sich schuldig an ihrem Tod, manchmal trauerte er, aber er hatte nicht gedacht, dass er eines Tages genau die Stunde seines eigenen Endes wissen würde. Jetzt waren diese Stunde und dieser Tag bekannt, und er hatte sie selbst gewählt. Aber wie hätte er es anders machen sollen? Dem Kompromiss mit seinem Gewissen zustimmen? Drei Monate in der Zone arbeiten und hoffen, dass nichts passierte? Oder es zur Entscheidung treiben und sich dann hinter jemandes Rücken verstecken? Wie General

Osipenko hätte er jemand anderen hineinschicken können, jeden seiner Untergebenen. Aber er entschied sich, den Weg selbst zu gehen. Selbst. Als Andrey auf die Straße ging, holte ihn General Osipenko ein.

„Was meinen Sie?" fragte er bewegt. „Werden wir lebend da herauskommen?" Es blitzte kalt in den Augen des Kampfkommandanten. Er war so oft in verschiedenen schwierigen Situationen gewesen und hatte unwiderruflich seine Zusage zur Teilnahme bei dieser extrem gefährlichen Expedition gegeben, doch erst jetzt realisierte er in vollem Umfang, dass es das Ende seines Lebens bedeuten konnte. Aber das Ende sollte man nicht bedauern.

„Ja, das werden wir", antwortete Andrey ein wenig automatisch. Was sonst sollte er ihm sagen? Er konnte Menschen, die mit ihm zusammen in den Rachen der Hölle gehen würden, nur Hoffnung geben. Mehr nicht. Dabei war er selbst ziemlich sicher, dass sie nicht zurückkehren würden.

„Gebe es Gott, gebe es Gott."

Sie gingen schweigend weiter. Jeder war mit sich beschäftigt, und jetzt hatten sie genügend Stoff zum Nachdenken.

Robert beugte sich über ein Bündel Dokumente. Ihm blieb nur wenig Zeit vor seiner Abreise nach Russland, und die Einsatzmaterialien hatten sich zu einer Springflut entwickelt. Die Informationen kamen von verschiedenen Agenten und von verschiedenen technischen Aufklärungseinrichtungen. Natürlich beinhaltete das meiste Material nichts, was man nicht in offenen Quellen über das Unglück des Atomkraftwerkes Tschernobyl finden konnte. Aber zwischendurch fand Robert einige Goldkörner an Information, die für ihn von besonderem Interesse waren. Er wählte sie aus, entwickelte daraus eine Fülle von Informationen. Er fand auch manche Rätsel, für die er keine Antwort hatte. Das größte Rätsel für Robert war der „rote Wald", das Waldstück, das die volle Strahlungsmenge der ersten Emission aufgenommen hatte und zur Quelle der Verteilung hoch radioaktiver Nuklide in verschiedenen Richtungen wurde. Unmittelbar nach dem Unglück hatte man die meisten Spionagesatelliten umdirigiert, um die Strahlungssituation im Bereich von Tschernobyl zu überwachen. Dieser „rote Wald" war auf allen Bildern der Verschmutzung deutlich abgehoben. Mit der Zeit wurde der Fleck immer weniger, aber es gab keine Anzeichen von Holztransport. Es entstand der Eindruck, dass dort eine unbekannte Technologie zum Abbau der Radioaktivität angewendet wurde.

Diese Katastrophe in der UdSSR führte zum klaren Sieg über den Kommunismus. Viele in Roberts Büro verstanden das so, rieben sich die Hände vor Freude, den verhassten Feind zu schlagen, ihn in Stücke zu reißen. Das schien das Ende des Kalten Kriegs zu sein, der Sieg, seit so vielen Jahren erwartet. Aber Robert war sicher, dass die UdSSR fähig wäre, sich zu erholen, dass es zu früh war, auf ihrem Grab zu tanzen. Er kannte diese Menschen nun sehr gut, die das friedliche Leben so sehr schätzten, aber bereit waren, erbittert zu kämpfen im Falle einer Invasion in ihr Land. Dieses fremde Volk ließ ihn nicht ruhen, und er war sicher, dass man gegen sie nur mit der allerbesten Vorbereitung bestehen konnte.

Die objektiven Umstände deuteten auf große Probleme in der UdSSR hin. Der Krieg in Afghanistan war für das Staatsbudget eine Katastrophe, und Tschernobyl, für das in den ersten Monaten mehrere Jahresbudgets ausgegeben wurden, wurde nun für das Land unbezahlbar. Alles Beste, alles Wichtigste wurde in den Abgrund des Reaktors geworfen. Niemand wurde geschont, weder die menschlichen noch die materiellen Kosten wurden gezählt, das sowjetische Volk schützte den Rest der Welt vor der nuklearen Katastrophe. Und diese Katastrophe mochte demnächst der Ausgangspunkt für den großen Sieg über die Festung des Kommunismus sein. Viele Menschen wollten das, solch ein spektakuläres und großes Finale. Seltsamerweise heftete sich mancher von Roberts Kollegen das Verdienst um diesem Sieg an den eigenen Rock.

Robert hatte beinah vollständige Informationen über alles, was in der Sowjetunion und in Tschernobyl vor sich ging. Er wusste auch Bescheid über die Gegenspionage, die ihn dort erwarten würde, geführt von seinem „alten Freund" Andrey. Ihr Leben berührte sich auf seltsame Weise. Bei jedem seiner Aufanthalte in der UdSSR hatte Robert in der Nähe von Andrey gearbeitet, was ihm ziemliche Umstände gemacht hatte.

Als er jetzt sein Foto anschaute, rief er sich die Gesichtszüge seines Gegenspielers ins Gedächtnis. Er war in seiner Zeit eingefroren, hatte sich nicht verändert und war nicht gealtert.

Lenz verstand klar, dass es unter solchen Bedingungen der strikten Beobachtung wie in der UdSSR allgemein und speziell im Gebiet von Tschernobyl besonders schwierig sein würde, seinen Auftrag zu erfüllen. Er hatte so viele Ziele. In der einen Woche der Kommission, der er angehörte, musste er maximale Einschätzungen und Schlussfolgerungen von verschiedenen Spezialisten zur Katastrophe einsammeln. All das konnte nicht aus offiziellen Dokumenten stammen, die von der UdSSR veröffentlicht wurden, sondern von direkten Quellen, wo die Informationen nicht verfälscht waren. Er wollte alles selbst sehen und hören und sich selbst ein Bild machen. Die Korruption der Informationen über alles, was in der

UdSSR vor sich ging, war immer ein großes Problem, das verhinderte, dass man auf sicherem Grund stand. Auch die Vielgesichtigkeit des russischen Volkes, die im Westen niemand verstand, trug dazu bei.

Robert empfing eine eindrucksvolle Liste von Spezialisten, deren Meinung er festhalten und später auswerten wollte. Die Komplexität des Unfalles selbst erforderte das Studium jedes Details. Roberts Abteilung war besonders interessiert an den Zerstörungsfaktoren, der Effizient der Sicherheitssystem der Anlage, die Fähigkeit der Atomspezialisten, unter solch extremen Bedingungen zu handeln, aber das wichtigste war, zu verstehen, was mit dem Atomreaktor und dem Brennstoff selbst geschehen war, welche physikalischen, chemischen und anderen Prozesse abliefen. Er musste sich um jeden Preis Zugang zu den Angaben verschaffen über mögliche Entwicklungen, den übrigen atomaren Brennstoff und die nuklearen Abfallprodukte. Er musste jede mögliche Version der Unglücksursache ausarbeiten.

Als alle Einsatzpläne für die UdSSR auf allen Ebenen Zustimmung gefunden hatten, wurde Robert zu seinem unmittelbaren Vorgesetzten gerufen.

„Ich denke, Sie haben sich mit den Details Ihrer Reise beschäftigt und auch die entsprechenden Aufträge erteilt", begann er.

„Ja sicher", antwortete Robert ohne Zögern.

„Ich muss den kompliziertesten Teil Ihres Auftrages ein wenig modifizieren. Wir haben soeben die Information bekommen, und Sie sollten darüber Bescheid wissen. Die Russen planen eine sorgfältige Untersuchung der Innenbereiche des zerstörten Kraftwerkblocks, das heißt, sie werden genau die Proben nehmen, an denen wir solches Interesse haben. Das passiert in den nächsten Tagen, und die Kommission wird rechtzeitig in Tschernobyl sein. Jetzt haben Sie alle Karten in der Hand. Wir würden sofort Verhandlungen aufnehmen, so dass die Kommission das Kraftwerk besuchen und alle Arbeiten überwachen kann."

„Das ist sicher der beste Weg", antwortete Ronbert, „damit können wir gleich mehrere Ziele auf einmal erreichen."

„Beim Verlassen der Station werden alle Teilnehmer einer Verstrahlungskontrolle unterzogen, das werden Sie auch nicht vermeiden können. Bei der Reinigung kommen Sie mit Proben nicht raus. Wir haben unseren Mann dort, der verantwortlich ist für das Ablesen der Dosimeter, er wird dafür sorgen, dass Sie erfolgreich durch alle Kontrollpunkte kommen."

Nun mischte sich auch der dritte Mann, der bisher geschwiegen hatte, ins Gespräch. „Sie sollten auch nicht übersehen, dass das Strahlungsniveau die Grenzwerte enorm übersteigt. Die Proben, die Sie nehmen, werden eine Strahlung von Tausende Röntgen/Stunde haben, und Sie können nicht lange in ihrer Nähe bleiben. Unser Mann wird Ihnen spezielle Bleibehälter für den Transport geben. Sie werden die Strahlung halbieren, aber dennoch bleibt sie gefährlich. Das wichtigste ist, dass Sie mit den Proben über die Grenze kommen, dann werden sie sofort umgepackt. Während der ganzen Zeit, wenn diese Proben in Ihrer Nähe sind, bedeutet das für Sie eine tödliche Gefahr. Wir haben spezielle Tabletten für Sie vorbereitet, Schutztabletten, die müssen Sie nehmen. Die erste beim Betreten der Anlage, dann alle 12 Stunden wieder eine. Sie werden die Auswirkungen der Strahlung auf Ihren Organismus herabsetzen. Es ist sicher nicht notwendig, Ihnen generelle Sicherheitsanweisungen über hochstrahlende Bedingungen zu geben."

„Ich weiß, wie man mit solchen Situationen umgeht und was zu tun ist."

„Gut." Roberts Vorgesetzter bat den dritten Mann, ihn mit Robert allein zu lassen. „Ich muss Ihnen noch etwas sagen", begann er, als sie allein waren. „Ich weiß, wieviel Sie schon zu erledigen haben, aber einen Auftrag gibt es noch. Versuchen Sie, als Spezialist für neue Waffensysteme, herauszufinden, ob eine Waffe beim Kraftwerk zum Einsatz gekommen ist."

„In welchem Sinn?"

„In jedem Sinn. Sie haben die nötigen Kenntnisse, also finden Sie heraus, ob der Unfall durch einen inneren Prozess verursacht wurde oder durch Einwirkung von außen mit unbekannter Herkunft."

„Unbekannte Herkunft?" Robert sah ihn erstaunt an.

„Ja unbekannt, genau. Schauen Sie genau hin, um die inoffiziellen Versionen der Unfallursache herauszufinden."

„Ich habe das Problem verstanden und werde Lösungen finden."

„Gut aber seien Sie vorsichtig. Nicht so wie beim letzten Mal."

„Oh nein, das brauche ich nicht noch einmal. Es hat mich Monate gekostet, um die Verbrennungen an meiner Hand und meiner Lunge zu heilen."

„In diesem Fall ist alles viel schlimmer. Wir werden alles tun, um Sie zu schützen, aber die Strahlung in Tschernobyl ist so hoch, dass kein Schutz hilft."

„Es ist mir klar. Irgendjemand muss das machen, vor allem habe ich die entsprechende Ausbildung und die Erfahrung."

„Sie haben was Großes vor, Robert!" sagte sein Boss. Und flüsterte zu sich „Passen Sie auf sich auf."

Das Gespräch war beendet. Robert war verwirrt, und seine Gedanken wirbelten durch den Kopf. Wenn er ihm einen solchen Auftrag gab, bedeutete das, dass sein Vorgesetzter etwas über das Unglück wusste, was er nicht wusste. Es gibt nur wenige Länder in der Welt, die über ultramoderne Waffen verfügen, und noch weniger würden wagen, sie an der UdSSR zu erproben. Aber auch wenn es das war, dann war es auch klar, dass nicht die Russen den Erstschlag gesetzt hatten. Und wieder wuchs in ihm der Respekt für dieses Volk.

Robert konnte die Situation nicht verstehen. Wäre seine Abteilung in den Unfall verwickelt gewesen, hätte er davon gewusst. Aber vielleicht nicht? Vielleicht hatten sie ja doch eine Hand im Spiel, und jetzt wollten sie die wirklichen Resultate dieses Tests bekommen?

Er brütete lange über den Unterlagen auf seinem Schreibtisch, aber er konnte sie nicht lesen. Die Idee des möglichen Einsatzes neuer Waffen erfüllte ihn mit Angst. Eine Frage schoss ihm durch den Kopf: Wo geht diese Welt hin? Was wird dann sein? Wenn es so leicht ist, das Leben Hunderttausender zu beschädigen, was wird danach kommen? Was erwartet die Menschen auf diesem Planeten, wenn sie das nicht stoppen?

Die Menschheit liquidiert sich selbst, und sie schien sich damit auch noch zu beeilen. Es schien, als sei ein Programm zur Selbstzerstörung gestartet, das begann im 20. Jahrhundert und nach weniger als hundert Jahren haben wir die Linie erreicht, hinter der nichts mehr ist, wenn wir nicht innehalten. Es ist schwer, etwas Neues zu schaffen, aber man kann so leicht alles rundherum zerstören, es in einem Augenblick völlig zu vernichten.

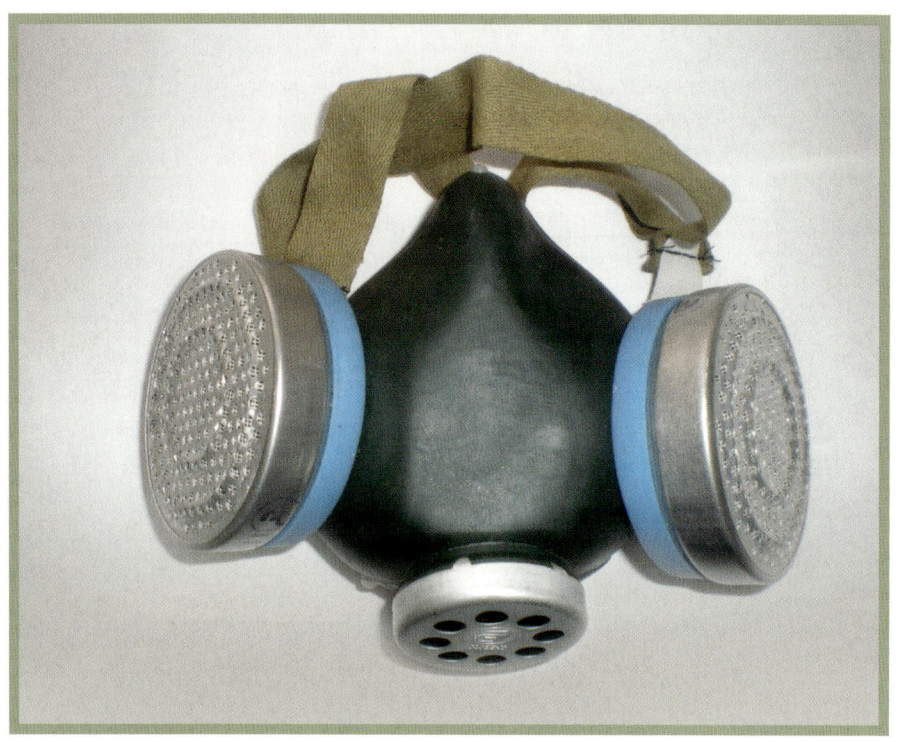

Das Atemschutzgerät PRA-1.

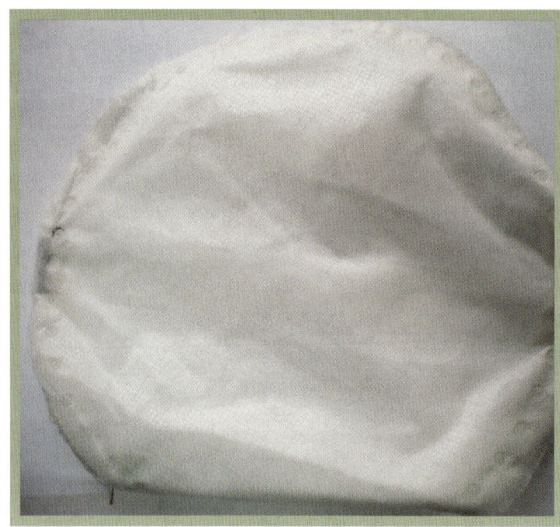

Das Einwegatemschutzgerät
SCHB-1 „Blumenblatt".

Der leichte Schutzanzug L-1 schützt vor radioaktivem Staub.

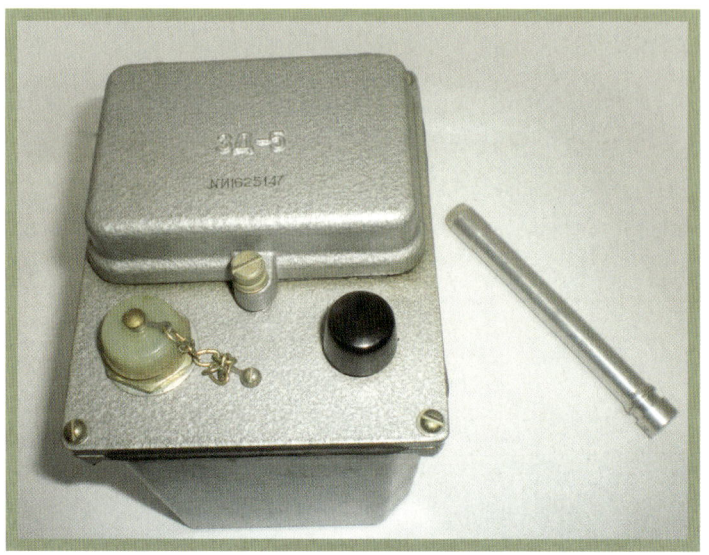

Das Personendosimeter DP-24 mit Ladegerät. Es ist für Gamma-Strahlungsmessung im Bereich von 2-50 Röntgen geeignet.

Strahlenspürgerät.

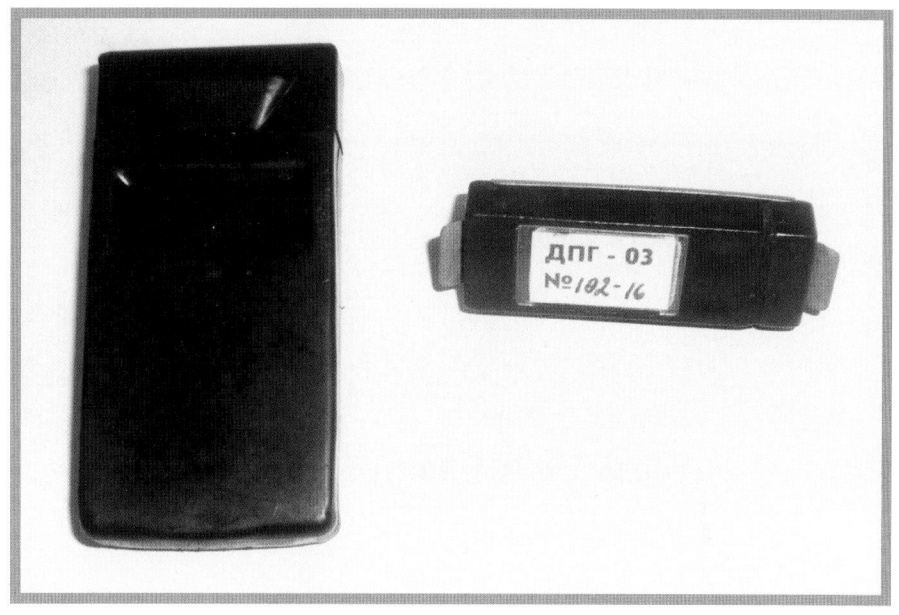

Der Dosimeter DPG ist für Beta- und Gamma-Strahlungsmessung geeignet.

# Kapitel 8

## Heroismus und Opfermut

Jedes Zögern, jedes Nachdenken oder jede Unentschlossenheit konnten unter diesen höllischen Bedingungen, unter denen die Gruppe arbeiten musste, viel bedeuten. Jeder verstand das, und jeder von ihnen arbeitete mit vollem Einsatz, ohne einen Moment der Entspannung. Eine Aufgabe erfüllen und überleben. Das war im Augenblick für jeden von ihnen das wichtigste. Nur wer lebte, würde etwas berichten können. Allein der erstaunlich feste Charakter von Menschen, die auch im Angesicht des Todes logisch denken konnten, gab ihnen eine Chance. Jeder baute auf die Gnade des Schicksals, indem er wiederholte: „Nichts als überleben … nichts als überleben".

# Heroismus und Opfermut

Zuletzt blieb Andrey allein in seinem Büro. Seine Gedanken gingen wild durcheinander. Er hatte heute sein eigenes Todesurteil unterzeichnet. Natürlich gab es eine Chance. Er hatte eine Überlebenschance, hoffte er. Es machte keinen Sinn, alles zu tun was er tat, wenn er nicht selbst daran geglaubt hätte, zu überleben. Es macht keinen Sinn, etwas zu beginnen, wenn man nicht hofft, auch die Ergebnisse seiner Arbeit zu sehen, in die man soviel Mühe und Zeit gesteckt hatte, vielleicht sogar sein einziges Leben.

Solche Entscheidungen zu treffen ist die Bestimmung starker Persönlichkeiten, die sich nicht entmutigen lassen. Solche Menschen gehen ihren Weg auch in der verzweifeltsten Situation, wenn jeder andere sich abwenden, kapitulieren würde oder seine Ideale verraten. Aber da war ein stählerner Kern in Andrey, der ihn in der Seele stärkte und ihn der Richtigkeit dessen versicherte, was er tat.

Nur Verrückte kennen keine Angst. Andrey hatte Angst. Er fürchtete um sein eigenes Leben und um das derer, die mit ihm gingen. Er hatte Angst, aber er war bereit, sich zu opfern, denn das Vaterland brauchte es, sein Vaterland, dem er freigebig, ohne Einschränkung und voller Hingabe diente.

Andrey dachte an seine Familie, seinen neugeborenen Sohn. Er kann einfach nicht seine Kinder ohne Vater zurücklassen und seine Frau als Witwe. Das kann er nicht zulassen. Er kann nicht! Er hat seine Aufgabe zu erfüllen und zu überleben. Überleben, egal was passiert.

Seine Gedanken liefen durcheinander. Er konnte sich nicht konzentrieren und das Blatt Papier, das er unterschreiben sollte, blieb für mehr als eine Stunde unberührt. Er las den Text wieder und wieder, aber er konnte kein Wort verstehen. Das passierte ihm zum ersten Mal. Andrey zitterte innerlich, obwohl er sich bemühte, ruhig zu bleiben. Aber äußerlich wirkte er ruhig. Nicht ein Muskel bewegte sich auf seinem Gesicht, auch nicht von den furchteinjagenden Gedanken, denen er sich auslieferte.

Die Vorbereitungen für den Eintritt in den Raum vor dem Reaktor hatten am nächsten Tag begonnen. Die erste Herausforderung war, die kürzeste und sicherste Route festzulegen und eine Zeit zu kalkulieren, die sie im Block verbringen konnten, um noch eine Chance zur Rückkehr zu haben. Andrey als Gruppenführer musste über alle Details Bescheid wissen, er musste verstehen, wo und wie sie sich bewegen sollten, musste jede Ecke Schritt für Schritt einschätzen können. In der Nacht waren bereits verschiedene Routen ausgearbeitet worden, aber nun mussten sie sorgfältig durchdacht werden mit dem Ingenieur, der ihrer Gruppe angehörte.

Sie warteten ungefähr vierzig Minuten auf Gruzdev. Kostbare Zeit war vergangen, und der Konstrukteur, dessen Präsenz von Anfang an so wichtig war, fehlte. Als er endlich kam, war alles klar. Er war völlig derangiert und roch so heftig nach Alkohol, dass der Gestank binnen Sekunden den Raum erfüllte.

Andrey verstand kaum, was der Mann sagte, aber aus dem Gebrabbel begriff er, dass es schlicht gefährlich sein würde, ihn mit auf die Expedition zu nehmen. Gruzdev wusste nicht, wo er war. Es war unerklärlich, dass man ihn in diesem Zustand in das Sperrgebiet gelassen hatte. Er schrie herum, fluchte auf den Staat, Regierung, Kommission und alle Anwesenden. So mussten sie ihn aus dem Raum schaffen und dem Sicherheitsdienst übergeben.

So ein Exzess konnte die Gruppe viel kosten. Es musste ganz schnell ein anderer bestimmt werden. Andrey meldete dem Vorsitzenden der Kommission den Vorfall und die Notwendigkeit, Gruzdev durch einen anderen Spezialisten zu ersetzen, einen Ingenieur und Konstruktionstechniker. Ihm wurde versichert, dass am Nachmittag der Ersatzmann ernannt sein würde. Die Zeit war verloren.

Andrey konnte Gruzdev seine Eskapade nicht übelnehmen. Er verstand, dass auch gute Leute in so einer Situation die Kontrolle verlieren und es übertreiben konnten. Aber das Problem, dem die Gruppe gegenüber stand, war zu bedeutsam, dass man ihm mit Prinzipienmangel begegnen konnte.

Der nächste Schlag für die Gruppe folgte eine Stunde später. Andrey bekam die Krankmeldung von Professor Aivazov, der in der Gruppe mit seiner Aufgabe, die Proben zu entnehmen und den Zustand des Reaktors einzuschätzen, eine Schlüsselfigur war. Als er hörte, dass er für die Expedition vorgesehen war, hatte der Professor das Krankenhaus mit einer Herzattacke aufgesucht und konnte definitiv nicht an dem Forschungstrupp teilnehmen.

Andrey verstand klar, dass es schwierig sein würde, Spezialisten zu finden, die in einer solchen Situation freiwillig in den Tod gehen würden. Aber er konnte sich nicht vorstellen, dass es so schlimm sein würde. Nur der General, der in langen Dienstjahren gelernt hatte, ohne Zögern seine Aufgaben zu erfüllen, stand zu ihm, blieb nicht zurück.

Aber Andrey realisierte etwas anderes: sollten sie die Spezialisten nicht bald finden, würde die Expedition zusammenbrechen und die Drohung, die von dem explodierten Reaktor ausging, würde weiter bestehen. Das bedeutete, dass seine ganze Anstrengung umsonst gewesen wäre und verpuffen würde. Nur wenn dann der Unfall sich wiederholen würde, würden sich die Menschen an ihn erinnern und sagen, dass er nicht erfüllt hatte, was er doch versprochen hatte, um jeden Preis zu tun.

Die Probleme rissen nicht ab. Männer die von der Regierungskommission geschickt wurden als Ersatz für die andere, weigerten sich rundweg, in der zerstörten Anlage gefährliche Arbeiten zu verrichten. Niemand wollte an sich die schmerzvollen Einwirkungen höchster Strahlungsdosen ausprobieren, die mit Sicherheit zum schrecklichen Tod führen würden.

Erfahrene Spezialisten und Wissenschaftler, die von der Mission hörten, versuchten sich unverzüglich herauszuziehen, manchmal führte ihre Weigerung sogar bis zum Rücktritt von ihren Positionen. Das waren nicht nur Zivilisten, sondern auch Offiziere, die lieber ihre Karriere opfern würden, aber dafür lebendig nach Haus kommen. Die Todesdrohung war doch zu offensichtlich.

Die Vorbereitung der Gruppe für den Eintritt in den Reaktor machte Fortschritte. Andrey versuchte, selbst alles zu lernen, dabei arbeitete er eng mit den Wissenschaftlern zusammen, versuchte jedes Detail zu verstehen, das für ihn nützlich wäre, auf der Klippe des Lebens, um zu überleben. Er hatte schon fast die Vorstellung, dass er alle Funktionen ausführen müsste oder bestenfalls mit General Osipenko teilen. Andrey hatte sonst niemanden.

Er lernte alle möglichen Wege, um durch die Korridore und Durchlässe zu kommen. Er lernte Ingenieurwissenschaft im Schnelldurchgang, hatte keine Minute Pause. Mit dem Plan in der Hand ging er durch das Innere von Block 3 und des unfertigen Block 5. Schritt für Schritt musste er verstehen, wie er in jeder Situation agieren sollte.

Gleichzeitig wurde die spezielle Ausrüstung für die Gruppe vorbereitet. Die Fülle der Aufgaben bedeutete, dass es notwendig war, eine große Menge verschiedener Ausrüstungsgegenstände in den Sarkophag hineinzubringen. Ungeachtet der Schwierigkeiten, die endgültige Zusammensetzung zu finden, wurde die Ausrüstung für vier Männer geplant, und niemand bezweifelte, dass die benötigten Spezialisten gefunden werden würden.

Wenige Tage später, während diese Vorbereitungen noch auf Hochtouren liefen, betrat Arcady das Büro von Andrey. Pravdin war froh, seinen alten Freund zu sehen, der in einer so komplizierten Phase in sein Leben trat. Arcady blickte ihn aufmerksam an und sagte mit heiserer Stimme: „Ich bin mit dabei."

Der Satz klang für Andrey wie ein Blitz vom Himmel. Er wusste nicht, was er sagen sollte. Wie konnte es passieren, dass er seinen Freund in den Tod führen sollte? Und was wenn Andrey überlebte und Arcady nicht? Würde er diese Schuld für den Rest seines Lebens mit sich herumtragen? Natürlich hatte jeder von ihnen eine minimale Chance zu überleben, aber wenn doch nicht? Was wird dann sein? Diese Gedanken flogen durch Andreys Gemüt, und alles, was er mit einem schmalen Lächeln sagen konnte, war: „Willkommen, wir haben dich vermisst."

Andrey wusste natürlich, dass Arcady ein exzellenter Spezialist auf seinem Gebiet war, genau der richtige für das, was sie jetzt für die gemeinsame Arbeit und dann erst recht brauchten. Gemeinsam konnten sie alles tun, um zu überleben.

Arcady gab nicht Andrey die Verantwortung dafür, dass er sein Leben in solch eine verzweifelte Situation brachte. Als man ihm angeboten hatte, an der Expedition teilzunehmen, hatte er nicht einmal darüber nachgedacht, abzulehnen. Einerseits musste jemand diese Arbeit machen, anderseits wusste er, dass Andrey die Gruppe nicht in den Tod führen würde. Er würde vielleicht selbst sterben, aber er würde die anderen retten. Arcady war sicher, dass Andrey einen Weg finden würde, die Herausforderung zu bestehen und zu überleben.

Das neue Gruppenmitglied fügte sich unmittelbar ein, brachte frische Ideen und versuchte, Wege zu entwickeln, wie sie aus dieser fast hoffnungslosen Situation herausfinden konnten. Sie konnten den Mut nicht sinken lassen, mit dem Strom schwimmen, auf ihr Überlebensglück bauen. Die Situation erforderte genaue Vorbereitung und intensive Arbeit von jedem einzelnen. Sie diskutierten, stellten respektvoll wechselseitig ihre Vorschläge zu Wegen und Methoden des Durchkommens in Frage, und auch für Einzelheiten der Expedition. In ihren Diskussionen herrschte jene Aufrichtigkeit, die sie brauchten, um zu Lösungen zu finden. Es war nur noch sehr wenig Zeit.

Ungeachtet der aktiven Teilnahme der Spezialisten an der Arbeit, basierten alle ihre Ratschläge, Empfehlungen und Simulationen auf theoretischen Annahmen. Niemand wusste, was die Gruppe im Inneren des Sarkophag erwarten würde. Ausschließlich von Mutmaßungen abhängig zu sein – das war das Schwierigste für die vier, die ausgesandt wurden das Vaterland zu retten und vielleicht die Menschheit.

Sehr bald kam auch der Bauingenieur, der schon sehnsüchtig erwartet wurde, zur Gruppe dazu. Es war ein hochkompetenter Mann, der alle Ein- und Ausgänge kannte. Er konnte mit verbundenen Augen über die

Korridore gehen und immer den richtigen Ausgang finden. Sein Name war Lozov. Er war Doktor der Ingenieurwissenschaften von einem abgeschirmten Forschungsinstitut, dessen Name in allen Gesprächen ausgespart wurde und das nur „das Institut" genannt wurde.

Auch wenn Lozov ein so erfahrener Mann war, so wuchs doch der Stress, sobald er zur Gruppe stieß. Er sah aus wie zum Tod verurteilt, er schien keinen Funken Glauben in sich zu haben, dass er lebendig wiederkehren würde. Aber während der Vorbereitung zeigte er Kampfgeist und Zuversicht in den Erfolg des Unternehmens. Der Satz „wir nennen die Strahlung mit Vornamen, aber sie wird uns umbringen", den er oft wiederholte, war als Witz gemeint, wie sich herausstellte.

Nachdem nun alle vier da waren, musste die Reihenfolge beim Hineingehen in den Reaktor festgelegt werden: Lozov sollte als erster gehen, da er sich am besten im Labyrinth des Reaktors auskannte. So versuchten sie auch, die möglichen Orte auszurechnen, wo der giftige Brennstoff lag, damit sie nicht mit ihm in Berührung kamen. Er sollte die Gruppe zu einem festgelegten Punkt bringen und auf demselben Weg wieder zurück, um sich ein genaues Bild vom Ausmaß der Zerstörungen zu machen.

Andrey sollte als zweiter gehen. Während der Vorbereitung und in den Gesprächen mit Lozov lernte er in allen Einzelheiten alle möglichen Routen und ging sie oft in den anderen Reaktoren nach, die exakt baugleich waren. Falls Lozov etwas zustieße, konnte Andrey die Gruppe fast genausogut zurückführen. So war die Entscheidung für Lozov gefallen.

General Osipenko sollte Andrey folgen, Arcady war der Schlussmann. Die Gruppe ging mehrmals die ganze Route ab und jeder von ihnen wusste viele kleine Details der Operation. Was aber wirklich auf sie wartete, das blieb ein Geheimnis. Die Ungewissheit lastete auf ihnen.

Die Physiker arbeiteten an der Ausarbeitung der Route, zeigten alle möglichen Varianten von Brennstofflecks, erfanden die unglaublichsten Situationen. Intensives Training automatisierte viele Handlungen. Nebenbei hatte jedes Gruppenmitglied die Bedienung verschiedener komplizierter Ausrüstungsgegenstände zu lernen. Manche dieser Gegenstände wurden von Wissenschaftlern innerhalb weniger Tage entwickelt und hergestellt, um mehr effiziente Information sammeln zu können und zu ihrem Maximum hin entwickelt, betrachtet unter dem Gesichtspunkt, unter kritischen Strahlenbedingungen zu arbeiten. Das war was hier gebraucht wurde, unter dem Reaktor. Jedes Zögern, jedes Nachdenken oder jede Unentschlossenheit konnten unter diesen höllischen Bedingungen, unter denen die Gruppe arbeiten musste, viel bedeuten. Jeder verstand das, und jeder von ihnen arbeitete mit vollem Einsatz, ohne einen Moment der Entspannung. Eine Aufgabe erfüllen und überleben. Das war im Augenblick für jeden von ihnen das wichtigste. Nur wer lebte, würde etwas berichten können.

Allein der erstaunlich feste Charakter von Menschen, die auch im Angesicht des Todes logisch denken konnten, gab ihnen eine Chance. Jeder baute auf die Gnade des Schicksals, in dem er wiederholte: „Nichts als überleben ... nichts als überleben".

Robert betrat die verbotene Zone. Er hatte die Geheimdienstberichte mehrfach gelesen und alle möglichen Fotos studiert. Aber was er jetzt sah, schien ihm absolut fremd und unbekannt, als wäre er in eine andere Welt gekommen. Hier war der Ort, an dem der Tod herrschte. Er konnte sich nicht vorstellen, was sich nun vor ihm öffnete. Er fühlte es an seiner Haut, dass sogar helle Blätter, die im Wind schaukelten, in Wahrheit tot waren. Wie wenn man einen Verstorbenen berührt, seine Kälte spürt und die Hand zurückzieht.

Trotz seiner breiten professionellen Erfahrung unter komplizierten Bedingungen, hatte er noch nie in seinem Leben so klar die unsichtbare Präsenz des Todes gespürt, der ihn aus der Nähe beobachtete. Wenn ihn jetzt jemand gefragt hätte, ob er etwas wüsste, das pure Angst einjagt, dann hätte Robert sicher geantwortet: Tschernobyl. Dieses Gefühl war besonders schrecklich, es setzte sich von den ersten Minuten an in jedem unentdeckten Winkel seiner Seele fest, schlug seine Klauen tiefer und tiefer, wie um die Grenzen der menschlichen Leidensfähigkeit zu erproben.

Er verstand nicht, wie sie hier leben und arbeiten konnten. Die niederdrückende Umgebung war in allem spürbar. Robert begriff, dass sie noch die relativ beste Strecke nahmen, um die Gruppe der Ausländer, die verängstigt waren, nicht in Verzweiflung zu versetzen. Die Menschen, die hier arbeiteten, schienen ihm wie Roboter. Er fühlte ihre abgrundtiefe Müdigkeit. Der Mensch kann nicht existieren unter solchen Umständen, geschweige denn täglich hart arbeiten. Aber zur gleichen Zeit war die gut funktionierende Grundlage jeder Bewegung, jedes Schrittes, jedes Menschen, wie das Zahnrad eines gut adjustierten Mechanismus spürbar.

Die Kommission hörte einen Bericht nach dem anderen, vertiefte sich in Zahlen und Diagramme, die positive Entwicklungen in der Verminderung der Strahlenbelastung und anderer unangenehmer Umstände zeigten, und manche schenkten ihnen volles Vertrauen; nicht so Lenz. Seine Erfahrung sagte ihm, dass nicht alles so gut war. Solche Katastrophen müssen für Jahrzehnte gebannt werden, und hier war man noch weit weg von jedem erfolgreichen Ergebnis. Der helle Ausblick, der geboten wurde, war nicht echt.

Er war beeindruckt vom Heroismus der Menschen, die hier so hart arbeiteten. Alle wussten, dass der Tod um sie war, aber sie fuhren in ihrem Kampf fort, hatten sich selbst vergessen, retteten ihren Planeten vor schrecklichen Konsequenzen, die über ihm hingen. Er begriff mehr und mehr, dass es beinahe unmöglich ist, diese Nation zu erobern, weil ihre Menschen zu solch heroischen Taten fähig sind, die von keinem anderen Volk wiederholt werden können.

Die erfolgreiche Arbeit von Roberts Abteilung und feine Spiele der Politiker ergaben respektable Resultate. Die Kommission wurde nach ihrer Ankunft zur Sitzung der Regierungskommission eingeladen. Alle Spezialisten drückten großes Interesse an der Erforschung des Raumes unter dem Reaktor aus. Das war eine unbekannte, absolut unklare und unerforschte Welt, von wo man alles erwarten konnte. Die Expedition war nicht nur aus Gründen der Sicherheit von großer Wichtigkeit, sondern auch für die Wissenschaft, die Dutzende Prozesse zum ersten Mal erlebte. In ihrer Bedeutung war die Expedition vergleichbar mit dem ersten Flug ins Weltall, die chaotische Welt der Radionuklide enthält eine Fülle von Varietäten, die für die Menschheit unbekannt sind.

Als er die schrecklichen Konsequenzen betrachtete, die ein riesiges Territorium bedeckten, dachte Robert ständig daran, dass sie die Folgen eines Angriffs sein konnten. Der Schlag, ausgeführt mit einer unbekannten unsichtbaren Waffe, konnte alles Leben auslöschen. War es eine Erfindung des Menschen, um das Leben anderer Menschen zu nehmen? Der Kontakt im Kampf wird immer weniger, das Zeitalter anderer Kriege bricht heran, wo nicht mehr die Soldaten der Maßstab sind, sondern technische Ausrüstung und prinzipiell neue Arten von Waffen, die tausende Kilometer entfernt stationiert sind vom Angriffsziel. Der effektive Atomschlag wird ersetzt durch unbeobachtbare Bekämpfung des Feindes, und du weißt nicht, wer und wie den Angriff ausführt.

Robert überlegte das sehr genau. In der Vergangenheit hatte er manche Prototypen gesehen von ultramodernen Waffen, die sein Land in den nächsten Jahren verteidigen konnten. Der neue Impuls zu ihrer Entwicklung war erst vor kurzem erfolgt. Und es konnte nicht ausgeschlossen werden, dass eines der Versuchsmodelle verwendet worden war, um einen ernsten wirtschaftlichen, psychologischen, ökologischen und politischen Schlag genau hier auszuführen.

Der Unfall von Tschernobyl bedeutete für den Staat ein langsames Ausrinnen. Zunächst war die größte Energiequelle zerstört, die weite Gebiete der Ukraine versorgte. Ihre Zerstörung konnte schwerwiegende Versorgungsmängel für viele Werke und Fabriken in der Region bedeuten. Daraus resultierte ein Rückgang der Produktion mit zahlreichen ökonomischen Konsequenzen, woraus sich wiederum die Unzufriedenheit der Bevölkerung speiste, was zu politischen Problemen führen konnte. Außerdem verursachte der Unfall gewaltige Materialkosten, die nur in staatlichen Jahresbudgets gemessen werden konnten. Auf der anderen Seite hat die Erforschung der Strahlung schon ihre schweren Auswirkungen auf die menschliche Natur gezeigt. Wenn ihre Auswirkungen die Menschen nicht unmittelbar töten, kann sie den genetischen Hintergrund verändern, Kinder werden ernsthaft krank oder behindert. Und wenn man durch diese radioaktive Szenerie Hunderttausende Menschen schleust, und jeder von ihnen erfährt gewisse genetische Veränderungen, die auf die nächsten Generationen weitergegeben werden, und weiter, von Kindern zu Enkeln, von den Enkeln zu den Urenkeln? Dieser Weg, ausgelöst durch einen einzigen Angriff, kann der ganzen Nation schweren Schaden zufügen und die unmittelbare Zukunft auslöschen.

Das Resultat dieser Faktoren ist insgesamt beträchtlich, wenn man als Minimum das Land ruiniert und das herrschende System und viele Menschen für Jahre heimatlos macht auf dieser Welt.

Was ist der Preis solcher Siege? Würde es nicht die komplette Entvölkerung bedeuten? Bei der Suche nach Macht und Reichtum ohne Grenzen haben viele Menschen vergessen, dass es in der Welt bestimmte Grenzen gibt, die sie unter dem Vorwand großer Ziele zerstören. Aber würden die Auswirkungen sie nicht auch selbst erreichen?

Wenn es eine Waffe gibt, die derlei anrichten kann, dann ist es anzunehmen, dass das noch nicht das Ende ist. Aber wenn die Menschen weiter an ähnlichen Dingen arbeiten, dann mag der Tag kommen, an dem sie sich selbst umbringen und nur eine verglimmende Spur auf dem Planeten hinterlassen, der immer noch ihre einzige Heimstatt ist.

Andrey saß in seinem Büro und wartete. Sie sollten über Roberts Kontakt in Tschernobyl mit einem Agenten berichten, der speziell für diesen einen Moment ausgebildet worden war. Dieser Kontakt war sehr gut vorbereitet, und selbst ein hochgradiger Spezialist hätte kaum herausfinden können, dass alles ein Bluff war.

Andreys Kopf war voll mit ungeordneten Gedanken über den vor ihm liegenden todbringenden Gang in den Reaktor. Sie verließen ihn nicht, vielleicht noch weniger, weil es nur noch zwei Tage bis zum verabredeten Termin waren. Tief in seinem Inneren hoffte Andrey, dass die Regierungskommission noch eine andere Lösung finden würde und dass die Expedition in die tödliche Strahlungsquelle vermieden werden könnte. Wahrscheinlich hatte jeder der Teilnehmer solche Gedanken. Aber sie schmolzen jeden Tag dahin.

Plötzlich hörte Andrey ein lautes Klopfen an der Bürotür, doch statt des erwarteten Agenten kam zu seinem Erstaunen General Osipenko herein.

„Wie geht es Ihrer Moral?" fragte er an der Schwelle.

„Freudig", antwortet Andrey lächelnd.

„Das ist gut! Anders geht es jetzt auch gar nicht", lächelte er zurück. „Ich höre, dass uns eine ausländische Kommission besucht. Wir sind wieder zur Sitzung eingeladen."

„Ich weiß, Ich muss noch ein paar Dinge erledigen und dann können wir gehen."

„Ich höre, dass sie uns denen präsentieren werden. Um zu zeigen, welche Helden unseres Landes sich aufmachen, den Reaktor zu erforschen. Wie in einem Zoo, sie werden hergebracht, um einen Blick auf uns zu werfen. Seltene Arten. Schaut und seid neidisch, so was habt ihr nicht, wir haben die überall. Schaut sie an, solange sie noch am Leben sind. Wir wollen sie nicht tot zeigen." Der General senkte den Blick. „Ehrlich, haben Sie Angst?"

„Ja", antwortete er und schaute den General aufmerksam an. „Aber diese Furcht ist irgendwie seltsam. Ich habe keine Angst um mich, nicht vor dem Tod, sondern dass ich einen Haufen Unerledigtes in dieser Welt hinterlasse, was außer mir nie jemand vollenden wird."

„Ja die Angst ist ein seltsames Ding. Es war eine Art Freundeshilfe für ein befreundetes Volk ... Sobald wir angekommen waren, wurden wir in den Kampf geworfen. Ich war natürlich jung, hitzig und tapfer. So wurde ich in diesem ersten Gefecht verwundet. Es war so schlimm, dass ich fast ein halbes Jahr in Krankenhäusern verbracht habe. Du kannst nicht ohne Furcht durchs Leben gehen, manchmal ist sie das einzige, damit du den Kontakt zur Wirklichkeit behältst."

„Man darf sich auch nicht vor dem Schatten fürchten", sagte Andrey.

„Das ist richtig! Zu viel Wasser hat den Müller getötet", erwiderte der General, „ich erinnere mich, wie wir im Krieg waren. Wir hatten keine vernünftigen Waffen, Gewehre gegen Maschinengewehre. Wir wurden hineingeworfen – kämpft! Schon damals dachte ich, wieviele tödliche Waffen der Mensch im 20. Jahrhundert erfunden und geschaffen hat. Es macht einfach keinen Sinn. Und während wir und Amerika uns gegenseitig jagen, kann irgendjemand eine noch mächtigere Bombe erfinden, und irgendjemandes Flugzeug wird weiter fliegen, wir haben jede vernünftige Grenze verloren. Es scheint mir, dass wir uns allmählich dem Punkt annähern, an dem wir alles Leben auf der Welt zu Staub reduzieren werden."

„So ähnlich", gab Andrey zurück. „Aber das ist unser Leben und niemand beginnt mit der Abrüstung. Im Gegenteil, jeder um uns herum stapelt Waffen. Auch Verträge zur Reduktion der Atomwaffen entstehen am Fließband. Und jeder weiß das, aber keiner kann was dagegen tun."

„Manchmal müssen gar keine Raketen gestartet werden oder Atombomben abgeworfen. Vor kurzem hatten wir Manöver, verschiedene Operationen mit der Nordmeerflotte. Auf diesen Schiffen sind so viele Atomwaffen, dass jeder Terrorist sie zerstören kann und das Resultat sind hundert Tschernobyls in einem Meer. Aber wir sind nicht die einzigen, die das haben. Eine Reihe von Ländern hat weltweit ähnliche Arsenale. Wenn alle von ihnen explodieren, gibt es kein Entkommen. Der ganze Planet ist dann das Opfer der menschlichen Kriegslust. Hiroshima und Nagasaki sind noch immer von den Bomben gezeichnet. Nur seither sind die Bomben hundertmal so machtvoll geworden. Ich denke, wenn der Atomkrieg irgendwo ausbricht, wird niemand überleben. Und sollte das jemand doch tun, würde er sich wünschen, tot zu sein."

„Ich denke, dass die Menschen Tschernobyl dann als Kinderkram abtun werden. Es gibt kaum einen schrecklicheren Platz auf dieser Welt. Eine Art unterbewusster Horror hat sich hier festgefressen. Oder ist es die Strahlung, die den Geist so schlimm beeinflusst, dass man von hier so weit wie möglich weglaufen möchte. Was wird passieren, wenn wir uns dem Reaktor nähern? Diese Macht wird uns davon laufen machen und nicht erlauben, uns ihr zu nähern."

„Ich weiß nicht, was da auf uns wartet, aber es wird nichts Gutes sein. Was Tschernobyl betrifft, gebe ich Ihnen recht. Ich denke, das war nur eine Warnung, die höhere Mächte für die Menschen ergehen haben lassen. Nur wir verstehen nicht, was sie von uns wollen."

„Wir tun es nicht", stimmte Andrey zu, „diese seltsame Tatsache habe ich schon vor langer Zeit bemerkt. einerseits tut jeder irgendwas Gutes für die ganze Menschheit, und wenn du alle diese nützlichen Elemente zusammenfügst, hast du eine Bombe. Es scheint mir immer öfter, dass wir programmiert sind, unseresgleichen zu töten und das nicht überwinden können."

„Es erinnert mich an das Gefühl, wenn du in den Kampf ziehst. Du scheinst zu schießen und hast auch keine Furcht davor, auf Entfernung in eine Menge zu schießen, wenn du das Ziel nicht genau erkennen kannst. Du weißt nicht, wenn deine Kugel ihr Ziel erreicht, hast du jemanden getötet oder ist der einfach umgefallen. Und wenn du deinem Feind von Angesicht zu Angesicht gegenüberstehst, er zielt auf dich, du zielst auf ihn. Du stehst da und denkst, ich drück auf den Abzug und töte ihn jetzt, und er denkt das gleiche. Und beide können wir uns nicht entscheiden zu schießen. Das gleiche passiert jetzt zwischen den Ländern, wir sitzen und richten Waffen aufeinander und können uns nicht entscheiden zu schießen. Ich hoffe, wir werden es nie wieder wissen. Genug davon. Erinnern Sie sich an Nadezshda?"

„Natürlich. Eine erstaunliche Frau. Ich kann mich auch an ihren Freund erinnern", antwortete Andrey.

„Können Sie sich vorstellen, dass die beiden geheiratet haben?"

„Das ist unmöglich! Er war völlig verstrahlt, hat kaum noch atmen können."

„Ja die Liebe wirkt Wunder. Außerdem sind die Ärzte in Kiev die besten. Und der junge Organismus hat auch geholfen. Sie soll ihn in der Nacht nie allein gelassen haben. Sobald er auf den Beinen war. Alles schien gut zu sein. Sie sind zum Standesamt gelaufen und haben am nächsten Tag geheiratet. Allerdings ist Gennady nach ein paar Wochen plötzlich gestorben, das Glück hat nicht lange gehalten. Die Ärzte haben die Hände gehoben, der Einfluss der Strahlen auf den menschlichen Körper ist so unvorhersehbar, alles kann passieren."

„Was ist mit ihr geschehen?"

„Sie schlägt sich durch, aber es wird nicht einfach sein, das Kind allein aufzuziehen."

„Welches Kind?" fragte Andrey erstaunt.

„Gott muss ihre Gebete erhört haben."

„Schöne Liebe, aber verantwortungslos", seufzte Andrey.

„Sobald wir hier raus kommen, sollten wir sie besuchen. Vielleicht braucht sie Hilfe. Sie ist ein gutes Mädchen. Es ist nicht ihre Schuld. Das ist Schicksal."

„Ja sicher."

Der General wollte noch etwas hinzufügen, aber ein Telefonanruf unterbrach ihn. Osipenko nickte und verließ still das Büro. Andrey hörte aufmerksam einem kurzen Bericht zu. Robert hatte den Köder geschluckt, den sie für ihn ausgelegt hatten, und nachdem er „hochkompetente"

Antworten auf viele seiner Fragen bekommen hatte, will er sie bei anderen Quellen überprüfen, die ebenfalls speziell für ihn vorbereitet worden sind. Andrey wusste, dass Lenz nicht so leichtgläubig war, sich auf eine Aussage zu verlassen. Seine Vorschriften sahen auch vor, jede Information doppelt und dreifach zu checken.

Andrey hatte für Roberts Besuch einen großen Aufwand betrieben. Solche Maßnahmen mussten genügen, um jede Spionageaktivität abzuwehren. Außerdem ermutigte die Unterbringung der Verwaltung, in der Nähe des Kraftwerkes, unkontrollierte Aktivitäten nicht besonders. Er wollte alles Mögliche tun. Er hinterließ spezielle Anweisungen für Maßnahmen, die im Falle seines Todes ergriffen werden sollten. Diese Seite der Operation beunruhigte Andrey am meisten, dass sie womöglich ohne ihn abgeschlossen werden könnte. Und das Interesse von Lenz war enorm. Er würde auf keinen Fall aufhören.

Andrey kam in die Empfangshalle der Regierungskommission für die Liquidierung der Schäden zusammen mit den meisten andern an. Schnell nahm er Platz und hob den Blick. Ein Mann, auf dessen Ankunft er sich so lange und sorgfältig vorbereitet hatte, saß ihm am Tisch gegenüber. Ein Feind, den er schon zu kennen schien. Robert schaute Andrey mit vor Erstaunen weit aufgerissenen Augen an. Er hatte mit diesem Treffen gerechnet, aber irgendwie war es dann doch unerwartet. Hier waren sie, zwei unversöhnliche Gegner, Kinder zweier unbesiegter Weltmächte, saßen einander gegenüber und blickten einander ins Auge. Die Zeit schien für einen Augenblick anzuhalten. Jeder wusste vom anderen eine ganze Menge und wollte dem anderen tausend Fragen stellen, aber jede Kommunikation zwischen ihnen war verboten. Sie sahen aus wie zwei Freunde, die keine Kommunikationsmethode beherrschten und deswegen einander nur anstarren konnten.

Sie waren verbunden mit den unsichtbaren Fasern der Konfrontation zweier Systeme, die sie nicht brechen konnten. Andrey konnte nicht verhindern, dass Erinnerungen in ihm aufstiegen. Er erinnerte sich an die Raketeneinheit, als er Robert zum ersten Mal getroffen hatte, und seinen Aufklärungsvorstoß. Und jetzt schien ihr Treffen irgendwie unglaublich. Natürlich hatte er es erraten, aber er hatte nicht angenommen, dass es soviele Gefühle in ihm wecken würde, die er selbst nicht verstand. Das Schicksal hatte sie die ganze Zeit auf parallelen Wegen geführt, aber nie zusammentreffen lassen. Sie waren beide in absolut gleicher Position. Soldaten ihrer Länder, sie erfüllten beide ihre Aufgabe, und der Sieg wurde das Hauptziel in ihrem Beruf. Wie zwei Sportler, die sich bei einem

Wettkampf treffen, konnten sie sich die Hände schütteln und lächeln, aber keiner würde aus der Entfernung aufgeben.

Robert hörte den Berichten der Spezialisten aufmerksam zu. Die Pläne, in den Reaktor hineinzugehen, schienen ihm eine Art Versuch, die internationale Gemeinde zu betrügen. Robert wusste sehr genau, dass es selbst mit bester Technologie beinahe unmöglich war, in den Reaktor hineinzugehen. Und die Gerüchte über die Expeditionsteilnehmer schienen ihm völlig absurd zu sein. Diese Leute wurden in ihren Untergang geschickt.

Können sie das freiwillig tun, nicht nur angesichts von Gewehrmündungen? Robert konnte es nicht glauben. Konnten Russen so tapfer sein, sich selbst zu opfern, um die Menschheit zu retten? Wieviel bezahlten sie ihnen?

Er schaute Andrey an und konnte es nicht verstehen. Hier saß der beste Mann des gegnerischen Geheimdienstes vor ihm, redend und lächelnd, und würde in zwei Tagen tot sein. Man konnte nicht einmal sagen, dass er sich auf den Tod vorbereitete. Es schien, dass solch eine Bemühung für ihn ein gewöhnliches Ding war wie normale Arbeit und ihn nicht weiter aufregte. Aber Robert konnte sich nicht vorstellen, was wirklich in Andrey vorging, er verstand nicht, dass der nicht das Recht hatte zu einem Ausbruch, zu zeigen, wie sehr er sich fürchtete. Er sollte jedermann rundherum überzeugen, dass es das Leben war, nicht der Tod, dem er entgegenging. Tausende Leben.

Nach der Sitzung der Regierungskommission, die nicht sehr lang dauerte, kam Andrey völlig erschöpft nach Hause. Er war völlig überarbeitet. Da war nur noch eines, das er sich wünschte – ins Bett gehen und ein wenig Schlaf finden. Er verzichtete sogar darauf, die Petroleumlampe anzuzünden, die als einzige nächtliche Lichtquelle diente. Aber er brauchte kein Licht, er kannte jedes Detail.

Nach ein paar Schritten auf einem krachenden Fußboden stieg er gedankenverloren auf ein verfaultes Brett. Das alte Holz machte ein leichtes brechendes Geräusch und Andrey fiel zu Boden. Er bekam kaum sein Bein aus der Holzfalle heraus, doch als er es sorgfältig abtastete, stellte er fest, dass ihm außer ein paar Kratzern nichts passiert war.

Seine Gewohnheit, immer Streichhölzer bei sich zu haben, erwies sich jetzt als sehr nützlich. Er riss eines an und beleuchtete den Raum mit dem schwachen Licht des brennenden Streichholzes, schaute hinunter in das Loch, das er im Fußboden gemacht hatte. Da war ein großer Keller unter dem Haus, von dem er nichts geahnt hatte. Nun war er interessiert und zündete die Petroleumlampe an und fand den Weg in den Keller ohne weiteres. In ihrem schwachen Schein sah er einen großen staubigen Raum mit mehreren roh zusammengehämmerten Regalen aus dunklem Holz. Drei-Liter-Gläser standen darauf, mit irgendetwas gefüllt. Die Gläser waren möglicherweise aus der Vor-Katastrophe-Zeit und hatten daher keine Strahlen absorbiert. Große und kleine Krüge und Körbe waren auf den Regalen ordentlich aufgebaut, erzählten von einer fröhlichen Vergangenheit, als die Menschen, die hier lebten, auf eine Zukunft hofften.

Andrey musste mit der Lampe näher heran, um zu sehen, was in den Krügen war. Ein Krug war definitiv mit selbstgezogenen Gurken gefüllt. Andrey lief das Wasser im Mund zusammen. Er wollte sie gleich hier essen, aber musste hinauf. Er stellte die Essbarkeit der Gurken nicht in Frage und nahm einen Krug mit. Seine Lust auf Selbsteingelegtes war stärker als jede Frage.

Als er oben angelangt war, stellte er den Krug auf den Boden, wusch seine Hände, öffnete den Krug mit einem Taschenmesser und biss gierig in eine Gurke. Nach endlosen Mahlzeiten in öffentlichen Speiseräumen schien ihm dieser Geschmack ein unbeschreiblicher Genuss zu sein. Das war das erste Mal, dass Andrey hier ein Vergnügen empfand.

Der Geschmack saurer Gurken erinnerte ihn an daheim. Das war der Geschmack der Kindheit und nach der Küche seiner Mutter. Und obwohl er sich in letzter Zeit pausenlos mit dem Tod beschäftigt hatte, begriff er jetzt, dass es das wirkliche Ende sein könnte. Er wird nie mehr seine alten Eltern sehen, nie mehr seine Mutter im Arm halten und ihr in die Augen schauen. Natürlich ist das Schicksal eines Soldaten, der dem Vaterland dient, jung zu sterben, vor den Eltern, aber in diesem Moment begriff Andrey, wie sehr er wünschte zu leben. Es gab so viele Dinge, die er noch nie in seinem Leben gemacht hatte. Seine Gefühle ermutigten ihn dazu, seinen Eltern etwas zu sagen, ihnen zumindest einen Brief zu schreiben, der der letzte sein konnte.

Als er wieder aus seinen Gedanken zurückfand, hatte er vor sich ein Blatt aus einem karierten Heft liegen, auf dem oben stand „Liebe Mutter und Vater!" Dann kam ein sorgfältig gezeichneter Plan von Block Vier mit dem eingezeichneten Weg der Gruppe. Andrey merkte nicht einmal, wie er automatisch diesen Plan zeichnete. Die kommenden Ereignisse verdrängten alle anderen Gedanken und nichts konnte sie aus seinem Kopf bringen. Andrey zerknüllte das Blatt und schaute auf den halb leeren Gurkenkrug.

Am letzten Tag vor ihrer Expedition stand er früher auf als sonst. Sollte das der letzte Tag seines Lebens sein, wäre es stupid, ihn mit Schlaf zu verbringen. Es waren noch viele Dinge unerledigt, die auf ihn warteten. Wenn er verdammt war zu sterben, dann sollten keine losen Ende zurückbleiben: Andrey traf General Yudenko, der gerade aus Tschernobyl angekommen war, an der Bürotür. Das war ein unerwarteter Besuch eines Vorgesetzten. Niemand wusste, warum er her kam. Außerdem war es angesichts seines Alters und seiner Gesundheit, die in Afghanistan ziemlich Schaden genommen hatte, für ihn gar nicht gut, in die Zone zu kommen. Yudenkov wirkte angegriffen, offensichtlich machte ihm die Halsirritation zu schaffen. Seine ersten Worte zeigten, dass er diesmal in einer anderen Stimmung war als beim letzten Mal. Nun war Andreys Aufrichtigkeit klar, und die Situation war insgesamt eine andere angesichts der härtesten Herausforderung, die schwierig zu lösen war. Würde er die Herausforderung bestehen, hätte er nicht nur persönlich die Richtigkeit seiner Bedenken bewiesen, sondern auch die Autorität des KGB vor vielen Augen geschützt. Yudenkov wusste sehr gut, dass Andrey seine Entscheidung zu diesem Schritt, der allen Respekt verdiente, durchaus mit klarem Kopf getroffen hatte.

Spezielle Schächte wurden durch die meterdicke Wand gebohrt, durch die der Informationsaustausch während der Expedition stattfinden sollte. Drähte mit Verbindungssteckern an den Enden wurden eingepasst und dann wieder eingemauert. Die Gruppe, die große Drahtbündel tragen würde, musste sich dann nur nach dem Eintreten in den Sarkophag mit den entsprechend nummerierten Steckern verbinden. Die Information wurde dann durch die Systeme hinter der Mauer in das provisorische Hauptquartier weitergeleitet. Nur Drähte konnten mehr oder weniger eine störungsfreie Kommunikation bei einem hochstrahlenden Hintergrund garantieren.

Temporäre Schutzwände für das Bedienungspersonal wurden auch gebaut. Die schützten diese Leute vor direkter Strahlung aus dem Hochaktivitätsbereich während des Ein- und ausgangs der Gruppe in den Sarkophag. Es war vorgesehen, die verseuchten Ausrüstungsgegenstände, die im Sarkophag gewesen waren, einschließlich Kleider, in diesem Korridor zu lassen.

Andrey war sehr zufrieden mit diesen Vorbereitungen. Die Hoffnung, dass die Männer im Überwachungsraum nicht verstrahlt und auch zu Opfern seiner Expedition würden, befriedigte ihn.

Es war nur noch sehr wenig Zeit bis zum Eintritt. Die Gruppenmitglieder gingen die vorgesehene Route noch einmal in Block Drei durch. Jeder Teilnehmer der Expedition war sich seiner Begleiter völlig sicher. Auch wenn jemand insgeheim nicht in den Reaktor gehen wollte, waren sie doch alle still. Es war zu spät, den Plan aufzugeben. Aber jeder hoffte noch auf den Befehl: Umkehr. Aber der Befehl kam nicht.

Andrey dachte immer wieder an seine Familie. Würde er wirklich nicht erleben, dass sein Sohn ihn Vater nannte? Hatte er wirklich nur noch einige Minuten zu leben und in wenigen Stunden würde von ihm nur noch die Erinnerung in einigen Freunden weiterleben? Es lief ihm kalt über den Rücken. Und das Wort überleben, das er sich wiederholt vorsagte, klang nicht so optimistisch wie noch in den ersten Tagen. Hoffnungslosigkeit umfing sein Bewusstsein, machte ihn zum Roboter, der seine Arbeit ausführen sollte. Und die Frage „Wenn nicht ich, wer denn sonst?", die er sich selbst stellte, bewahrte ihn vor jedem Versuch, den morgigen Tag anders zu verbringen. Jetzt hatte er eine Chance, sein Leben auf eine Art zu beenden, dass er niemals Scham empfinden müsste, gelebt zu haben. Die Pflicht des Offiziers, für sein Vaterland zu sterben, schien ihm nun als unleugbares Dogma, anders wäre es unmöglich gewesen.

Nachdem er die laufenden Dinge abgeschlossen hatte, gab Andrey die letzten notwendigen Befehle, überprüfte die Bereitschaft aller Teilnehmer an den kommenden Ereignissen und, nach einem Bericht darüber, ging er nach Hause. Er musste ein wenig schlafen. Yudenkov wartete auf Andrey in dessen kleinem Haus.

„Wissen Sie, ich glaube, alles wird morgen gut", versuchte der General ihn zu ermutigen.

„Ich möchte es gerne glauben", seufzte Andrey. „Aber die Fakten sagen etwas anderes." Zum ersten Mal erlaubte er sich diese trüben Gedanken. Er hatte in der ganzen letzten Woche alle ununterbrochen ermutigt, nun hatte er keine Kraft mehr dafür. Er spürte die Weisheit des Mannes. Nun hatte er auch nichts mehr zu verlieren.

„Sie sind noch sehr jung. Es ist zu früh zum Sterben. Ihr Sohn ist geboren. Sie werden Zeit haben, sich um ihn zu kümmern. Sie werden müde sein, so dass Sie darum ersuchen werden, nach Tschernobyl zurück zu gehen."

„Wenn die Befehle so lauten, werde ich gehen" antwortete Andrey ernsthaft, ohne den Witz zu erkennen.

„Sie sind ganz steif, entspannen Sie sich, Sie haben morgen die schwierigste Prüfung Ihres Lebens, und Sie werden sie bestehen. Sie haben einen ernsten Prüfer; wenn er entscheidet, dass Sie überleben sollen, dann werden Sie überleben."

„Ich habe schon mehrere Prüfungen absolviert, aber die waren ganz anders."

„Ich für mein Teil hatte meine schlimmste Prüfung in Afghanistan. Wir lagen unter feindlichem Feuer vier Tage lang in der Stellung. Ich dachte, als General müsste ich nicht mehr in einem solchen Krieg kämpfen; ich dachte, es wäre für die Jungen. Nichts dergleichen, wir hatten bis zur letzten Patrone zu kämpfen, bis Verstärkung kam. Ich schaute auf die Körper von achtzehnjährigen Jungen, die in verschiedenen Richtungen lagen, und dachte: Die sind tot, und warum hat er mich begnadigt? Ich meinte, ich müsse für etwas anderes aufgehoben werden. Wenn ich nicht nötig wäre, würde ich auch dort im Sand liegen. Und wenn Sie auch nötig sind auf diesem Planeten, dann werden Sie auch überleben. Zweifeln Sie nicht. Die Hauptsache ist die Sehnsucht nach Überleben."

„Keine Sehnsucht hilft im Strahlensturm, das können nur Wunder", widersprach Andrey.

„Dann wird es ein Wunder geben! Der Tod lässt die aus, die ihn nicht fürchten", antwortete der General überzeugt. „Es gibt genug Wunder in Ihrem Leben, auch Ihr Lenz gehört dazu. Solche Begegnungen passieren nicht ohne Grund, sie haben einen tiefen Sinn, ich wiederhole es noch einmal."

„Ja ich muss ihn zumindest fangen", lächelte Andrey ironisch.

„Ich denke, Sie beide zeigen die ganze Geschichte des ungelösten Antagonismus unserer beiden Länder. Ich habe Ihre Berichte über die Unglücksursachen gelesen." Yudenkov fuhr nach einer Pause fort. „Sie haben recht. Ich werde auch mit Ihnen nicht darüber diskutieren, aber sehen Sie, niemand wird es je in Gang setzen. Es ist ein ganzes System. Deswegen sollte es auch außer der offiziellen Version keine andere geben."

Andrey blickte erstaunt auf den General. Waren seine Ideen von der Platzierung einer neuen Waffe in der Nähe des Kernkraftwerkes nahe an der Wahrheit? Und hatte das Erdbeben einen Zweck? Dann wird alles noch unklarer.

„Jaja, es ist ein System, und schauen Sie mich nicht so an. Es war wie bei der Erfindung der Nuklearbombe. Und wenn wir die Version enthüllen, die jetzt objektiv wahr sein kann, zeigen wir die Schwäche und die Nichtbereitschaft für eine Gegenaktion. Wir haben keine Technologie, die es uns erlauben würde, das zu enthüllen. Keine Technologien, und das ist alles. Hier ist der springende Punkt."

„Dann hatte ich recht?" Andrey lächelte ironisch.

„Wer weiß schon, wer hier recht hat. Die Menschen haben im Lauf der Zeit vieles erfunden", fuhr der General fort, als hätte er Andreys Frage nicht gehört. „Und in den Jahren des Kalten Krieges haben alle ihre Erfindungen irgendwie mit Waffen zu tun gehabt. Es vergeht kein Tag, an dem nicht eine neue Kriegswaffe erfunden wird. Und sie werden immer raffinierter. Einst war die Rakete der große Durchbruch und schien die perfekte Waffe. Jetzt ist alles ein bisschen differenzierter. Die Menschen sind leichter zu überzeugen, was nötig ist zu tun. Erzähl ihnen, dass die Sowjetmacht Teufelswerk ist. Die Massen werden losziehen, um sie niederzureißen. Es werden keine zehn Jahre vergehen, ehe das passiert. Die psychotronische Waffe ist schon jetzt kein Märchen."

„Wir arbeiten daran, so etwas zu verhindern."

„Es gibt Dinge, die lassen sich nicht verhindern. Sie denken, wenn wir am anderen Ende der Welt den Grill anwerfen, der die Erde rösten soll, dann können Sie das irgendwie stoppen. Das ist unrealistisch. Natürlich werden wir bis zum Letzten kämpfen, aber der Sieg ist hier wirklich eine zweifelhafte Sache. Und was, wenn wir beginnen, solche Fragen zu beantworten? Was wird dann sein? Ein Krieg mit unvorsehbaren Auswirkungen." Der General hatte einen Hustanfall.

„Und seine Früchte werden von unseren Ururenkeln geerntet, vorausgesetzt sie haben einen Platz zu leben und etwas zu essen", nahm Andrey den Gedanken von Yudenkov auf.

„Das ist es, Sie verstehen wirklich alles und auch noch schnell! Ihre Aufgabe ist es, sich um alles zu kümmern, was nicht nur für einzelne eine Bedrohung darstellt, sondern für die ganze Menschheit. Die Unachtsamkeit der Menschen wird unausweichlich zu ihrem Ende führen. Wir müssen versuchen, das irgendwie zu stoppen. Aus diesem Grund müssen Sie in den Reaktor."

Sie setzten diese Konversation bis zum Morgen fort, diskutierten und überboten einander mit Argumenten. Andrey vergaß keine Minute, was vor ihm lag. Wahrscheinlich hatte Yudenkov diesen Termin gewählt, um ihm keine Möglichkeit zu geben, wieder über seinen möglichen Tod nachzudenken und hatte ihm so seelische Belastungen erspart. Der General war ein sehr interessanter Gesprächspartner, der seine vierzigjährige Erfahrung als Geheimagent gerne teilte. Aber nun wurde es Zeit. Andrey verließ das Zimmer. Er räumte auf, als wäre es ein Abschied für immer. Jetzt gab es keine Emotionen mehr, nur noch kaltblütige Vorbereitungen.

Er hinterließ auf seinem Kissen zwei Briefe, an seine Frau und seine Kinder, und an seine Eltern, die er kurz vor der Ankunft Yudenkovs geschrieben hatte. Er war sicher, dass die Briefe an ihre Adressaten geschickt würden, falls er nicht wiederkäme. Auf diese Briefe würde man unweigerlich warten. Er verabschiedete sich in den Briefen von seinen Nächsten, enthüllte alle versiegelten Türen seines Bewusstseins, hinterließ die Bitterkeit, den Schmerz und die unerträgliche Melancholie, die ihn in den letzten Tagen zerrissen hatten, auf dem Papier. Er hatte nicht genug Worte, als ob es da je genug Worte gäbe, die all die innere Zerrissenheit eines Mannes ausdrücken konnten, der in den sicheren Tod ging. Vielleicht zum ersten Mal gab er sich als verletzlicher Mensch zu erkennen, mit einer dünnen erschöpften Seele. Sie kannten ihn so nicht. Aber schließlich, vielleicht sagte er für immer Lebewohl. Wie sollte man das schreiben und erzählen, wie sollte man für immer im Gedächtnis bleiben? Und den Brief beenden mit „Ich küsse euch und liebe euch sehr ..."
Andrey war am Rand der Tränen.

Nun saßen Andrey und der General im Wagen und fuhren langsam zum Atomkraftwerk, hin und wieder von Schlaglöchern durchgeschüttelt. Ein neuer Tag begann. Wer wusste, was er für die Menschheit bringen würde.

Unfreundliche Gedanken jagten Andrey im Auto wieder die Kälteschauer über den Rücken. Er war still, blickte zum schwarzen dunklen Himmel. Sein bedrohlicher Anblick rief eine innere Angst hervor, die forderte, sofort anzuhalten. Aber Andrey schenkte ihr keine Beachtung. Nun war es nur mehr nötig, nach vorne zu marschieren, ohne zu zweifeln, ohne zurückzuschauen.

In der Tiefe seines Herzens hoffte er immer noch, dass der Befehl kommen und der Einsatz abgesagt würde. Vielleicht hatten die Wissenschaftler ja einen anderen Weg entdeckt, die Daten herauszufinden, ohne Männer in den sicheren Tod zu schicken. Der Befehl kam nicht.

Er schaute die Bäume an, die vor dem Fenster vorbeisausten, kleine Gewächse, die ihm vorher nie aufgefallen waren, und er atmete tief ein. Vielleicht sah er das alles zum letzten Mal in seinem Leben. Er wollte sich an jeder Landschaft erfreuen, an jedem Seufzer, an jedem Augenblick. Die Straße zum Kraftwerk war wie der Gang des Gefangenen vom Gefängnis zum Schafott, wo sein Leben enden würde.

Niemals in seinem Leben hatte Andrey ernsthaft darüber nachgedacht, was nach dem Tod geschehe, wohin der Mensch ginge. Er hatte sich diese Gedanken stets für das Alter aufgehoben, immer in der Hoffnung, dass er das dann auch erleben würde. Und jetzt war er an der Schwelle des Todes, und hatte keine Ahnung, was ihn da erwartete. Auch in der Taiga, als er wie durch ein Wunder die Raketenexplosion überlebt hatte, waren solche Gedanken nicht in seinem Kopf aufgetaucht. Und hier war alles anders, der Tod ging nicht vorbei, hatte sich verborgen, auf ihn gewartet.

Auch die Gedanken an Robert verließen ihn nicht. Der hatte die Genehmigung bekommen, bei der Einsatzleitung dabei zu sein und würde alles sehen, was Andrey erbeutete. Er hatte Zugang zu den geheimsten und neuesten Nachrichten. Es gab Beschränkungen für Robert und einen zweiten Ausländer, der dabei sein durfte, aber sie waren nicht sonderlich hinderlich. Niemand konnte garantieren, dass er nicht Dinge sah, die er nicht sehen sollte. Dieses Phänomen konnte leicht alles zunichte machen, was Andrey an Desinformation für Robert aufgebaut hatte. Aber er hatte dem Druck der Regierungskommission in diesem Punkt nicht widerstehen können. Er verstand, dass es nicht möglich wäre, alles zu verbergen. Es war nötig, manche Details für die ausländische Kommission zu enthüllen, zumindest um Vertrauen zu entwickeln und sie mit den wahren Umständen im Kraftwerk zu befassen. Es war ein Spiel, in dem man manchmal mit offenen Karten spielen musste.

Als das Auto neben dem Block Drei anhielt, blickte Andrey Yudenkov an. Dieser nickte. Andrey machte einen tiefen Atemzug und stieg aus. Nur noch einige Schritte trennten ihn von dem Ziel, das er nun so lange angestrebt hatte. Andrey starrte auf den riesigen Sarkophag, den himmelstrebenden Rauchfang, das graue Gebäude der Station. Wie viel Kraft und menschliche Arbeit waren hier hinein geflossen, wieviele Menschen hatten ihre Energien und ihre Gesundheit darin verbraucht. Er ging da jetzt hinein, damit etwas Ähnliches nie wieder passieren konnte, und diese titanische Arbeit würde nicht sinnlos werden.

Er wurde im Block Drei bereits erwartet. Die Wissenschaftler bereiteten alles vor, und jemand von der Regierungskommission war auch gekommen. Die Gruppe war bereits in voller Vorbereitung. Die ausländischen Experten sollten später hinzukommen. Es war nur noch wenig Zeit bis zum geplanten Einstiegsmoment, und es war noch viel Arbeit zu leisten.

Der Strahlungslevel in Block Drei war dank der sorgfältigen Entstrahlungsmaßnahmen relativ niedrig, sodass man hier längere Zeit auch ohne Schutzkleidung verbringen konnte. Schutzmaske, Kopfbedeckung und dichte Kleidung, um die Körperoberfläche abzudecken, waren genug.

Die dichte Stille hing in der Luft. Die Mitglieder der Gruppe gingen jeder für sich, keiner wollte den anderen ansehen. Sie wussten genau, was sie darin sehen würden. Jeder hatte letzte Fragen ohne die Antworten im Kopf – Werden wir zurückkommen, werden wir überleben in dieser schwarzen Schlucht? Sie hatten jeden erfasst. Arcadys Gesicht war besonders verzerrt, sein Ausdruck wechselte ständig. Entweder er zeigte ein mildes Lächeln, oder er blickte gedankenschwer und melancholisch. Andere verbargen ihre Emotionen hinter einer steinernen Maske.

Die selben Fragen beschäftigten auch die Wissenschaftler, die die vier Helden begleiteten und nicht tausend gute Gründe gefunden hatten, nicht hineinzugehen. Jeder verstand, dass die Gruppe direkt in die Hölle marschierte, von wo wahrscheinlich keiner zurückkehren würde. Selbst wenn einer der vier Helden jetzt noch verweigert hätte hineinzugehen, hätte jeder ihn verstanden. Aber die Last war über alle menschliche Maße. Zu verweigern hätte bedeutet, den Planeten in Erwartung der nuklearen Apokalypse im Stich zu lassen. Kein Mann, der nur eine Chance hatte, etwas zu verändern, konnte das zulassen.

Letzte Instruktionen. Sie klangen nicht wie Befehle, eher wie väterliche Abschiedsworte und ein Wunsch. Stark und zuversichtlich.

„Jede Extrasekunde drinnen kann tödlich sein. Schnell gehen, die Wege sind klar definiert, ihr habt jeden vielfach wiederholt und könnt euch vorstellen, was danach kommt. Keine schnellen Bewegungen, nur minimaler Kontakt mit den Objekten im Raum. Es kann Blockaden geben und andere unvorgesehene Situationen, versucht keine Zeit zu verlieren.

Wenn ihr irgendetwas nicht versteht oder es unklar ist, weitermachen, wir haben ein Video, wir werden es dann studieren. Berichtet alles. Kennt jeder seine Aufgaben? Ich wiederhole noch einmal, unser Hauptziel ist den Zustand des Reaktors zu verstehen, der inneren Strukturen, die seine Reste halten, den Reaktor selbst und der verstreute nukleare Brennstoff. Sein Menge, sein sichtbarer Zustand. Wenn möglich, nehmt Proben. Ich glaube es ist nicht nötig, jetzt alles noch im Detail zu beschreiben. Ich hoffe, jeder versteht, dass es beim Scheitern der Mission keine Sanktionen gibt, aber dann müssen wir andere opfern, was wir vermeiden wollen. Ich hoffe, ihr kommt vollzählig und sicher von da wieder, und der Einsatz wird erfolgreich sein. Wir sind mit euch."

Andrey konnte sich perfekt vorstellen, was die anderen Männer im Stab dachten, die zur Beobachtung eingeteilt waren. In den Tod schicken war schlimmer als in den Tod zu gehen. Sie hatten ein furchtbares, unwiderrufliches und unauflösliches Schuldgefühl, das sie über Jahre beschäftigen würde. Es war immer schwer, zurückzubleiben.

Jetzt hatten sie nur noch ihre Schutzkleidung anzulegen und mussten ins Ungewisse gehen, über die Grenzen dessen, was der Mensch gelernt hat. Andrey erlaubte sich einen Moment der Entspannung. Nur ein Augenblick, aber es war genug, noch einmal die Situation zu überblicken und den folgenden Schritt ohne Angst und Zweifel zu machen. Er würde diese Männer hinein führen, er würde sie zurückbringen – er war nun zuversichtlich, dass Gott ihm eine Chance geben würde.

Jedem war die Symbolik des Schutzes, der für die Gruppe vorbereitet worden war, bewusst. Nur meterdicke Bleiplatten konnten wirklich gegen so heftige Gammastrahlung schützen, diese Ionenstärke ging durch jedes Material hindurch und verletzte den Menschen. Die Armee-Chemieschutzanzüge boten einen gewissen Schutz gegen den direkten Aufprall radioaktiver Teilchen auf der Haut und im Körper, was zum Tod auch des gesündesten Mannes in kürzester Zeit geführt hätte. Das gesamte Angebot an Schutzkleidung gegen Ionenstrahlung hatte einen symbolischen Wert.

Wissenschaftler, die nach dem Unfall lange Zeit im Kraftwerk gearbeitet hatten, konnten die Auswirkungen der Strahlung nur theoretisch darstellen. Viele von ihnen waren der stillschweigenden Meinung, dass die Gruppe nicht weiter kommen würde als zwanzig Meter, und dann würden alle Forscher sterben. Aber es war notwendig, um jeden Preis den Versuch zu unternehmen.

Mit der Hilfe von Experten zogen Andrey und die anderen Mitglieder der Gruppe langsam dicke wattierte Armeejacken über die chemischen Schutzanzüge und Armeewinterhandschuhe über die Gummihandschuhe. An den Füßen hatten sie klobige Gummistiefel. Das Gesicht verschwand hinter der isolierenden Gasmaske, die dicke Glaseinsätze mit Bleifassungen hatte. Die Kapuze des Chemie-Schutzanzuges wurde über die Gasmaske gezogen, und darüber kam der Helm mit Scheinwerfer, Videokamera und anderem nötigem Gerät. Eine Menge Geräte und Sensoren waren an dieser lächerlichen Schutzkleidung befestigt, die gegen Tausende Röntgen-Strahlen Widerstand bieten sollte; jedes dieser Geräte sollte für die Experten Informationen sammeln. Jeder der vier Männer trug mehr als dreißig Kilogramm am Körper. Das behinderte die Bewegungen und verringerte die Bodenstabilität. Die Fähigkeit zu sehen, zu hören und zu atmen war dramatisch eingeschränkt. Die Ausrüstung behinderte sie erheblich, und außerdem mussten sie noch mit den Geräten hantieren, die Ausrüstung tragen und mit Drähten und Proben zurecht kommen. Diese Kleidung war ganz offensichtlich nicht dafür gemacht, unter solchen Bedingungen zu arbeiten. Es war unbequem, beengend und heiß. Es schien, als sollte die Gruppe daran gehindert werden, Tschernobyls „Atom für den Frieden" zu widerstehen – aber es gab nichts anderes, es war das erste Mal.

General Osipenko machte nach alter militärischer Gewohnheit ein paar kleine Sprünge, um zu überprüfen, ob auch alles gut befestigt war, damit auch nichts abfallen konnte. Die anderen folgten seinem Beispiel. Jede Bewegung, jeder Schritt brachte die Gruppe näher zu ihrem eigentlichen Ziel.

Sie mussten sich beeilen. Die Luft in den Masken reichte für eine halbe Stunde. Alle Aufgaben, Messungen und Wegstrecken mussten in dieser Zeit untergebracht werden.

Die begrenzte Konzentration ließ nicht zu, dass die Gedanken abschweiften. Jetzt lag nichts mehr vor ihnen als das schreckliche zerklüftete Innere des Reators, der gezähmt werden sollte, ohne ihm zu gestatten, neues Unglück über die Menschen zu bringen. Jetzt wurde der Satz des Akademiemitgliedes Legasov war, der seine Arbeit in den Dienst der Liquidation der Folgen des Tschernobyl-Störfalles stellte, und der gemeint hatte: Zuerst hat der Mensch sein Heil in der Technologie gesucht, und jetzt sucht er es in der Flucht vor ihr.

Das war genau der Ansatz von Andrey und seiner Gruppe – die Rettung allen Lebens auf der Erde vor der schrecklichen Erfindung, die ihre Fesseln abgestreift hatte, um eine unabhängige Existenz zu führen, nicht länger unter der Kontrolle des Menschen, feindselig zu jedem Leben.

Der Ohrstöpsel an einem dünnen Draht wurde zur labilen Verbindung der Gruppe mit der Außenwelt. Nur der eigene schwere Atem in der Maske, der Herzschlag und die eigenen Gedanken waren hörbar, und sie forderten eine Sache – die befohlenen Aufträge auszuführen und lebend zurückzukommen. Andrey riss sich zusammen. Er begann im Kopf jeden Schritt ablaufen zu lassen, den er machen würde, wenn er dort war, unter dem Sarkophag. Er überprüfte die Gruppe, die schon bereit war für den Gang hinein. Es war Zeit. Andrey berührte jeden der anderen am Unterarm und blickte ihm durch das Schutzglas in die Augen. Aber er sah weder Furcht noch Zweifel, nur den Willen, es so schnell wie möglich hinter sich zu bringen. Es gab keinen Grund, den Aufbruch zu verzögern. Die Gruppe war bereit.

Wie vereinbart ging Ingenieur Lozov als erster vom Vorbereitungs-raum in die Kommandozentrale. Er hatte einen Seemannsgang, war in sich versunken, schenkte den Menschen, die da standen, keinerlei Beachtung. Ihm folgte Andrey in einer Entfernung von zwei Meter. Er spähte rings um sich. Sein Blick fiel auf Robert, der auf einem Stuhl an der Mauer saß. Die Vereinbarungen verboten den ausländischen Beob-achtern irgendetwas wegzunehmen und sich dem Schauplatz weiter anzunähern. Sie konnten die Geschehnisse nur aus einiger Entfernung beobachten. Man war um ihre Sicherheit besorgt.

Eine Mischung der Gefühle überschwemmte die Seele und spiegelte sich in seinem Blick, Jetzt verstand Robert definitiv und unwiderruflich, dass er sich geirrt hatte, als er den Russen ein Täuschungsmanöver unterstellt hatte. Diese Männer marschierten tatsächlich tief hinein in den zerstörten Kraftwerksbau. Seine Augen traten hervor und auf seiner Stirn erschienen Falten. Die Mitglieder der Gruppe gingen an ihm vorbei, echte Helden, die grenzenlosen Respekt verdienten.

Er sah an ihnen zahlreiche Geräte für Messungen und andere In-formationen, aber er war zutiefst erstaunt über die Schutzkleidung ... Er konnte nicht sagen, ob diese lächerliche, unförmige Ausrüstung, die eigentlich jede Bewegung behinderte, wenigstens wirklich so etwas wie Schutz bot in starken radioaktiven Feldern. Oder gingen sie eigent-lich ungeschützt hinein und wussten, dass keine Kleidung sie schüt-zen konnte. Was für eine Hingabe, was für eine Sehnsucht, was für eine Darstellung der Entschlossenheit. Diese Männer marschierten zum Sieg, da hatte Robert keine Zweifel. Heroismus und Opfermut des rus-sischen Volkes konnten nur den Erfolg bringen. Robert versuchte, sich an ihre Stelle zu versetzen, aber es gelang ihm nicht. Er ertrug diese Ungewissheit kaum. Lenz starrte in Andreys Augen, ihm schien, als ver-abschiedete er sich nicht von seinem Gegner, sondern von dem Bruder, den er nie gehabt hatte. Robert konnte Andreys Gesicht nicht sehen, er fühlte es nur auf Entfernung. Er verstand, dass da kein Platz war für Furcht. Die Verkörperung des unzerstörbaren russischen Soldaten ging langsam an ihm vorbei. Er marschierte in den Kampf mit der Aussicht auf den Tod, um den Reaktor einzufangen, der außer Kontrolle geraten war, freiwillig, er schickte keinen statt sich selbst, er schickte keinen in den Tod.

Lenz atmete schwer durch das Atemgerät, sein Herz schlug wie verrückt. Konnten diese Männer wirklich die kommende Tragödie auf-halten, den Planeten retten? Am liebsten wäre Robert auf Andrey zu-

Anatoly N. Tkachuk in der Uniform des Liquidators der Katastrophe in Tschernobyl.
An der Brust ist der Strahlungsgradspeicher befestigt, der die im Laufe des ganzen
Aufenthalts in Tschernobyl angesammelte Strahlendosis zeigt.

gelaufen, um ihm auf Wiedersehen zu sagen, ihm zu sagen, wie sinnlos ihm feindselige Handlungen gegen sein Volk erschienen, ihm seinen Respekt auszudrücken. Er wusste, dass dieses Zusammentreffen das letzte sein konnte.

Plötzlich traf es Robert wie ein Blitz: Andrey und er hatten in Wahrheit nicht auf verschiedenen Seiten der Barrikade gestanden. Beide hatten sie ihr Leben riskiert für eine Sache: die Verhinderung eines neuen Weltkonfliktes, für die Chance der Welt, zu überleben. Und jetzt tat Andrey seine Pflicht! Er rettete die Menschheit vor der Zerstörung, riskierte sein Leben ...

Hinter Andrey ging General Osipenko in zwei Meter Abstand. Sein ernster Blick auch in der Vorbereitung erzählte von seiner inneren Bereitschaft und Konzentration. Er war knapp, aber zuversichtlich. Und nun ging er zielstrebig, jede Bewegung strahlte Effizienz aus.

Arcady, der die Gruppe beschloss, wirkte geistesabwesend. Selbst Andrey begann zu zweifeln, ob es nötig war, diesen Mann mitzunehmen. Der Physiker hatte offensichtlich Angst. Seine Nervosität war gepaart mit starker Zuversicht. Jetzt ging er durch die Kommandozentrale und blickte sich hektisch um. Er atmete heftig. Aber sobald er den Technikgang erreichte, wurde er plötzlich ruhig und seine Bewegungen gewannen wieder Stabilität. Ungewissheit lag vor ihm, und er war nun bereit, ihr zu begegnen.

General Yudenkov begleitete die Gruppe praktisch bis zum Eingang. Er ging still neben ihnen, schaute nur hin und wieder zu den Helden, die er ins Ungewisse entließ. Am liebsten hätte er sich bei jedem einzelnen entschuldigt, aber es gab keine Alternative.

Eine kurze Begegnung mit Andrey flackerte vor Yudenkovs Augen. Der General, der den Krieg überlebt und sich der Geheimdiensttätigkeit gewidmet hatte, verstand Menschen perfekt, und jetzt war er ganz sicher, dass solche Menschen wie Andrey nur selten zu treffen sind auf der Welt. Sein inneres Gefühl von Verpflichtung und Ehre gaben ihm die Stärke und Zuversicht, die nur wenige Menschen haben. Und wenn dieser Mann hier starb, im Herz des Reaktors, dann würde die Welt nicht nur den Helden verlieren, sondern auch den wahren Menschen. Yudenkov wagte nur für einen Augenblick in Andreys Augen zu schauen, und was er da sah, beruhigte ihn. Dieser Mann wollte zurückkommen, und dann würde das auch so sein. Die Gruppe ging am General vorbei. Der General machte unauffällig ein Kreuzzeichen für die Gruppe. Nur Gott konnte diese Männer noch vor dem unabwendbaren Tod retten.

Als er mit ihnen zusammen den provisorischen Korridor erreichte, kehrte er um und ging in den Kommandoraum. Es war verboten, weiter zu gehen. Irgendwo hinter der Kurve entfernten zwei Soldaten in Schutzkleidung die schwere Bleiplatte, die die Hölle des Block Vier von der Welt der Lebenden trennt. Der Anblick des dunklen Durchlasses, der in das Zwielicht des Labyrinths mündete, konnte Gänsehaut erzeugen. Die vier Männer gingen einer nach dem andern vorsichtig ins Innere.

Die Untersuchung der erhalten gebliebenen Räume des zerstörten 4. Energieblocks des KKWs. In diesen Korridoren wurden die Wände mit Blei bedeckt, um die Wissenschaftler vor der Strahlung zu schützen.

## Im Inneren des Sarkophag

In schwarzen Dampf wie in ein schwarzes Tuch eingehüllt, machte das Monster alles, damit niemand es sehen konnte. Es war bereit, jeden zu töten, der wagte, es anzublicken. Auch durch das dicke Glas verbrannte das Monster jeden Menschen mit seinem Blick wie mit einem außerirdischen Strahlen, durchdrang jeden Teil des menschlichen Körpers und des Bewusstseins mit totem Licht.

Die schwere Metallplatte wurde hinter ihnen mit einem unangenehmen Knall geschlossen. Die Männer waren umgeben von völliger Dunkelheit. Im schwachen Licht der Kopflampen schälten sich allmählich die grauen Betonstrukturen aus dem fahlen Zwielicht heraus. Irgendwo von oben drangen kaum wahrnehmbare Lichtpartikel herein, wurden aufgesogen von der reglosen Staubwolke, die einen verhängnisvollen Nebel bildete.

Endlose Korridore führten in verschiedene Richtungen, zahllose Kabel liefen über die Wände, verbanden eine Vielzahl nunmehr nutzloser Geräte, die einst das Lebenssystem des Kraftwerks gebildet hatten. Die zerborstene Leitung des Pumpensystems zog die Aufmerksamkeit der Forscher auf sich. Das herabgestürzte massive Rohr blockierte einen der Durchgänge. Die Explosion hatte die inneren Räume zur Unkenntlichkeit zerstört.

Trotz der intensiven Vorbereitung – alles schien ihnen absolut fremd und unbekannt. In diesem Raum konnte man leicht die Orientierung verlieren. Die Last, die sich mit dem ersten Schritt auf sie herabsenkte, konnte einem Mann in Sekunden den Verstand rauben.

Das ganze bisherige Leben blieb hinter der metallenen Schleusentür zurück, sie trennte das Davor vom Jetzt. Ehefrau, Kinder, Jahre hervorragenden Militärdienstes, Nachtwachen ... Das nächtliche Meer tauchte unvermittelt in Andreys Kopf auf. Ein stiller Sommerabend, eine leichte Brise am Kai, der Schlag der Wellen gegen die Betonküste. Seither waren zwei lange Jahre vergangen. Würde danach noch etwas sein? Vor ihnen lag die Ungewissheit, und nur das Pflichtgefühl gegenüber der ganzen Menschheit brachte sie dazu, furchtlos weiter zu gehen.

Die Gruppe machte nur einige Schritte, und es blieb kaum eine Sekunde für solche Gedanken. Aber in dieser Sekunde versuchte jeder sich zu orientieren und das, was er sah, mit dem Bild des Raumes zu vergleichen, wie es im Gedächtnis abgespeichert war. Die ersten Meter ihres Weges waren begleitet vom herzzerreißenden Ticken der Dosimeter, ein Geräusch, das ihnen zurief: weg von hier.

Schneller! Die Zahlen auf dem winzigen Bildschirm wuchsen jede Sekunde: 40 Röntgen pro Stunde, 50, 90, 100, 120 ... Dieser irrsinnige Wettlauf schien kein Ende zu nehmen. Sie mussten so schnell wie möglich handeln. Die Gruppenmitglieder musterten sich gegenseitig einige Sekunden, dann folgten sie den Anweisungen von Professor Lozov, schlossen die Geräte an die Steckdosen an und umwickelten sich mit dicken Drahtbündeln.

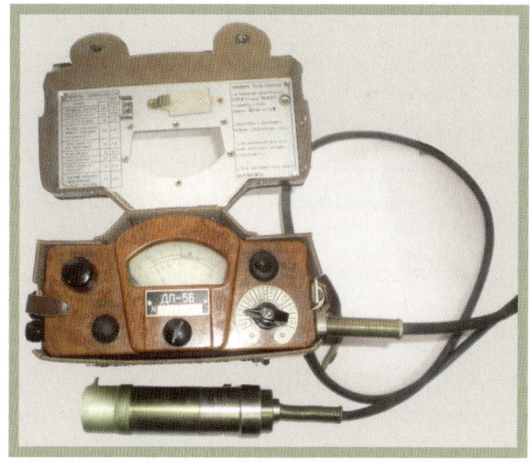

Der Strahlungsdosimeter DP-5B
im Bereich von 0-200 Röntgen
pro Stunde.

General Yudenkov konzentrierte sich auf die Anzeigen der Uhren in der Kommandozentrale. Die zweite Minute war um, aber nichts geschah. Sein gerötetes Gesicht war von Anstrengung verzerrt. Rundherum war Stille. Plötzlich erwachte einer der Monitore zum Leben, und dann erschien das erste flackernde Bild darauf. Alle drängten näher zu den Anzeigen. Doch als allmählich auch auf anderen Bildschirmen in der Kommandozentrale undeutliche Bilder und verschiedene Datenmessungen sichtbar wurden, ließ die Spannung ein wenig nach. Yudenkov seufzte tief. Er hatte das Gefühl, persönlich für alles verantwortlich zu sein, was in den nächsten Minuten passieren würde. Auch Robert seufzte. Auch er starrte auf die Bildschirme und hoffte, dass die Männer, die in ihren Tod gegangen waren, vielleicht doch zurückkehren würden.

Die Verwirrung war kurz, der Wissenschaftler ging voran, winkte mit der Hand und die Gruppe ging los. Die Stoppuhr begann die Sekundenzählung bis zur Rückkehr. Die Mikrophone um ihren Hals übertrugen die Worte der Männer nur in die Außenwelt – untereinander mussten sie sich mit Handzeichen verständigen.

„Wir sind drin", informierte Andrey die Zentrale. „Alles voll Staub, das Dosimeter zeigt 700 Röntgen/Stunde und steigt ständig. Wir gehen weiter."

Im Kopfhörer zischte es, die Antwort war kaum zu verstehen: „Verstanden, bleiben Sie nicht stehen, gehen Sie weiter."

Unter ihren Stiefelsohlen knirschte die dicke Schicht von Staub und Betonstücken der zertrümmerten Wände. Die Totenstille des Korridors dröhnte in ihren Ohren und wurde auch von ihren langsamen Schritten nicht durchbrochen. Auf der Zunge und auf den Lippen war plötzlich ein unbekannter metallischer Geschmack. Die Strahlenmessgeräte drehten durch. Die Messsensoren für die Radioaktivität waren nicht für diese Bedingungen konstruiert. Nacheinander fielen die Anzeigen aus, nachdem sie die 1000er-Marke überschritten hatten. Offensichtlich ging die größte Gefahr vom Boden aus. Jetzt ging es um jede Sekunde, und sie mussten so schnell wie möglich weiterkommen. Ihr Leben hing von jedem einzelnen Schritt ab.

Sie hielten sich sorgfältig an den festgelegten und eingeübten Weg. Sie wagten kaum zu atmen in der Gasmaske, jeder fürchtete zu stolpern. Sie mussten Hindernisse aus zerstörtem Beton überwinden, die ihnen im Weg standen. Jeder Fehltritt konnte nur eines bedeuten – den Tod. Vom ersten Augenblick an war klar, dass die schlimmsten Befürchtungen der Wissenschaftler zutreffend waren. Was einst eine eindrucksvolle, monumentale stabile Innenkonstruktion gewesen war, war nun ein Trümmerhaufen. Riesige Betonelemente waren zerstört. Teile der herabgestürzten Raumdecken, Fragmente der zerborstenen Leitungen des Kühlsystems lagen auf dem Boden, ragten in alle Richtungen.

An einigen Stellen im Sarkophag musste man wegen der Strahlung kriechen.

Das Gebäude, von dem die Konstrukteure angenommen hatten, dass es einer atomaren Explosion standhalten würde, bot nun den Eindruck eines von Windstößen zerschlagenen Kartenhauses.

Ein uralter Horror hatte sich in der Ruine eingenistet, ergriff mit jedem Schritt mehr und mehr Besitz von den Männern, fasste mit seinem glühenden Atem nach ihrem Herz. Andrey fühlte, wie ihm der Schweiß den Rücken hinunter rann. Mit jedem Schritt stieg die Umgebungstemperatur. Es waren erst wenige Augenblicke vergangen, seit sie den Raum betreten hatten, aber schon drohte sie die Kraft zu verlassen.

Zweihundert Meter zurückzulegen, den Auftrag durchzuführen und wieder zurückzukehren – es schien fast unmöglich für den sterblichen Menschen. Jeder von ihnen, der hinter Lozov her ging, verstand das jetzt. Die Wege waren mathematisch präzise erarbeitet worden, jede Eventualität erwogen, sie schienen der Weg zur Rettung – und doch waren auch sie mit erheblichem Verstrahlungsrisiko verbunden. Und niemand würde kommen, um ihre Leichen zu bergen, falls sie hier drinnen sterben würden. Und sollte man sie doch herausholen, so würde man sie in einem tiefen Loch unter dicken Schichten von Beton und Blei begraben. Aber sie mussten weitergehen. Jeder von ihnen wusste das, es hatte keinen Sinn, sich unnötige Fragen zu stellen, sich mit Zweifel abzuquälen.

Bei einem neuerlichen Unglück würde die schreckliche Kraft im Inneren dieses Gebäudes nach außen dringen; die Menschheit würde mit Trauer konfrontiert, mit Tod, Untergang, Hölle ... es wäre die Apokalypse. Wer hier drinnen war, der begriff es, der spürte es mit jeder Faser seines Körpers, der wartete auf den Todesstoß, wie beim Angriff der Kobra, die ihr Opfer im Blick hält, ohne Chance auf Rettung. Die Männer, die durch den radioaktiven Staub stapften, begraben unter dem Sarkophag, gingen ihren Weg, um das Leben künftiger Generationen zu retten.

Plötzlich blieb Ingenieur Lozov stehen. Dieser mittelgroße durchtrainierte Mann griff wild um sich, fiel auf die Knie, riss sich die Gasmaske vom Kopf, sog tief die Luft ein und stürzte auf sein Gesicht. Andrey beugte sich zu ihm, versuchte ihn aufzuheben, aber Lozov rollte auf den Rücken. Seine Lippen verfärbten sich in Sekunden blau, Schaum trat aus seinem Mund, vermischte sich mit dem Staub und sein Gesicht wurde schwarz. Die Augen traten langsam aus den Höhlen hervor, zeigten nur noch das Weiße. Lozov machte noch ein paar tiefe Atemzüge und erlosch.

„Lozov ist gefallen", sagte Andrey, zu seiner eigenen Überraschung mit fester Stimme, und versuchte noch einmal, den Wissenschaftler aufzuheben. „Was sollen wir tun?"

Das Funkgerät schwieg endlose Sekunden lang. „Was ist mit Lozov?" kam die Frage in seinem Kopfhörer. Andrey bedeckte Lozovs offene Augen mit der Hand und nahm sie schnell weg. Keine Reaktion. „Er ist offensichtlich tot", antwortete er.

Es musste das gewesen sein, wovor sie sich am meisten fürchteten. Das radioaktive Material, das durch die Explosion verteilt worden war, lebte sein fürchterliches Leben weiter. Das „Atom für den Frieden" hielt schreckliche Überraschungen bereit. Bevor die Expedition aufgebrochen war, hatten sie jeden Schritt, jede Eventualität kalkuliert. Aber die chaotischen Prozesse, die hier abliefen, konnten nicht vorausberechnet werden. Die gewaltigen Ströme aufgeladener Teilchen trugen die tödliche Drohung, schufen hochradioaktive Felder mit massiver Neutronenaktivität. Sie konnte überall sein, hinter jeder Kurve, in jeder Ecke. Diese Fallen konnten jeden, der in sie trat, innerhalb von Sekunden töten. Jeder von ihnen wusste das, aber jetzt mussten sie über die nächsten Schritte entscheiden.

„Was sollen wir jetzt tun?" wiederholte Andrey. Die Kehle schnürte sich ihm zu. Als er sich zum General umdrehte, sah Andrey den Reflex der Furcht in seinen Augen. Andrey musste den nächsten Schritt dort tun, wo der Professor gestorben war. Niemand wusste, was sie erwartete; dieser Ort konnte auch sein letzter Unterstand werden. Aber sie mussten weiter gehen. Niemand außer ihnen würde das tun. Sie müssen. Sie müssen. Sie müssen ... Zum Wohl derer draußen vor den dicken Betonmauern, zum Wohl all derer, die nach ihnen kommen würden. Den ersten Schritt hatten sie schon gemacht, sie konnten nicht mit leeren Händen zurückkehren, sie wollten nicht sterben, ohne irgend etwas erreicht zu haben. Es blieb ihnen eine Sekunde Zeit zu überlegen.

Andrey drehte sich wieder zu seinen Gefährten um. General Osipenko und Arcady deuteten beide gleichzeitig „Zurück!". Ihm wurde klar, dass gerade etwas passierte, bereits hier, auf den ersten Metern ihres Weges, das sie bei der Vorbereitung ihrer Unternehmung befürchtet hatten. Die Männer hielten dem psychischen Druck nicht stand und drohten zusammenzubrechen. Es gelang ihnen nicht, ihre Gefühle zu unterdrücken, ihr Verhalten unter Kontrolle zu halten.

Im Kontrollzentrum breitete sich lähmende Stille aus. Auf einem der Monitore stand das Bild aus Lozovs Kamera – Dunkel. Die Männer zurückzuholen, ohne irgendeine Erkenntnis, war unakzeptabel. Sie weiterzuschicken, bedeutete sie zum Tode zu verurteilen.

Was wenn sie sich verrechnet hatten. Was wenn die Strahlung im Inneren des Sarkophag viel höher war und es keinen Schutz davor gab.

Aber es musste eine Entscheidung getroffen werden, wertvolle Sekunden verstrichen. Einer musste die Verantwortung übernehmen – Rückkehr oder Todesurteil? Yudenkov musterte die erstarrten Experten. Auf seinem Gesicht erschienen Falten, Schweißperlen traten auf seine Stirn. Er wischte den Schweiß mit der Hand weg, bedeckte wie zufällig seine Augen und führte langsam das Mikrophon an die Lippen.

„Gehen Sie weiter", hörte Andrey plötzlich in seinem Kopfhörer. „Legen Sie die nächsten Schritte fest und führen Sie Ihren Auftrag aus."

Die feste Stimme von General Yudenkov schnitt die Zweifel und Hoffnungen ab, ehe sie weiter aufkommen konnten. Es gab keinen Weg zurück. Der Auftrag musste zu Ende gebracht werden. Aber dieser Befehl war für Yudenkov der schwierigste, den er je gegeben hatte. Selbst im Krieg hatte er keine vergleichbaren Befehle erteilt, hatte niemals Männer in den sicheren Tod geschickt. Der General wusste, dass Andreys nächster Schritt sein letzter sein konnte, und er würde auch dort liegen bleiben, neben dem toten Ingenieur Lozov. Aber er hatte Vertrauen zu ihm.

„Verstanden. Wir gehen weiter", antwortete Andrey zuversichtlich, ohne Zögern, und sein Blick fiel auf den leblosen Körper des toten Ingenieurs.

Andrey wandte sich seinen Gefährten zu und deutete die Richtung. Sie standen wie angewurzelt. Andrey kannte die Möglichkeit dieses psychologischen Phänomens aus seiner Ausbildung und erfasste sofort die kritische Situation. Der Schutzanzug hinderte ihn daran, mit den Männern zu sprechen. Er hatte nur eine Möglichkeit, und er traf die Entscheidung und er stieß sie vor die Brust und weckte sie aus ihrer Erstarrung. Dann wies er noch einmal die Richtung, in die sie gehen mussten. Es durfte kein Zögern geben, kein Zweifeln. Nicht einen Augenblick. Andrey wusste, dass dieser Moment für ihn und die anderen Männer zur Entscheidung werden konnte, nicht mehr zurückzukehren.

Jede verlorene Sekunde konnte fatal sein. Und jetzt musste Andrey noch eine Entscheidung treffen, auf die er sich in der letzten Woche vorbereitet hatte. Wie viele Fragen wurden in der Ausbildung niemals gestellt ... Warum hatte er sie nie gestellt, sich nicht auch darauf vorbereitet? Sie konnten noch so sorgfältig planen und vorsichtig vorgehen – wer wusste schon, was nun richtig war? Sie waren in einer unbekannten Welt, in der man gar nichts vorhersagen konnte.

Wenn sie dem Weg folgten, den Lozov eingeschlagen hatte, konnten sie binnen Sekunden sterben. Sie mussten dringend die Route ändern. Jeder Schritt konnte eine Falle sein. Er konnte nicht den Weg der Gruppe bestimmen und sie ins Verderben führen. Fieberhaft dachte er nach. Er suchte nach möglichen Varianten, eine nach der anderen, und die Zeit verstrich. Eine Sekunde, die nächste, der Herzschlag maß das Leben wie ein Metronom. Und wenn die nächste Variante die falsche war? Nun ging er als erster, und sein Tod würde auch den Tod der anderen Gruppenmitglieder bedeuten. Aber sie konnten nicht mit leeren Händen zurück gehen ...

Andreys Entscheidung musste die einzig richtige sein. Aber es gab keine Möglichkeit der Vorhersage. Die Anzeigen der Geräte, auf die sie so viele Hoffnungen gesetzt hatten, blieben stumm. Andrey begriff, dass die Berechnungen und Wegvorschläge der Wissenschaftler zu optimistisch gewesen waren. Der Weg führte sie in Gebiete mit hoher Strahlung, was bedeutete, dass sie sich dem Ort der Explosion näherten, wo die Konzentration des ausgetretenen atomaren Brennstoffs am höchsten war. Offensichtlich war sie hier überall. Er schätzte hektisch die neue Route ein, der Lichtschein seiner Lampe durchschnitt das dichte Zwielicht, das aus allen Richtungen auf ihn eindrang. Aber nur die zerstörten Wände umgaben ihn, von denen die Schilder hingen, die einst den Weg gewiesen hatten.

Als er sich umblickte und versuchte herauszufinden, in welcher Richtung der Reaktor gewesen war, erblickte Andrey einen klaffenden Riss in der Stützmauer. Erstarrte Brennstofflava, schwarz und kühl schimmernd, quoll daraus hervor. Sie ergoß sich über den Boden und breitete sich in verschiedenen Richtungen aus, verschwand hier und da unter dem Beton und Staub, vermischt mit Brocken der zerstörten Wände der Bereiche in der Nähe des Reaktors, lief weiter irgendwo unter den Füßen des Erkundungstrupps. Als er dieses schreckliche Bild betrachtete, begriff Andrey, dass der Reaktor tatsächlich in seinen Grundfesten zerstört war. Der Reaktorkern und die umliegenden Räume waren verschmolzen. Als Resultat waren riesige unkontrollierbare Mengen von heißem Brennstoff aus der aktiven Zone ausgetreten und hatten sich über Abschnitte ausgebreitet. Und nur der Teufel konnte wissen, was diese radioaktiv glühende dunkle Masse, die so leblos schien, in sich barg. Er hatte den Eindruck, dass sie mit ihrem tödlichen Atem durch die Schutzkleidung hindurch seine Haut berührte.

Die Mauereinstürze und das Durchbrennen der südlichen Stützwand und zusätzlicher Mauern, die den Reaktor früher getragen hatten, bestärkte Andrey darin, dass die Position des Reaktors instabil war. Der Beton, mit dem der strahlende Teil des Reaktors während der Errichtung des Sarkophages umhüllt worden war und die Tonnen verschiedener Materialien, die aus Hubschraubern hineingeworfen worden waren, verschlimmerten noch die Situation. Die Belastung der zerstörten Fundamente hatte das zulässige Höchstgewicht weit überschritten, niemand konnte sagen, mit welchen Auswirkungen. Hier standen sie nun am gefährlichsten Platz, der Anlass einer neuerlichen Katastrophe sein konnte.

Andrey hatte eine klare Vorstellung von diesem schrecklichen Monster, das so viel Unglück gebracht und eine große Zahl Menschen zu schrecklichen Leiden verdammt hatte. Der Name dieses Monsters war RBMK-1000.

Sollte es je aus dem Betonkäfig entkommen, in dem es für den Rest seines Lebens eingesperrt sein sollte, so würde es neue Opfer fordern, um seinen ewigen Hunger zu stillen. Der Horror musste niedergehalten werden und durfte niemals aus seiner Erstarrung erwachen.

Ein furchterregender Gedanke durchfuhr Andrey: „Und wenn jetzt in diesem Augenblick rund um sie alles zusammenbrechen und eine neuerliche Explosion stattfinden würde. Es war schon zuviel Zeit vergangen, bevor man sie in den Reaktor geschickt hatte. Was wenn der Reaktor auf Besucher gewartet hatte, um ihnen eine letzte Überraschung zu bereiten und ihre Seelen in ewige Dunkelheit zu reißen?" Aber Andrey wollte leben, wollte mehr denn je leben. Er sehnte sich danach, hier hinauszukommen und all seine begonnene Arbeit fortzusetzen.

Das riesige Betongefäß, mehrere Dutzend Meter hoch, das die Kernzelle des Reaktors gewesen war, voll gefüllt mit nuklearem Brennstoff, das 3200 Megawatt Energie erzeugt hatte, schien Andrey entweiht und verwüstet, es strahlte eine unheimliche Bedrohung für die gesamte Menschheit aus. Diese ganze Energie war nach außen gedrungen und hatte auf ihrem Weg alles zerstört. Selbst die oberste Schicht Abdichtungsmaterial, ein Deckel, der tausend Tonnen wog, war durch die Explosion aus seiner Position gerissen worden und lehnte nun quer am Reaktor, nutzlos, ohne jede Schutzfunktion. Das Projekt „Atom für den Frieden" hatte in kontrolliertem Zustand gut funktioniert, doch dann hatte es binnen wenigen Sekunden sich in einen Haufen von hoch radioaktivem Müll und geschmolzener Massen verwandelt, die kein Wissenschaftler kannte.

Das geschmolzene Herzstück der Anlage floss als allesverbrennende Lava in die Umgebung. Auch die besten Sicherheitssysteme konnten dieser Gewalt nicht widerstehen. Und jetzt, zerstört aber nicht tot, bildete diese Ruine eine schreckliche Kraft, die ihrem Schöpfer nicht mehr

untertan war – dem Mensch. War es möglich, ihre Gefährlichkeit zu be-
zweifeln? Es war möglich, wenn man diese Bilder nicht sah, diese Quelle
der schrecklichen Gefahr nicht sehen konnte. Deswegen war ihre Expedition so notwendig! Andrey konnte sich das Ausmaß einer kommenden
schrecklichen Katastrophe gar nicht ausmalen.

Die hohe Temperatur machte sich bemerkbar. Selbst durch die dicken
Sohlen seiner Stiefel brannten die Füße nahezu, als stünden die Männer
in glühenden Bratpfannen. Der Gummi der Atemschutzmaske begann zu
schmelzen, klebte am Gesicht fest, fraß sich in die Haut und strömte einen
stechenden chemischen Gestank aus. Die Glaseinsätze waren bedeckt
vom Schweiß von innen und vom Dampf, der um sie herum von den geschmolzenen Materialien ausströmte. Andrey glaubte, in der Dunkelheit
einige Objekte unterscheiden zu können. „Zeit ... Zeit ... Zeit", pochte es
in seinem Kopf. Jede Sekunde wurde zur Ewigkeit ...

Der erstarrte Brennstoff um sie herum, blockierte Ausgänge, schutt-
gefüllte Korridore – ein möglicher Weg nach dem anderen schied aus. Es
war klar, dass sie kaum eine Wahl hatten als den Weg auf die Erdgeschoss-
ebene im Dampfverteilungskorridor. Niemand konnte wissen, was sie
dort erwarten würde. Er deutete seinen Begleitern, ihm zum Durchlass
zu folgen. Mit anderen Gesten bedeutete er ihnen, auf jeden Fall umzu-
kehren, sollte er selbst ums Leben kommen. Sie nickten bestätigend. Sie
hatten alles verstanden.

Andrey seufzte tief und machte einen Schritt. Alles schien gut; es war
möglich, weiter zu gehen. Die Gruppe folgte Andrey. Der neue Weg war
länger als der ursprünglich geplante, aber es gab keine andere Wahl.

„Wir haben die Route geändert und gehen in den Dampfverteilungskorridor", berichtete Andrey.

„Wie geht es euch?", kam die Antwort.

„Es geht uns gut, leichte Übelkeit, dumpfer Kopf. Hier ist es heiß wie
in der Hölle, als würden wir direkt auf dem Brennstoff stehen. Die Sicht
ist praktisch null. Alles ist voll Staub und Dampf."

Stille in der Kommandozentrale. Die Stabsangehörigen wechselten
wieder Blicke. Niemand wusste, was der nächste Schritt bringen würde.
Die Bilder auf den Monitoren boten keine Möglichkeit, die Situation einzuschätzen und den Männern im Sarkophag einen Rat zu geben. Die Diskussion der Experten brachte sie keinen Schritt weiter. Yushenkovs Blick
haftete am Monitor, er hörte der Diskussion zu, hoffte auf irgendeinen
Hinweis, auf einen Hoffnungsschimmer, aber es kam nichts. Er blickte auf

die Uhren. „Ihr müsst improvisieren", hörte Andrey seine heisere Stimme im Kopfhörer. „Beeilt euch, die Zeit ist knapp."

Die Gruppe ging einige Schritte zurück, dann bogen sie ab zum Nebenraum. Eine Biegung. Noch eine. Nach ungefähr dreißig Metern drehte Andrey sich um. Hinter ihm war niemand. Der Lichtschein drang keinen Meter durch den dichten Staub. Hatten sie sich in der Dunkelheit verloren? Niemand außer ihm kannte sich in dem Gebäude aus. Trennung – das bedeutete den Tod aller Gruppenmitglieder. Außerdem – wo waren die Leuchtfarbenmarkierungen auf dem Boden, die sie zur Orientierung hingetropft hatten? Allmählich verlor Andrey sein Raumgefühl. Er machte zwei Schritte nach rechts und lehnte sich an die Wand. Hier hing noch der 1986er-Kalender mit dem Bild von Sofija Rotaru.

Ein Schritt. Noch ein Schritt. Wieder die Mauer. Andrey stieß gegen den Tisch in der Ecke, ein Stapel Papier fiel zu Boden. Irgendjemand hatte hier bis zuletzt gearbeitet. Er blickte genauer hin. Auf dem Tisch standen eine Teekanne und drei leere Tassen. Die Männer waren nicht mehr zum Teetrinken gekommen. Alles war unberührt, aber alles strahlte todbringende Gefahr aus und war mit begraben unter dem mächtigen Beton des Sarkophags.

Aber wohin sollte er gehen? Wo war der Ausgang? Die Furcht schnürte ihm die Kehle zu. Hektisch leuchtete Andrey in alle Richtungen, um den Weg zu finden.

Doch ehe er in Panik verfiel, zeigte ihm der veränderte Lichtreflex einen Weg. Und einige Augenblicke später sah er die Umrisse von Osipenko, der Arcady vom Boden aufhob. Starb der auch? Wohl nicht, denn er stand wieder auf eigenen Füßen. Andrey eilte zu ihnen und schlug ihnen auf die Schulter. Beide hoben den Daumen – alles war in Ordnung, sie konnten weitergehen. Andrey zeigte ihnen die Stoppuhr, die Zeit verging, sie mussten sich beeilen.

Erneut orientierte er sich. Er hatte die Gruppe in eine Sackgasse geführt. Nun mussten sie in die entgegengesetzte Richtung, auch wenn das wertvolle Sekunden kostete. Die Kraft verließ sie, und die klobige Schutzkleidung wurde immer schwerer, immer hinderlicher.

Zurück zum Ausgangspunkt und in die richtige Richtung. Andrey blickte sich häufig um, er fürchtete, seine Freunde im dunklen Labyrinth des Kraftwerks noch einmal zu verlieren. Die Farbmarkierungen wurden offenbar vom Staub verschluckt, sie hinterließen nicht einmal Spuren auf dem Boden. So mussten sie aufeinander achten.

Die Gruppe marschierte in dem dunklen Korridor zuversichtlich vorwärts, obwohl der Weg doch von dem abwich, den sie im Kraftwerk 3 trainiert hatten. Je näher sie dem Zentrum der engen Korridore kamen, desto deutlicher trat das Ausmaß der Zerstörung im Licht ihrer Lampen hervor. Betontrümmer, Reste der Inneneinrichtung, zerschlagene Türen, zerstörte Leitungen, die ihnen den Weg versperrten. Sie kamen an hastig verlassenen Büros vorbei, wo die Kraftwerksmitarbeiter ihren Alltag verbracht hatten. Andrey versuchte, das Bild vor seinen Augen mit dem Plan zu vergleichen, den er im Gedächtnis gespeichert hatte.

Er wünschte sich, zurück gehen zu können, davonzulaufen, soweit wie möglich, ohne sich umzudrehen. Furcht stieg in ihm auf, übermächtige Furcht, die den ganzen Körper erfasste, und nur durch enorme Willensanstrengung vermochte er dem Drang zu widerstehen und weiter zu gehen, vorwärts. Die Dosimeter waren schon vor langer Zeit verstummt, für diese Strahlenmenge waren sie nicht ausgelegt. Es war nie jemand auf die Idee gekommen, dass Menschen in eine vergleichbare Situation kommen würden – und lange genug am Leben bleiben könnten.

Von irgendwoher floss Wasser, bedeckte die Wände, vermischt mit zähem schwarzem Öl, bildete auf dem Boden dunkle Pfützen. Die extreme Luftfeuchtigkeit war selbst durch den Schutzanzug zu spüren. Als ob eine glitschige, klebrige, schmutzige bewegliche Substanz den ganzen Körper bedeckt und die Filter der Gasmaske blockiert hätte. Ihm den Atem nahm. Es schien alle Schutzkleidung zu durchdringen, den Körper zu erfassen und zu verbrennen. Andrey begriff, dass die geschätzte Wirksamkeit der Schutzmaske mit jedem Augenblick weniger wurde. Sie mussten schneller vorankommen, auf diese unvorsehbaren Phänomene reagieren, mit denen niemand hatte rechnen können. Denn auch unter diesen Umständen würde niemand die Mission der Gruppe abbrechen.

Die Männer kämpften sich hundertfünfzig Meter durch die stauberfüllten Korridore und kleinen Nebenräume. Offensichtlich waren sie schon fast am Ziel. Der zerstörte Reaktor musste irgendwo über ihnen sein. Andreys Lampe beleuchtete die dunkle erstarrte Masse, die sich von der Decke herunterzog wie ein bizarres Elefantenbein. Mehrere Kubikmeter der Brennstofflava kamen ins Blickfeld, hier hatte sie sich von oben herunter ergossen, ohne auf irgendwelche nennenswerten Hindernisse zu stoßen. Das bedeutete, dass die geschmolzenen Fragmente der aktiven Zone sich aus dem zerstörten Reaktor in die Räume unter dem Reaktor ausgebreitet hatten, in die Hohlräume flossen und mit ihren kleinen und großen Tropfen die Betonverbindungen zerstören konnten.

Es sah aus wie Scharlach auf dem „Elefantenbein". Das poröse, schwarz-
graue, atmende, schimmernde Monster hatte sich verborgen gehalten,
jeden Augenblick bereit, hervorzuspringen und jeden in Fetzen zu reißen,
der unvorsichtigerweise zu nahe kam.Das Monster hatte schon allen Sauerstoff in der Umgebung eingeatmet und damit alles Leben rundherum
zerstört.

In schwarzen Dampf wie in ein schwarzes Tuch eingehüllt, machte
das Monster alles, damit niemand es sehen konnte. Es war bereit, jeden
zu töten, der wagte, es anzublicken. Auch durch das dicke Glas verbrannte das Monster jeden Menschen mit seinem Blick wie mit einem außerirdischen Strahlen, durchdrang jeden Teil des menschlichen Körpers und
des Bewusstseins mit totem Licht.

In der Zentrale hing jeder Mann an den Bildschirmen. Sie sahen Bilder,
die jede Vorstellungskraft überstiegen. Der Anblick dieser unbekannten
Brennstoffmasse im Labyrinth der radioaktiven Zone erzeugte auch auf
die Entfernung Furcht, ließ den Wunsch erlöschen, das Geheimnis zu
lüften, hypnotisierte und behexte durch seinen Anblick und sein kaltes
glitzerndes Schimmern. Die Anzeigen boten eine ungeheure Zahl: 8000
Röntgen. Die Wissenschaftler, die sich je mit derlei Szenarien beschäftigt
hatten, hatten diese Zahl als unmöglich eingestuft. Jeder begriff nun die
Gefahr der Situation.

„Andrey, raus da!" Yudenkov schrie in sein Mikrophon. Er fürchtete um
das Leben der Männer. „Ihr seid in der Strahlungshitze! Sie geht hinauf
auf zehntausend!"

Aber Andrey hörte seine Stimme nicht. Yudenkov war von seinem
Stuhl aufgesprungen und schrie immer wieder „Raus da!" in sein Mikrophon. Die einzige Antwort war ein atmosphärisches Knistern. Das dichte
radioaktive Feld hatte die Funkverbindung zerstört. Doch die Kameras
arbeiteten noch, übertrugen in flackernden Bildern, dass die Gruppe un-
beirrt ihren Weg verfolgte.

Jeder Meter näher zu dieser schrecklichen Masse, die zum ersten
Mal in der Geschichte der Menschheit sichtbar wurde, wurde in den Körpern der Männer spürbar. Andrey fühlte entsetzliche Übelkeit, der Kopf
schmerzte schrecklich, vor seinen Augen verschwamm alles, die Gasmaske war heiß und klebte am Gesicht. Die Haut juckte unerträglich; er wollte
sich diesen Gummisack vom Kopf reißen und tief einatmen. Sie schienen
am Ende angelangt, die letzten Schritte noch, und dann das Ende. Andrey

begriff, dass er fast an dem Punkt angelangt war, die Kontrolle über sich zu verlieren – und was dann käme, wusste niemand ...

Arcady war einige Schritte zu dem „Elefantenbein" hingegangen, hackte mit dem Pickel einige kleine Stücke aus der erstarrten Masse und packte sie in einen Bleibehälter mit kleinen Metallverschlüssen. Die groben Handschuhe kosteten ihn wertvolle Sekunden. Andrey sah, wie seine Hände zitterten, wie schwach seine Bewegungen waren. Hier kämpfte ein Mann mit dem Nuklearmonster, das außer Kontrolle geraten war. Wer würde gewinnen? Das Monster war hunderttausendfach stärker als der Mensch. Andrey konnte kaum verstehen, wie Arcady es schaffte, sich dem Monster zu nähern, wie er diesen schrecklichen Kampf aufnahm, wie er seine Furcht besiegte. Offensichtlich verliehen seine Gefühle dem Wissenschaftler Kräfte, die stärker waren als die Angst.

„Sofort raus!" Plötzlich drang die Stimme des Generals durch die Stille in Andreys Kopfhörer.

„Was? Ich habe Sie nicht verstanden", rief Andrey schwer atmend.

„Abbruch und raus hier so schnell wie möglich!", rief Yudenkov mit brüchiger Stimme.

Andrey wußte, dass die erstarrten Brennstoffströme tödliche Gefahr ausströmten und dass sie hier nicht länger bleiben konnten. Die Kundschafter gingen weiter. Ihre Kräfte schwanden. Das Thermometer zeigte nahezu 60 Grad Celsius. Schweißströme liefen über den Rücken, Füße, Hände.

Unter der Schutzkleidung war alles längst klebrig, eine feuchte Schicht, die auf der Haut brannte. Das Gesicht brannte von dem heißen Gummi der Schutzmaske, der Schweiß brannte in den Augen. Als strömte alle Feuchtigkeit aus dem Körper, als würde das Blut zu kochen beginnen, die ausgetrockneten Lippen sprangen auf und begannen zu bluten. Niemand, kein lebender Organismus konnte unter solchen Bedingungen länger überleben.

Über ihnen wurden immer mehr Zerstörungen sichtbar. Manche davon waren absolut furchterregend. Die Metallplatten über dem mittleren Kondensator waren meterlang zerborsten, die gläserne Schmelzmasse floss hindurch. Geschmolzen und mit allem vermischt, das auf dem Weg lag, bildete die radioaktive Lava Tropfen und Stalaktiten der todbringenden Zerstörung. Wie eine stumme Warnung zeigten sie demjenigen, der sich ihnen näherte, was ihm drohte – wo sie waren, war kein Ort für den Menschen. Doch Andrey ging weiter, ohne sich darum zu kümmern. Sein

Auftrag waren die Bilder, und in der Außenwelt würden sie sich dann darum kümmern. Er war verwirrt, er musste sich beeilen. Sein Herzschlag signalisierte ihm schon die verrinnende Zeit, schien es.

Die Decke war eingesunken auf dreiundzwanzig Zentimeter Kriechhöhe. Die Farbe an den Wänden war verbrannt, die Dampfrohre hingen herab. Die gehärteten Lavaströme flossen aus den Rohren, breiteten sich auf dem Boden aus, gelangten in Dampfverteilungsrohre und darin weiter nach unten, unkontrollierbar, unklar.

Dieser Respirator schützte vor dem radioaktiven Staub. (Tschernobyl-Museum)

Arcady nahm weitere Proben von allen Brennstoffbereichen. Die Fragmente hatten nicht nur unterschiedliche Farben, sondern auch Konsistenzen – eines sah aus wie schimmernder Anthrazit, andere wie poröse Keramikklumpen, wie Koks. Für manche Proben brauchte Arcady zu lange, mühte sich ab, schmale Scheiben abzuschneiden und sie von den zuvor entnommenen zu separieren.

Arcady kratzte mit dem scharfen Ende des Pickels an der Decke und an den Mauern entlang. An verschiedenen Stellen regnete grauer Staub aus dem aufgeweichten Beton, in dem die stählernen Knochen der Armierungseisen sichtbar waren. Die Theorie, dass die enorme Hitze aus den Objekten jede Feuchtigkeit, jeden Halt heraustrocknen würde, bestätigte sich. Die Auflösung der Härte des Betons erweckte besondere Furcht, denn in jedem Augenblick und an jeder Stelle konnte das Gebäude zusammenstürzen. Das gleiche Phänomen hatte offensichtlich die tragenden Mauern des Reaktors erfasst, ebenso wie den Lavafluß.

Andrey sah, wie der Betonstaub auf Arcady niederströmte, als der den Pickel in die Decke über seinem Kopf schlug. Er überwand seine Schwäche und stieß den Wissenschaftler zur Seite. Im nächsten Augenblick stürzte der verwitterte Beton der Traverse auf den Platz, an dem Arcady eine Sekunde zuvor gestanden hatte. Im Zurückweichen sah Andrey, wie sich in der Decke ein großer Riss bildete, durch den die Armierung des Betons sichtbar wurde. Große Brocken der Betondecke lagen auf dem Boden. Eine dichte Wolke aus radioaktivem Staub lag in der Luft und bedeckte alles mit einem Schleier. „Und wenn jetzt alles auf uns herabstürzt?" dachte Andrey. „Dann kann uns niemand retten und dieser Platz wird unser Grab." Mit einem Mal fühlte er sich lebendig begraben, wie eingeschlossen in seinen Sarg und mit Erde bedeckt. Aber in diesem Fall würde es mehr sein – tausend Tonnen Metall und Beton konnten jede Sekunde herabstürzen und zu ihrem ewigen Grabmal werden.

Als er sich wieder dem erstarrten Wissenschaftler zuwandte, bemerkte Andrey den Riss am Bein von Arcadys Schutzanzug. Der zerrissene Gummi und das Textilgewebe darunter hingen in Fetzen herab. Der radioaktive Staub drang ungehindert auf Arcadys Körper ein. Andrey wies ihn mit Gesten darauf hin, doch Arcady hatte es bereits selbst bemerkt und winkte nur schwach ab. Wieder hatten sie Zeit verloren.

Andrey berichtete über Funk. Die Wissenschaftler waren entsetzt über die Bilder, die sie auf ihren Monitoren sahen. Niemand, nicht in den schlimmsten Alpträumen, hätte sich dieses Ausmaß der Zerstörung träumen lassen. Der glitzernde Brennstoff, der die Räume des Kraftwerks füllte, barg die tödliche Gefahr; er hatte viele wichtige Teile vernichtet und die harten Mauern und Wände zerstört. Andreys düstere Vorhersagen, die vielen übertrieben erschienen waren, hatten sich bewahrheitet. Nun war jeder überzeugt, dass die Situation noch viel ernster war als angenommen.

Nachdem der Forschungstrupp seine wichtigsten Aufgaben erfüllt hatte, blieb ihnen nur noch der Rückzug. Der Blick auf die Stoppuhr zeigte Andrey, dass es zur Umkehr aus der Hölle höchste Zeit war. Sie hatten die geschätzte Überlebenszeit schon überschritten. Er wendete sich zu seinen Gefährten und deutete ihnen, dass sie so rasch wie möglich zum Ausgang zurück mussten.

Sie hatten keine Kraft mehr, es war nur noch der reine Überlebenswille, dass sie es zurück schafften und nicht zu Boden stürzten. Die Hoffnung auf Rettung ließ keinen Moment der Schwäche zu, Schwäche hier, im radioaktiven Staub, hätte das Ende bedeutet. Die Gewölbe der Korridore in ihrer todbringenden Leere lasteten schwer auf ihnen. Der schwarze Tod in der Atemluft schien ihnen zuzurufen: „Es gibt keinen Ausweg für euch! Versucht nicht zu entkommen! Ihr habt gesehen, was kein Sterblicher auf diesem Planeten sehen darf!"

Die Übelkeit nahm zu, vor ihren Augen tanzten bunte Kreise, sie konnten kaum den Weg erkennen. Das Blut schien allmählich zu kochen, durch die Haut zu dringen und zu erstarren. Es wurde immer schwieriger sich zu bewegen, die Atemluft wurde knapp, die Schutzmaske erstickte sie, jeder Atemzug konnte der letzte sein. Gegen alle Verhaltensregeln wollte er stehen bleiben, einen Augenblick Erholung finden, sich an die Wand lehnen. Noch ein Schritt, und er würde sich die Maske vom Kopf reißen, wie Lozov, und tief einatmen – mochte es auch sein letzter Atemzug sein. Jeder Muskel, jedes Gelenk schmerzte, jede Bewegung verursachte unerträgliche Pein, er hatte der Qual nichts mehr entgegenzusetzen. Die schwere Ausrüstung zog ihn zu Boden, schlug gegen Wände, Handläufe, Trümmer. Die Kabel drohten bei jedem Schritt zur Falle zu werden. Er wollte das alles los werden, sich befreien, rennen. Aber dafür hatte er keine Kraft mehr.

„Ist das wirklich das Ende?", durchschoss ihn plötzlich ein Gedanke, nistete sich in seinem Kopf ein – doch diese Vorstellung ließ ihn nicht aufgeben, sondern noch einmal alle Kraft zusammennehmen. „Das kann nicht sein! Wir schaffen das!", gab er sich die Antwort und ging mit zusammengebissenen Zähnen weiter. Nur einen Augenblick blieb er stehen, musste er stehen bleiben – doch dieser Moment gab ihm genügend Kraft für die nächsten Schritte.

Andrey drehte sich nach den anderen um. General Osipenko ging weiter; er schien noch genug Kraft zu haben. Anders als Arcady, der taumelte. Der kleine Behälter, in dem er die eingesammelten Proben trug, schützte ihn nicht im geringsten vor der Strahlung, die auch durch den zerrissenen Schutzanzug auf ihn einschlug – sie tötete ihn. Er wurde offensichtlich schwächer, Andrey sah, wie sein Freund vor seinen Augen starb. General Osipenko nahm Arcady einen Teil der schweren Ausrüstung ab, um ihm zu helfen, doch der konnte sich kaum noch auf den Füßen halten, drohte zu stürzen. Aber er kämpfte sich weiter.

Wenige Schritte vor dem Ausgang blieb Andrey plötzlich stehen. Seine Gefährten verstanden den Grund. Er konnte den Leichnam von Lozov nicht in dieser entsetzlichen Leere zurücklassen. Er musste ihn mitnehmen, um jeden Preis. Es kostete ihn zwanzig zusätzliche Meter, er riskierte sein Leben. Sie hatten keine Zeit und keine Kraft mehr, doch Andrey sah in den Augen der anderen nichts als Zustimmung.

Der Körper von Ingenieur Lozov lag auf demselben Platz, wo sie ihn zurückgelassen hatten. Als Andrey sich zu ihm hinabbeugte, sah er, dass seine erloschenen Augen schon von radioaktivem Staub bedeckt waren. Das Entsetzen war in ihnen festgeschrieben. Andrey machte die meisten Drähte von Lozov ab und nahm ihn auf die Arme. Er schleppte ihn hinter sich her zum Ausgang. „Ein paar Minuten noch, und wir haben es geschafft. Hinaus ..." Jeden Augenblick konnte er stürzen und im Staub liegen bleiben, doch er schleppte den Körper weiter hinter sich her.

Nun musste er nur noch einen kleinen Durchgang überwinden, dann hatte er es hinter sich. Das rettende Tor war zehn Meter vor ihm. Er hievte sich den leblosen Körper auf die Schultern und taumelte weiter. Überall fielen die Drähte herab, behinderten jeden Schritt. General Osipenko und Arcady, die sich kaum noch auf den Füßen halten konnten, folgten ihm mit letzter Kraft.

Plötzlich spürte Andrey einen scharfen Schmerz in der rechten Schulter. Es war so unerwartet, dass er Lozov zu Boden stürzen ließ. Aber der Schmerz ließ nicht nach, sondern wurde stärker. Im selben Augenblick tippte Osipenko Andrey auf die Schulter. Andrey drehte sich um und sah, dass einige der Drähte, mit denen der tote Ingenieur umwickelt war, in seinem Anzug steckten. Mit einer schnellen Bewegung packte er sie und riss sie heraus. Der Schmerz in der Schulter blieb. Jetzt war also auch sein Schutzanzug nicht mehr dicht. An der Stelle, wo die Drähte durch den Kurzschluss durchgebrannt waren, blieb ein dumpfes Gefühl zurück. Als ob ein feuriger Strahl durch ihn durchgehen würde. Nun verließ ihn beinahe endgültig die Kraft. Er konnte keinen Schritt mehr machen. Aber es war nicht mehr weit. Er nahm alle seine Kraft zusammen, packte Lozov an den Händen und zog ihn hinter sich her. Die letzten Meter, hinter denen die Rettung wartete, schienen ein unüberwindliches Hindernis.

Als sie die Ausstiegsluke erreicht hatten, begriff Andrey, dass er in seinem Kopfhörer nichts hörte, gar nichts. Mehrmals wiederholte er „Wir kommen raus! Macht auf!", aber die einzige Antwort war Stille. Nun, so kurz vor dem erfolgreichen Ende ihrer Mission, ergriff ihn Panik. Vielleicht hatten sich Drähte verheddert und kurzgeschlossen, als er Lozov durch die Blockaden gebracht hatte, und nun hatten sie den Kontakt zur Außenwelt verloren. „Das ist das Ende!", dachte er. Auf der Stoppuhr verstrichen die Sekunden. „Das ist das Ende!" Noch einmal rief er und noch einmal „Wir kommen raus! Macht auf!", doch seine Stimme wurde immer leiser, obwohl er schreien wollte. Es wurde immer schwerer zu atmen. Die Gasmaske würde bald am Ende ihrer Kapazität sein, noch eine Minute – dann war es vorbei. Dann gab es keine Atemluft mehr.

Die Gedanken sausten durch seinen Kopf. Andrey drehte sich zu seinen Gefährten um. Arcady kauerte auf seinen Fersen, der General warf alle überflüssige Ausrüstung zu Boden. Das Leben rann aus, vor ihren Augen. Wenn das Kamerakabel ebenfalls gebrochen war, dann konnten die Offiziere in der Kommandozentrale nicht sehen, wo sie waren.

„Andrey! Andrey!", schrie Yudenkov fast hysterisch in sein Mikrophon und starrte auf die toten Monitore. „Hörst du mich? Andrey! Kommt sofort heraus! Ihr habt keine Zeit mehr!"

„Andrey! Wo seid ihr? Seid ihr bereit herauszukommen?" Wieder und wieder schrie Yudenkov in sein Mikrophon, doch er bekam keine Antwort. „Alle Gruppen fertig machen!", befahl er.

Andrey hob die Hand, um an das Bleitor zu hämmern, doch im selben Moment begann es langsam zur Seite zu schwingen. Die Männer hinter der Mauer hatten begriffen, dass etwas gar nicht wie vorgesehen ablief und öffneten die Tür, als hätten sie die dahinter wartenden drei Überlebenden gespürt. Helles Licht fiel in die entzündeten Augen, die an die Dunkelheit gewöhnt waren. Andrey blinzelte. Dieses Licht war irgendwie vertraut. Er fühlte sich darin geborgen, daheim, in Sicherheit. Er wollte weitergehen und sich die Kleidung vom Leib reißen, die Kleidung, in der der Tod lauerte, aber das war unmöglich. Er hatte seine Befehle.

Robert hielt den Atem an, als er die Gruppe auf dem Monitor sah. Er sah Andrey erscheinen wie einen Geist aus dem Jenseits, mit dem toten Ingenieur auf den Armen. Er konnte Andreys Gesicht und Körper unter dem Schutzanzug nicht sehen, aber an den schwachen Bewegungen erkannte er, dass der mehr tot als lebendig war. Von Andrey ging ein Leuchten aus, und Rauch stieg von ihm auf. Niemand hatte mehr damit gerechnet, aber Andrey kehrte zurück aus der Hölle.

# Kapitel 10

## Der Hölle entronnen

„Es war seine Entscheidung. Er war glücklich, mit Ihnen zusammen zu arbeiten, und es war ihm eine Ehre, in seinem Leben etwas Bedeutendes tun zu können. Er hat nichts bereut. Er sprach mehrfach davon, dass es die Verpflichtung jedes einzelnen sei, den Weltuntergang zu verhindern. Es klang wie ein Vermächtnis: Wenn du etwas dazu beitragen kannst, dass diese Welt nicht untergeht, dann tu alles, schone nicht dein Leben ...“

Robert wollte zu ihm hin, ihn unterstützen, ihm danken, aber niemand durfte den Helden zu nahe kommen. Der Tod an ihren Schutzanzügen war eine Gefahr für jedes Lebewesen.

Aber sie leben! Sie leben! Robert konnte nicht aufhören, über Andreys Mut zu staunen. Wie hatte er es geschafft, den Körper des toten Freundes zu bergen, geschwächt, erschöpft, selbst vom Tod bedroht. Es war die Pflicht eines Offiziers, tote Kämpfer vom Schlachtfeld mitzubringen. Andrey hatte das nicht vergessen. Aber obwohl Robert von Emotionen überschwemmt wurde, wusste er, dass nun er am Zug war. Er musste um jeden Preis die Proben der radioaktiven Elemente aus dem Bereich unter dem Sarkophag bekommen. Die Taten dieser Männer waren vergleichbar mit einem Weltraumspaziergang oder mit dem ersten Ausstieg auf dem Mond. Die Substanzen, die sie geborgen hatten, waren von unschätzbarem Wert für die Fachleute. Es war Zeit, dass er handelte.

Einen Augenblick später rannte ein Dekontaminierungstrupp in Schutzanzügen auf die Männer zu. Sie mussten ihnen so schnell wie möglich die Proben mit den unersetzlichen Informationen abnehmen und in spezielle strahlungabschirmende Behälter geben. Die eingesammelten Daten mussten um jeden Preis gesichert werden.

Das System, sich der Schutzkleidung zu entledigen, war ausgeklügelt. In einigen Metern Abstand voneinander zog jeder der drei seinen verstrahlten Anzug aus, dabei wurde er von den Chemikern im Schutzanzug unterstützt. Andrey machte jeden einzelnen Schritt, wie er es trainiert hatte, versuchte den Schutzanzug, der ihm zur zweiten Haut geworden war, so schnell wie möglich los zu werden.

Die äußere Chemieschutzhülle aufknöpfen, über den Kopf ziehen, die Außenseite nach innen drehen und hinter sich werfen. Zwei Meter Abstand. Den unteren Anzug ausziehen und auch zurückwerfen. Zwei Meter Abstand. Als letztes die Gasmaske abnehmen. Und jetzt endlich – einatmen, der tiefe Atemzug, nach dem er sich so sehr gesehnt hatte. Sofort drehte sich alles um ihn herum. Er machte noch einen Schritt und ging in den nächsten Raum, wo Männer in Schutzanzügen die Strahlung maßen, die von ihm ausging. Sie überstieg jedes erwartete Maß. Sein Körper schien von den tödlichen Partikeln völlig durchdrungen zu sein. Jede Bewegung schmerzte, unerträglicher Schmerz saß in den Gelenken. Hände und Füße gehorchten ihm nicht mehr, alles um ihn herum zersplitterte wie in einem Kaleidoskop.

Alles war für die Ankunft der Männer vorbereitet. Andrey bekam eine Sauerstoffmaske übergestülpt. Nach einigen Atemzügen spürte er seine

Schwäche, nun verließ ihn endgültig jede Kraft. Seine Beine gaben nach. Der Schmerz von einigen Injektionen in den Oberarm breitete sich im ganzen Körper aus – die Ärzte hatten einen vorrangigen Auftrag: die Männer zumindest für kurze Zeit am Leben zu erhalten.

Sie halfen ihm, den Rest seiner Kleider auszuziehen, mit letzter Kraft, gestützt von starken Händen, schaffte er es in den Duschraum. Der Schaum, mit dem er übergossen wurde, war das Schönste, was er je erlebt hatte. Immer wieder sagte er zu sich: „Wir haben es geschafft! Wir haben es geschafft!"

Unter dem strömenden warmen Wasser versuchte Andrey, wieder einen klaren Gedanken zu fassen. Er wollte sich auf seinen Bericht konzentrieren, rief sich jedes Detail, das er gesehen hatte, ins Gedächtnis. Wer konnte wissen, wie viel Zeit ihm noch blieb ... Langsam, allmählich formte sich aus den einzelnen Gedanken ein Bild.

Andreys Gefährten vollführten exakt die gleichen Bewegungen wie er. Als Arcady die Schutzmaske abnahm, fiel er auf die Knie und übergab sich würgend. Er hatte keine Kraft mehr, konnte keinen Schritt mehr machen. Die Männer griffen ihm unter die Achseln und brachte ihn weg.

Andrey und der General blickten sich mit einem traurigen Lächeln an. Sie waren unsicher und brachten kein Wort heraus. Aber was sollten sie jetzt auch sagen? Das besondere Verhältnis, das in der Finsternis vom Block 4 zwischen ihnen entstanden war, brauchte keine Worte.

Langsam fing sich Andrey wieder, ging in Gedanken noch einmal alle Ereignisse durch. Wo war Robert? Was hatte er gesehen, was waren seine Pläne, nachdem er eines der größten Geheimnisse der neuen technogenen Welt kennengelernt hatte? Es gab keine Antworten auf diese Fragen.

Nachdem Andrey den Duschraum verlassen und frische Kleidung angezogen hatte, umarmte General Yudenkov ihn wie einen Sohn. Es schien, als wollte er etwas sagen, doch die Emotionen überwältigten ihn. Auch andere Offiziere, die in der Kommandozentrale die Expedition miterlebt hatten, blieben stumm. Nur die Worte „Gute Männer! Sie haben es geschafft!" wurden mehrfach hörbar.

Auch wenn es Andrey allmählich etwas besser ging, so spürte er doch den Schmerz und die unerträgliche Müdigkeit. Der Schleim stieg ihm wieder im Hals auf, wie wenn Hunderte Nadeln dauernd in seine Luftröhre gestochen hätten, und ein quälender Husten schüttelte ihn.

Robert nutzte das Chaos um ihn herum. Er musste die Proben um jeden Preis haben. Unbemerkt schlüpfte er in den Umkleideraum. Es war schwierig, sich überhaupt vorzustellen, welche Strahlung hier herrschte, aber er ging das Risiko ein, der Strahlung ungeschützt ausgesetzt zu sein, während er sich die Proben verschaffte. So rasch es ging, schnitt er einige Streifen der Schutzkleidung der Expeditionsteilnehmer ab und steckte sie in die Tasche. Später würde er sie in einen strahlungssicheren Behälter geben, der zumindest einen gewissen Schutz bieten würde. Die Übelkeit stieg ihm unvermittelt in die Kehle. Die Arme brannten. Sogar die Pillen gegen die Symptome der Strahlenkrankheit, die er vorsichtshalber genommen hatte, halfen nichts.

Robert hoffte in jeder Hinsicht, dass nichts schief gelaufen und alles in Ordnung war. Aber wie sonst niemand wusste er, dass er so schnell wie möglich hier weg musste. Er wusste genau, was das Resultat wäre, wenn er länger bliebe.

Mit der Feststellung, dass sein Auftrag beendet sei und er aus gesundheitlichen Bedenken weg wolle, hatte er den Transport angefordert und zusammen mit seinem Kollegen von der Delegation eilig die Station verlassen. Mit Hilfe der Agenten, die in dem Gebiet operierten und vorgewarnt waren, erreichte er, nachdem er alle Kontaminationskontrollen passiert hatte, Tschernobyl.

General Yudenkov, der von Robert keine feindseligen Handlungen oder besonders auffällige Neugier wahrgenommen hatte, nahm seine überstürzte Abreise gelassen zur Kenntnis. Er war sicher, dass alles unter Kontrolle war und Lenz seine Informationen nicht bis ins Letzte würde nützen können.

Die Mitglieder der Forschungsgruppe, zu denen General Yudenkov hinzutrat, hatten jetzt nur eine Aufgabe – die Männer zu retten, die aus dem Sarkophag zurückgekommen waren. Sie sollten so schnell wie möglich aus der Station herausgeschafft werden, allerdings erst nachdem sie ausführlich befragt worden waren und man aus ihnen jede mögliche Information herausgeholt hatte, bis die Tragödie ihren Lauf nehmen würde. Andrey konnte kaum sitzen, war praktisch ohnmächtig. Jeder verstand, dass sie von der Regierungskommission ausgefragt werden mussten; jede Minute zählte. Angesichts ihres Zustandes blieb ihnen nur noch wenig Zeit, und mit dem Tod der Helden würden alle kostbaren Informationen verloren gehen.

Nach der medizinischen Untersuchung sollte wenige Stunden später die außerordentliche Sitzung der Regierungskommission stattfinden, um die Resultate der Expedition in den zerstörten Reaktor zu bewerten. Viele verschiedene Experten aus verschiedenen Gebieten, deren Meinung eine wichtige Rolle spielen konnte, waren dazu geholt worden. Auch die Mitglieder der ausländischen Delegation waren anwesend. Gemäß dem Befehl des Zentralkomitees der Kommunistischen Partei sollten sie mit den wichtigsten Resultaten und Erkenntnissen vertraut gemacht werden.

Die Expeditionsteilnehmer hatten zuviel Strahlung abbekommen. Innerhalb von zwei Stunden verschlechterte sich ihr Zustand deutlich. Arcady wurde mehrmals bewusstlos, und man konnte ihn kaum wieder aufwecken. Andrey und General Osipenko konnten noch stehen, aber sie wurden ständig schwächer. Ihre Lebenskraft war angegriffen, und auch ihnen schien die Zeit davon zu rinnen.

Andrey dachte an seine Familie. Er hätte schreien mögen bei dem Gedanken, dass er sie nie wieder sehen würde. Aber er verdrängte das in die entlegensten Winkel seines Denkens – zuerst musste er seinen Auftrag vollenden, dann erst war Zeit für die Trauer um sich selbst und seinen toten Gefährten. Der Organismus stand unter solchem Stress, dass kein Platz war für Emotionen, die Gefühle der Verzweiflung mussten unterdrückt werden. Die Helden, die aus dem Rachen des Reaktors zurückgekommen waren, wurden von mehreren Helfern zur Regierungskommission begleitet.

Alle blickten auf die Männer, die aus der Hölle der Strahlung zurückgekommen waren, wie auf vorzeitliche Heroen, die sich erhoben hatten, um die Erde vor der tödlichen Bedrohung zu bewahren, die der Mensch aus ihrem für ewig gedachten Gefängnis befreit hatte. Andrey und seine Begleiter betraten den Raum mit ihrer letzten Kraft. Ein Schritt noch, und kein weiterer mehr. Die Knie waren angeschwollen, jeder Schritt bedeutete unerträgliche Schmerzen. Die Kommissionsmitglieder hatten dafür alles Verständnis, so begann die Sitzung unmittelbar nach dem Eintreten der Helden.

Die Mitglieder der ausländischen Delegation, auch Lenz, waren zu dieser Sitzung eingeladen worden, um aus erster Hand von den Ergebnissen der Expedition unterrichtet zu werden. Es war für die Sowjetunion höchst notwendig, ihnen vertrauensvoll zu zeigen, um welchen Preis die Liquidierung des Reaktorunfalls stattfand und wie die größten Probleme in kürzestmöglicher Zeit gelöst werden sollten, zum Wohl der friedlichen Koexistenz. Sie sollten jeden Zweifel an der Authentizität der übermittelten Fakten beseitigen.

Robert blickte auf den dahinsterbenden Andrey. Besonders die zu Aschgrau versengten Haare fielen ihm ins Auge. Er schien schon nichts mehr um sich herum wahrzunehmen. Rote Flecken verbreiteten sich auf seinem Gesicht und Hals. Robert wusste um die Natur dieser Flecken, denn auch auf seinen Händen erschienen bereits die Verbrennungsspuren vom Kontakt mit radioaktivem Material, und er musste sie vor den Anwesenden verbergen. Robert begriff, dass der Tod zu Andrey kam, und dass dieser wirkliche Kämpfer für den Fortbestand der Menschheit auf diesem Planeten nur in seinen Erinnerungen fortleben würde.

Er wollte sich Andrey nähern und ihm nur ein paar Worte sagen, ihm versichern, dass er seine Aufgabe fortführen würde und das äußerste dazu beitragen würde, den Ausbruch eines neuen Krieges und einer nuklearen Katastrophe zu verhindern. Er würde noch hinzufügen, dass er stolz war, ihn kennen gelernt zu haben. Mochte es auch auf Entfernung sein, aber es würde genügen, dass ihn diese Begegnung durch sein ganzes Leben begleiten würde.

Für Lenz als Fachmann war alles klar. Natürlicher Instinkt und professionelle Erfahrung zeigten ihm, wo die Wahrheit in den Informationen war und welche Zusammenhänge hinter all den Ereignissen von Tschernobyl steckten. Sein Auftrag war erfüllt. Nur die Antworten auf manche Fragen, die sichtbar wurden, verlangten noch eine sorgfältige Betrachtung. Für Robert stand außer Zweifel, dass die Russen bereit waren, um jeden Preis die Welt vor der nuklearen Bedrohung zu bewahren. Er wusste nun auch, dass das russische Volk niemals einen Weltkrieg auslösen würde. Zu viel hatten diese Menschen schon erdulden müssen.

Die Männer des Forschungstrupps erstatteten nacheinander Bericht. Arcady war halb besinnungslos, trotzdem schaffte er es, das Material zu benennen und zuzuordnen. Er war als erster dran, der General setzte seinen Bericht fort und Andrey vervollständigte die Angaben. Alle drei berichteten stehend, obwohl es ihnen schlecht ging.

Zuerst versuchten sie, alle wahrgenommenen Fakten bis ins kleinste Geschehnis zu berichten und zogen dabei nur grobe Schlussfolgerungen, die trotzdem sofort zur Diskussion und detaillierten Nachfragen führten. Es war offensichtlich, dass der Reaktor bereits in der ersten Phase des Störfalls zerstört worden war und der nukleare Brennstoff zwar zum Teil hinausgeschleudert worden, zum größeren Teil aber im Reaktor verblieben war. Die Explosion hatte das Fundament des Reaktors schwer beschädigt, die Brennstoffkammer hatte sich mit dem darunterliegenden Maschinenraum im südöstlichen Teil verbunden und war zu einer Art Schmelzofen geworden, hatte das Material, das Nuklearbrennstoff enthielt, darunter Uran und andere, in Lava verwandelt. Radioaktiv strahlende Materialien aus diesem aktiven Bereich, Gebäudewände, Metall, Betonblöcke, die ins Innere des Reaktors gestürzt waren, waren unter dem Einfluss dieser überall herrschenden Hitze geschmolzen. Als die Masse sich ausdehnte, breitete sich der Schmelzfluß auf dieser Ebene in alle erreichbaren Räume aus und verbrannte dabei die tragenden Strukturen des Reaktors.

(Dieses „China-Syndrom", ein Begriff aus der amerikanischen Literatur, beschreibt das „Phänomen", dass bei einem Super-GAU sich das Kraftwerk durch die Erdoberfläche hinein in die Tiefe der Erde und auf der anderen Seite wieder herausarbeitet. Der Film mit diesem Titel, durch den das „China-Syndrom" populär wurde, entstand 1979.)

Dadurch wurde die Stabilität der Wände, die den Reaktor überhaupt noch hielten, geschwächt. Das südliche Stützmauerwerk war schwer beschädigt worden. Der selbe Schmelzfluß erreichte die Dampfverteilungsanlage, ergoss sich ins Innere und gelangte in die Ebene darunter, wo das Notfallverteilungssystem für den Dampf installiert war. Das China-Syndrom kam zum Stillstand, ohne dass das Fundament ganz durchgeschmolzen worden wäre, aber die Materialmassen waren aufgrund der großen Hitzentwicklung ausgehärtet. Angesichts der Dampfemissionen und der hohen Temperaturen in diesen Teilen war es klar, dass immer noch nukleare Reaktionen stattfanden. Das bedeutete eine zusätzliche Gefahrenquelle im Falle des Zusammenbruchs der Reaktorgebäudes.

Auf der unteren Ebene sah es aus wie in einer Höhle voller großer und kleiner Tropfsteine. In diesen Bereichen gab es massive Schäden an Decke und Wänden. Die Erschütterung des Betons und der Verlust seiner Härte, als ein Ergebnis des Einflusses der hohen Temperaturen schmelzender Materialien aus dem aktiven Reaktorbereich, wurden nun zur ernsthaften Bedrohung der Stabilität der anderen Wände.

Die Räume waren voll Wasser. Mal tropfte es herunter, mal bildete es graue schmutzige Teiche. Vielleicht war durch ein Leck im Sarkophag Wasser eingedrungen und hatte Dampf gebildet. Das gleiche Phänomen barg die Gefahr, dass mit dem Wasser zusammen radioaktive Partikel in den Boden gespült würden.

Für die Kommission waren bereits diese Aussagen hochwichtig, obwohl noch die Auswertung der Videodaten und die Resultate der Analyse der Materialproben ausstanden. Nun wurde offensichtlich, dass alle Zweifel an Andreys Vermutungen absolut falsch gewesen waren. Die Bedrohung, die im Reaktor und dem durch die Explosion verteilten Brennmaterial lag, war viel schlimmer als ursprünglich angenommen. Die Situation konnte jeden Moment außer Kontrolle geraten und die Welt mit unvorhersehbaren Folgen bedrohen.

Die Angehörigen der Gruppe wurden im Namen des Staates belobigt und verließen den Konferenzraum. Nun stand ihre Gesundheit wieder im Vordergrund. Sie brauchten Ruhe und Erholung.

Andrey konnte sich nicht mehr erinnern, wie er ins Haus gelangt war. Plötzlich wachte er auf einem Feldbett auf. General Yudenkov betrat den Raum und bedeutete ihm im Licht einer Öllampe, liegen zu bleiben. Andrey fühlte sich noch krank, der ganze Körper schmerzte, und die Haut tat weh, nun da die Strahlenverbrennungen spürbar wurden.

„Wie geht es dir?" fragte der General und war selbst überrascht von der Weichheit seiner Stimme. „Es geht mir gut", sagte Andrey und versuchte sich aufzurichten. „Bleib liegen", bedeutete ihm der General. „Ich habe etwas mitgebracht." Yudenkov zog zwei Flaschen roten Krimwein und einen großen Schokoladeriegel aus der Tasche. „Das ist für dich, um auf dein Wohl zu trinken und das Blut wieder in Ordnung zu bringen."

Andrey lächelte nur. Yudenkovs zauberte zwei Gläser und Korkenzieher hervor.

„Wir trinken auf deine Gesundheit! Du kannst es brauchen! Um die Wahrheit zu sagen, in den letzten zwanzig Minuten siehst du nicht mehr grau aus, sondern schneeweiß. Es ist großartig, dass du am Leben bist", sagte der General, und sie tranken mehrere Gläser Wein. „Blutstärkung, das beste, was ich finden konnte unter allen medizinischen Drogen", lächelte er noch einmal.

Andrey ertappte sich mehrmals bei dem Gedanken, dass der kämpferische General völlig verändert war. Er war von fast privater Freundlichkeit, als ob ein Lieblingssohn vor ihm im Bett läge, nicht sein Untergebener.

Ohne Zögern hob Yudenkov das Glas und schlug vor, auf die Abschaffung von „Atom für den Frieden" zu trinken. Der Wein stieg Andrey rasch zu Kopf, angenehme Wärme durchdrang seinen Körper, der Schmerz schien ein wenig nachzulassen. Vielleicht hatten die recht, die literweise Selbstgebrannten tranken; der Selbstgebrannte konnte zumindest den seelischen Stress lindern, auch wenn er keine vorbeugende Wirkung gegen Verstrahlung hatte.

Yudenkov wollte noch einen Trinkspruch ausbringen, als Andrey ihn stoppte. „Lassen Sie uns trinken ohne Anstoßen. Auf Lozov. Er war ein guter Mann. Ich begann ihn zu mögen", sagte er und trank das erste Glas leer. Vor seinen Augen stiegen Szenen aus der Expedition auf. Die plötzlichen Erinnerungen trieben ihm Tränen in die Augen. Youdenkov verstand und wartete schweigend. „Wie geht es den anderen?", fragte

Andrey, als er seine Emotionen wieder im Griff hatte.

„Es tut mir leid für Lozov, aber da kann man gar nichts machen, es ist eine neue Phase der Atomentwicklung. Es ist wie ein Angriff, ohne Opfer kann es nicht stattfinden. Das können nur Menschen mit ihren Händen vollbringen. Auf dem Weg hierher habe ich nach den Männern geschaut. Osipenko schläft in seinem Haus, ich habe ihn nicht geweckt. Deinem Freund Arcady geht es schlecht. Er ist im Krankenhaus, die Ärzte geben ihm nur noch ein paar Tage. Er hat zuviel Strahlung abbekommen, als er die Proben eingesammelt hat, und sein Bein ist schwer verletzt."

Andrey wurde wieder still. Wie konnte das sein? Er hatte Arcady versprochen, dass er zurückkehren und alles gut sein würde. Er hatte seinen Freund in den Tod geführt und war selbst am Leben, während Arcady einen Schritt vor dem Grab stand. Das gnadenlose radioaktive Monster griff nach seinem Opfer. Andrey ließ den Kopf hängen. Vielleicht hatte auch er nur noch einige Tage zu leben, aber keiner wollte es ihm sagen. Vielleicht war Yudenkov deshalb gekommen. Andrey trank.

„Und die Kommission? Was hat die entschieden?", fragte er.

„Das Material muss weiter untersucht werden, zu vieles ist unklar. Aber das eine steht fest: es ist notwendig, die inneren Strukturen des Reaktorrests zu verstärken, Beton einzufüllen, zusätzliche Träger einzusetzen, aber das kann nicht an einem Tag entschieden werden.

Wir haben eine spezielle Arbeitsgruppe von Wissenschaftlern gebildet. Ihre Aufgabe ist es, schnell ein Messungssystem für die technische Kontrolle des Reaktors zu entwickeln. Eine große Zahl an Messgeräten, Sensoren und Geräten muss platziert werden. Aber es muss erst genau ausgearbeitet werden. Es ist absolut nicht klar, was mit dem Brennmaterial passieren soll. Es ist zuviel davon drin geblieben, und kein Mensch weiß, wohin es sich ausgebreitet hat. Sie haben schon begonnen, Messgeräte zu entwickeln, um herauszufinden, welche Prozesse im Reaktor und im radioaktiven Material ablaufen. Ihr ward die ersten, die genügend Material eingesammelt haben, und ihr habt es geschafft, den Ausgangspunkt der Katastrophe zu lokalisieren. Das wichtigste ist, dass ihr bewiesen habt, dass wir in der Lage sind, hineinzugehen und ungeachtet aller Umstände darin zu arbeiten. Aber das werden andere tun. Ihr habt euren Anteil geleistet, jetzt sind andere dran und werden eure Arbeit fortsetzen."

„So habe ich recht gehabt", antwortete Andrey zuversichtlich. „So war es nicht umsonst, dass wir in den Tod marschiert sind, und Lozov ist nicht umsonst gestorben."

„Nein, das ist er nicht! Du hast deinen Auftrag durchgeführt und die Ehre unserer Organisation verteidigt. Die Belohnung dafür wartet auf dich. Übrigens war dein Robert außergewöhnlich still. Ich habe ihn ständig beobachtet. Er hat nicht einmal irgendetwas versucht. Er war um dich besorgt wie um seine eigenen Leute. Seltsam, aber so war es."

„Ja, das sieht ihm nicht ähnlich, und er hätte sich zumindest mehr anstrengen können. Er ist ein erfahrener Experte. Aber vielleicht hatte er nicht genug Gelegenheit."

„Schon gut, darum musst du dich jetzt nicht kümmern. Ruh dich aus. Wir werden das später diskutieren. Ich werde jetzt gehen." Yudenkov nahm die leeren Flaschen und verließ den Raum. Andrey schlief sofort ein.

Als er erwachte, schien die Sonne. Sein Körper schmerzte unverändert, aber die Übelkeit hatte etwas nachgelassen. Das helle Licht tat in den Augen weh. Er stand auf und schaffte es bis zum Fenster. Er wusste nicht, wieviel Zeit vergangen war, seit Yudenko ihn verlassen hatte. Etwas in seinem Kopf hinderte ihn am Denken.

Nachdem er sich gewaschen hatte, ging er mit weichen Knien in sein Büro. Sein Erscheinen war für alle Anwesenden eine Überraschung. Einerseits sahen ihn alle voll Bewunderung an, als den Helden, der etwas Unglaubliches geschafft hatte, anderseits konnte er in vielen Augen den Schrecken wahrnehmen, als würde ihnen ein Gespenst erscheinen. Manche hielten ihn für tot, und die Gerüchte von seinem Tod hatten sich bereits in Tschernobyl ausgebreitet.

Andrey erfuhr, dass er beinahe zwei Tage geschlafen hatte. General Yudenkov war nach Kiew gerufen worden. Gegen seine Proteste musste Andrey zuallererst zur medizinischen Untersuchung. Der Arzt untersuchte ihn mit ernster Miene und stellte mit Erstaunen fest, dass sein Zustand besser war, als er erwartete hatte. Aber nichtsdestotrotz war früher oder später mit Komplikationen zu rechnen. Sie konnten durchaus schwer sein – solche Mengen an Strahlung waren vom Organismus nicht zu überwinden.

Sein Gesundheitszustand interessierte Andrey im Augenblick am wenigsten. Er wollte wissen, was Robert tat und welche Informationen er hatte sammeln können. Zu seinem Erstaunen erfuhr er, dass Lenz die UdSSR schon längst verlassen hatte, unmittelbar am Tag nach der Sitzung der Regierungskommission.

Er konnte nicht verstehen, warum die Kommission nur so kurz getagt hatte. Hatte Robert wirklich irgendwelches Material bekommen, das er so dringend über die Grenze hatte bringen wollen? War das Material für die Kommission aussagefähig genug gewesen, um alle Fragen zu beantworten, die sich jemals stellen würden? Andrey fand keine Antwort darauf, und es schien ihm, als hätte er trotz seines offenkundigen Sieges die Schlacht verloren.

Dann fiel ihm wieder ein, wie er Robert am Eingang zum Sarkophag in die Augen geblickt hatte. Das war nicht der Blick des Feindes gewesen, der sich nach dem Untergang des Gegners sehnte. Nein. Andrey begriff, dass Robert wie er selbst nur eines wollte: Friede in dieser Welt voller Gefahren.

Andrey musste an Arcady denken. Als er den Flur entlang ging, sah er unerwarteterweise General Osipenko, der in einer Fensternische lehnte und rauchte. Das absolute Rauchverbot schien ihm völlig gleichgültig. Andrey blickte ihm ins blasse Gesicht mit tiefen Tränensäcken unter erloschenen Augen. Der General war offensichtlich aufgewühlt.

„Guten Morgen, Genosse General", grüßte Andrey vorschriftsmäßig, mit so kräftig-militärischer Stimme, wie er es nur vermochte. „Ihnen auch", antwortete der General mit schwacher heiserer Stimme, warf die Zigarettenkippe hinaus und schloss das Fenster.

„Wie geht es Ihnen, erholen Sie sich?"

„Es könnte nicht schlimmer sein, aber ich lebe. Arcady ist heute gestorben", krächzte der General.

Diese Nachricht traf Andrey. Er hatte gewusst, dass sein Freund nur noch wenig Zeit hatte, aber so schnell … Die Ärzte hatten recht gehabt. Ihm waren nur noch zwei Tage geblieben. Andrey fehlten die Worte. Zurückzubleiben war immer schwieriger. Zurückbleiben, sich wegen des Todes der Freunde schuldig fühlen. Warum war er nicht gestorben? Warum hatte er Arcady nicht aufgefordert, zurückzubleiben? Warum? Mitten in diesen Gedanken unterbrach ihn ein Hustanfall, doch als er wieder sprechen konnte, fragte er den General:

„Ist er hier? Haben Sie ihn gesehen?"

„Er wurde gestern nach Kiew gebracht, sollte heute nach Moskau geschickt werden, aber das hat er nicht mehr erlebt." Der General ließ den Kopf sinken. „Ich habe ihn vor der Abreise gesehen. Er lächelte, als wüsste er, dass er stirbt. Er bat mich dringend, Ihnen ein paar Worte auszurichten. Arcady wollte, dass Sie wissen, dass er Sie nicht für seinen Tod verantwortlich macht und dass Sie sich keine Vorwürfe machen dürfen. Es war seine Entscheidung. Er war glücklich, mit Ihnen zusammen zu arbeiten, und es war ihm eine Ehre, in seinem Leben etwas Bedeutendes tun zu können. Er hat nichts bereut. Er sprach mehrfach davon, dass es die Verpflichtung jedes einzelnen sei, den Weltuntergang zu verhindern. Es klang wie ein Vermächtnis: Wenn du etwas dazu beitragen kannst, dass diese Welt nicht untergeht, dann tu alles, schone nicht dein Leben ...“ Der General schwieg.

Andrey blickte aus dem Fenster. Über den Himmel zogen Wolken, und die Seele des verstorbenen Physikers war nun irgendwo zwischen ihnen, löste sich auf. Die Bitternis des blühenden Wermut vermischte sich mit dem Bleigeschmack auf den Lippen. Die verrückte Welt hatte einen Tag mehr geschenkt bekommen, der jeden Augenblick der letzte sein konnte. Und das Leben wurde heruntergezählt, näherte sich dem letzten Augenblick.

Die Medaille der Liquidatoren.

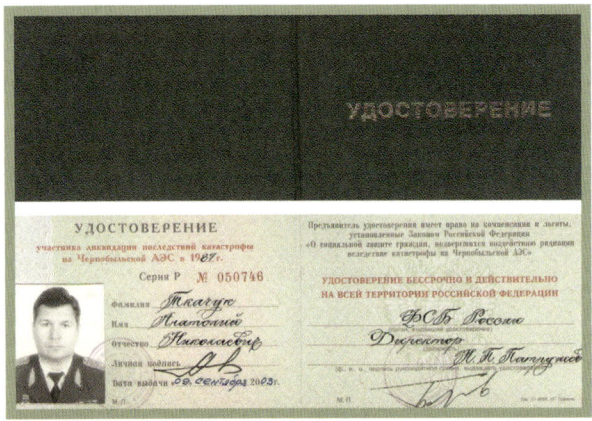

Dieses Dokument bescheinigte dem Generalmajor Anatoly N. Tkachuk die Teilnahme an der Folgenbeseitigung der Katastrophe von Tschernobyl.
Es wurde 2003 ausgestellt und ist unterzeichnet vom Chef des russischen Inlandsgeheimdienstes FSB, N. P. Patruschew.
◁

Mit diesem Ausweis hatten die Liquidatoren in der Sowjetunion verschiedene besondere Anrechte. Die Bescheinigung Nr. 137 wurde für Anatoly N. Tkachuk am 15. November 1987 ausgestellt und von Generalleutnant A. W. Ermakow unterzeichnet.
◁

Dankurkunde für die aktive Teilnahme an den Arbeiten in Tschernobyl.
Sie wurde an Anatoly N. Tkachuk am 19. Dezember 1987 verliehen.

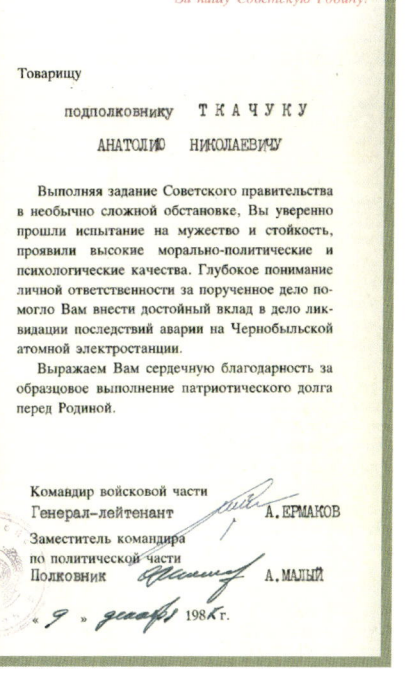

Anerkennungsurkunde für den Oberstleutnant Anatoly N.
Tkachuk für die besonderen hohen moralischen, politischen
und psychologischen Leistungen ... Ein großer Beitrag zur
Folgenbeseitigung der Katastrophe im Atomkraftwerk vom
Tschernobyl ... Unterzeichnet am 9. Dezember 1987 General-
leutnant A. W. Ermakow.

◁

( „Überall") Mit diesem Zoneausweis hatte der Inhaber das Recht zur unbeschränkten Einfahrt in das Sperrgebiet und Zutritt zum Atomkraftwerk und Block 4. Er wurde nur an einen begrenzten Personenkreis ausgegeben. ▷

△   ▷

Die Bescheinigung und die  Medaille, die dem Oberstleutnant Anatoly N. Tkachuk für die Teilnahme an den Arbeiten zur Folgenbeseitigung der Katastrophe im Atomkraftwerk in Tschernobyl im Jahr 1986 verliehen wurde.

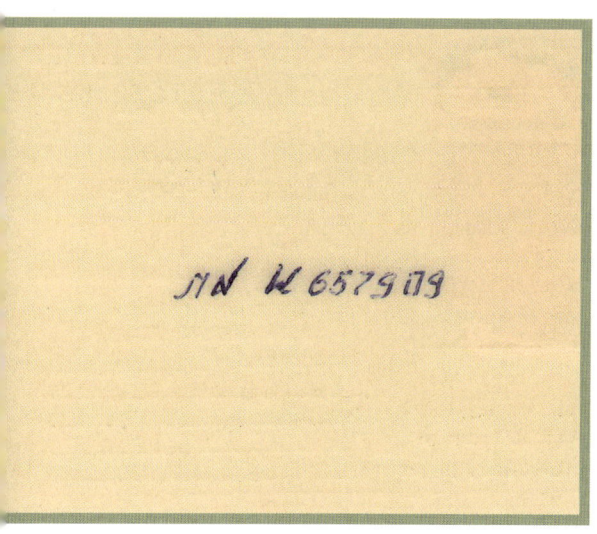

ПN И 657979

## ПАМЯТНАЯ МЕДАЛЬ

подполковник

ТКАЧУК АНАТОЛИЙ НИКОЛАЕВИЧ

Награждается памятной медалью
за участие в работах по ликвидации
последствий аварии на Чернобыльской АЭС

Директор
Чернобыльской АЭС
им. В. И. Ленина                              М. П. Уманец
Секретарь парткома,
партком ЦК КПСС
на Чернобыльской АЭС                    Е. А. Бородавко
Председатель профкома                   В. А. Березин
Секретарь комитета
комсомола                                      С. Н. Богданов

## Das Feuer wird weiter brennen

„Die Zeit läuft uns davon. Der Brennstoff in seinem Inneren muss verbraucht oder aufgearbeitet werden. Der Zustand des Sarkophag wird ständig untersucht, und man versucht darin ein Mikroklima aufrecht zu erhalten und Zerstörungen aufzuspüren, aber er bleibt eine permanente Gefahrenquelle für die nukleare Verseuchung der ganzen Welt. Die Strukturen des Sarkophag sind imprägniert mit radioaktiven Teilchen, sie haben sich in Beton und Stahl hineingefressen. Tausende radioaktiv strahlender Tonnen Beton, Hunderte Tonnen strahlender Reaktorschmelzfluss, Dutzende Tonnen strahlender Staub verteilen sich über die tausend Räume des Kraftwerkblocks. Der ganze Sarkophag mit all seinen Einrichtungen wurde zu einem riesigen Objekt von radioaktivem Müll, das nicht auf einer Deponie vergraben werden kann."

# Das Feuer wird weiter brennen

Am Ende der Startbahn zog die Maschine langsam hoch und drehte in den Sonnenuntergang. Die orangenen Strahlen der Abendsonne breiteten sich über die wenigen Sommerwölkchen aus und vergoldeten die Flügel des aufsteigenden Flugzeugs.

„Wie schön." Andrey blickte aus dem Fenster und merkte gar nicht, dass er laut sprach. „Und wieder geht ein guter Mensch hinüber", setzte er fort.

„Woher haben Sie das?" fragte der junge Mann auf dem Sitz neben ihm.

„Was?" Andrey begriff nicht, dass die Frage an ihn gerichtet war.

Für ihn war es nicht nur der Glanz des Sonnenuntergangs, sondern das Licht ließ die Erinnerung aufsteigen an das helle Licht, dass ihn und seine Gefährten vor vielen Jahren geblendet hatte, als sie den Sarkophag verlassen hatten. Die letzten Schritte, für die sie gerade noch genug Kraft gehabt hatten. Die Sonne blendete ihn und Andrey schloss die Augen.

„Warum glauben Sie, dass ein guter Mensch gestorben ist?" fragte der Nachbar noch einmal.

„Tut mir leid, dass ich laut gesprochen habe – ich war in Gedanken", antwortete Andrey und räusperte sich. „Es ist eine Redewendung aus meiner Kindheit. Wenn der Sonnenuntergang die Wolken golden färbt, bedeutet das, dass diese Strahlen nicht von der Sonne ausgehen, sondern sie sind das Funkeln der Paradiesespforte, als Willkommen für einen guten Menschen." Andrey lächelte leicht. „Kümmern Sie sich nicht darum, es war eine Erinnerung an etwas, woran ich seit den Kindertagen nicht mehr gedacht habe."

„Ich habe das noch nie gehört", gab der Nachbar mit einem Lächeln zurück. „Mein Name ist Sergey", streckte er die Hand aus.

„Andrey Ivanovich."

Dann schwiegen beide, und nachdem Andrey seinem Nachbarn die Hand gedrückt hatte, drehte er sich wieder zum Fenster und betrachtete den orangenen und blauen Horizont.

Seine Gedanken schweiften zu den lange zurückliegenden Tschernobyl-Jahren. Damals, als jeder Augenblick der letzte sein konnte. Manche von ihnen hatten Glück, andere nicht. Das Bild von General Osipenko stand vor seinen Augen. Er hätte es fast bis zum 25. Jahrestag geschafft, doch nun war vor zwei Tagen sein Begräbnis gewesen. Es hatte eine besondere Verbindung gegeben zwischen Andrey und diesem Mann, der in der grauenhaften Situation seine einzige Unterstützung gewesen war.

Nach der Expedition in den Reaktor war der junge General erledigt. In wenigen Jahren hatte er sich in einen siechen alten Mann verwandelt.

Die Strahlung hatte einen entsetzlichen Mechanismus gestartet, der seinen Körper von innen her verbrannte. Als Andrey ihn einige Jahre später wieder gesehen hatte, hatte er ihn zunächst gar nicht erkannt. Nur das Funkeln seiner eingesunkenen Augen in dem unnatürlich gelben Gesicht erzählte noch von der Stärke und dem Mut, die ihm geblieben waren. Fast fünfundzwanzig Jahre hatte Osipenko immer wieder Operationen erduldet, die sein Leben ein wenig verlängert und die Krankheit für kurze Zeit in Schach gehalten hatten.

In den letzten Jahren hatte nur noch das unermüdlich schlagende Herz den gelähmten Körper am Leben erhalten. Andrey hatte ihn häufig in verschiedenen Krankenhäusern besucht und versucht, ihm seinen qualvollen Zustand zu erleichtern. In jedem Krankenhaus sah er Dutzende und Hunderte Menschen, die im Krieg gegen die Strahlung verletzt worden waren. Wenn er ihre Leiden und Schmerzen sah, begriff Andrey, wie ungleich der Kampf gegen einen lautlosen und unsichtbaren Feind war, dessen Gegenwart erst eine Sekunde vor dem Angriff zu spüren war. Doch der General hatte, ungeachtet seiner absoluten Hilflosigkeit, bis zum letzten Augenblick gekämpft.

Andrey hatte seinen Freund von Tschernobyl nicht im Stich gelassen und nach seinem Tod veranlasst, dass er in der Nähe von General Yudenkov begraben wurde.

Yudenkov war nach seiner Abkommandierung von Tschernobyl nur noch ein Jahr im Staatssicherheitsdienst geblieben. Seit seinem Aufenthalt im Kraftwerk hatten ihn alte Kriegsverletzungen geplagt. Auch diejenigen, die gut verheilt gewesen waren, hatten sich wieder geöffnet. Andauernde Schmerzen quälten ihn bei Tag und Nacht. Andrey traf ihn oft in seinem Sommerhaus und im Krankenhaus, wo sie lange über die Ereignisse der vorangegangenen Jahre und über die Geschehnisse in der Welt sprachen. Dieser Mann war von außerordentlichem Scharfsinn, seine breite Erfahrung war nahezu unschätzbar und half Andrey, vieles für seine Arbeit und sein Leben zu lernen, einen differenzierten Blick auf die Realität, das Land und die Menschen zu gewinnen.

Sie hatten einander die anfänglichen Streitereien und Auseinandersetzungen in ihrer Zeit in Tschernobyl längst vergeben. Bei jedem Treffen versuchte Andrey den General noch ein Stück besser kennen zu lernen, und dieser teilte mit Pravdin die emotionalen und offenherzigen Lektionen fürs Leben. Es schien, als wollten sie die verlorene Zeit nachholen, aber das war hoffnungslos. Andrey bedauerte den frühen und unerwarteten Tod von Yudenkov sehr. Ein würdiger Grabstein mit einem Foto des Toten in Generalsuniform und Andreys Erinnerungen – mehr war von diesem besonderen Mann nicht geblieben.

Beim Begräbnis von Osipenko traf Andrey Nadezhda, die auch gekommen war, um dem Mann die letzte Ehre zu erweisen, der eine so bedeutende Rolle in ihrem Leben gespielt hatte. Tschernobyl hatte auch sie zerstört. Sie konnte sich kaum bewegen, stütze sich mit der einen Hand auf eine Krücke, an der anderen wurde sie von ihrer dreiundzwanzigjährigen Tochter geführt. Das Gesicht der Tochter war blass und eingefallen, von Leukämie gezeichnet.

In all den Jahren hatten Andrey und General Osipenko das Leben der beiden Frauen verfolgt, die körperlich geschwächt waren, aber von unbeugsamem und starkem Geist. Obwohl Nadezhda etliche Krebsoperationen über sich hatte ergehen lassen müssen, widmete sie ihr Leben dem Kampf gegen die Auswirkungen der Verstrahlung, wurde die Aktivistin des Tschernobyl-Entschädigungs-Fonds und kämpfte so gut sie konnte um das Leben ihrer Tochter, die einzige Erinnerung an ihre große, so kurze Liebe, die ihr Leben geprägt hatte.

Pravdin erinnerte sich an alle Menschen, die, selbst wenn sie nur für einen Augenblick aufgetaucht waren, ihm geholfen hatten, die richtige Entscheidung zu treffen und das Wesen der Ereignisse zu verstehen, die ihn in seiner moralischen Kraft gestärkt und ihm die Illusion genommen hatten, ihn vor der Tragödie bewahrt und zu ihm gehalten hatten, wenn die Einsamkeit ihn zu überwältigen drohte. Andrey erinnerte sich an all die Soldaten und Offiziere, die mit ihm in der Nuklear-Einheit gedient hatten; Ingenieure und Physiker, die ihm geholfen hatten, die Geheimnisse der Taiga-Tragödie zu enthüllen; an jeden, der in wenigen Sätzen die wichtigsten Dinge sagen konnte, und an all die Männer, die gestorben waren, damit andere leben konnten.

Und in einem der schwierigsten Augenblicke seines Lebens, als nicht die Atomwaffen, sondern „Atom für den Frieden", die Quelle von Wärme und Licht, außer Kontrolle geraten war, hatte er das Glück gehabt, wiederum Menschen zu treffen, die mit ihm zusammen den Feind bekämpft hatten.

Während der Liquidierung der Konsequenzen der Katastrophe hatte es zu viele Fehleinschätzungen gegeben, die zu desaströsen Effekten geführt hatten, obwohl sie vermeidbar gewesen wären und viele Menschenleben hätten gerettet werden können. Man konnte den Informationen über die Verstrahlung und die Gefahren, denen die Liquidatoren ausgesetzt waren, nicht vertrauen. Die Sowjetunion verlautete lange Zeit nichts, ließ die eigene Bevölkerung und die anderen Staaten in Unkenntnis. Man könnte auch direkt sagen, dass dieser Unfall das Wesen des sowjetischen Systems bloß gelegt hat, die Beschönigung der Wahrheit und unwahre Berichte. Das kann seine Wurzeln in Angst vor Strahlung haben. Die Bedrohung ist unsichtbar, und umso mehr ist es notwendig, dem Wahrheitsgehalt der Informationen zu misstrauen. Sehr häufig führte der ungeheure psychische Stress zu schwerwiegenden psychologischen Konsequenzen und zu Strahlenphobie, wodurch das Unglück, der härtesten Strahlung ausgesetzt zu sein, durch Herz- und Nervensystemerkrankungen gesteigert wurde.

Im Lauf der Jahre wurde das Bild der Auswirkungen des Unfalls immer schrecklicher, aber es war erst der Anfang. Die Halbwertszeit der freigesetzten radioaktiven Elemente beträgt Hunderte, Tausende Jahre; sie entwickeln sich zur zeitverzögerten Bombe und führen zu schweren Krankheiten der Kinder im europäischen Teil der ehemaligen Sowjetunion. Bis heute kann die Medizin keine exakten Vorhersagen für die kommenden Jahre treffen.

Bis heute lassen Hunderttausende Opfer dieser Ereignisse jährlich Untersuchungen und Behandlungen in verschiedenen Krankenhäusern und Kliniken überall in Russland und den GUS-Staaten über sich ergehen. Ihre Lage wird mit jedem Jahr schlimmer, die kleinen Privilegien und Entschädigungszahlungen werden laufend weniger, weil die Zahl der überlebenden Liquidatoren der Tragödie von Tschernobyl mit jedem Jahr abnimmt.

Selbstverständlich ist die Natur weise. Sie heilt ihren Körper, der von den Menschen verletzt wurde, selbst. Aber die hässlichen Narben, die noch in Jahrtausenden auf ihrer Haut sichtbar sein werden, bleiben eine mahnende Erinnerung an die menschlichen Fehler. Das tote und verlassene Pripyat, Hügel, unter denen ganze Ortschaften begraben sind, weggeworfene rostige Maschinen, wie strahlende Denkmäler des Projektes „Atom für Frieden", der Hand des Menschen entglitten, werden sich über viele Jahrzehnte in der Landschaft türmen. Die Mutationen in den Körperzellen, die durch das verantwortungslose Handeln von Menschen erzeugt sind, machen sich immer stärker und öfter bemerkbar. Nachdem der Unfall von Tschernobyl die Lebenden getötet hat, hat er sich denen zugewandt, die noch nicht geboren sind, und die unbarmherzigen Veränderungen im Organismus von Menschen, Tieren und Pflanzen werden erst in einer Generation sichtbar werden.

Bei den Untersuchungen tauchen mehr und mehr Mikroorganismen auf, die unter den Einwirkungen der Strahlung neue Formen gebildet und ihr Wesen verändert haben. In den Medien gibt es immer wieder völlig übertriebene Meldungen, die vom Erscheinen fremder und geheimnisvoller Monster mit einzigartigen Fähigkeiten in der Todeszone berichten. Frei herumstreunende Tiere mit abstrusen Namen, hoher Intelligenz und bemerkenswerter Stärke wurden zum Schrecken der umliegenden Dörfer. Fünfbeinige und zweiköpfige Geschöpfe, Launen der Natur, beschäftigen seit dem Unglück die Vorstellung der Wissenschaftler, weil es verschiedene Annahmen über die zukünftigen Konsequenzen dieser genetischen Schäden gibt. Nach vielen Jahren hat sich unter der schützenden Hülle des Sarkophag eine einzigartige Situation gebildet, in der das Leben der Bakterien und Mikroorganismen sich weiter entwickelt. Niemand, niemand kann vorhersehen, welche Auswirkungen ihr Zusammenprall mit der Umwelt in fünfzig oder hundert Jahren haben wird. Fünfundzwanzig Jahre nach dem Unfall ist die Erbschaft der Krankheiten und Geburtsfehler zu einem unüberwindlichen Problem für alle Länder geworden, die von der Strahlung betroffen sind.

Bis heute können die Menschen nicht mit dem zerstörten Reaktor umgehen, sondern sie versuchen jeden Tag, die nächste Tragödie hinauszuschieben. Die Erde und das Wasser sind verseucht und werden das noch eine lange Zeit sein. Und in der Zwischenzeit – ungeachtet aller Verbote –, leben Menschen in Dörfern innerhalb der Dreißig-Kilometer-Zone, die nach der Evakuierung zurückgekommen sind. Sie kümmern sich nicht um die Strahlung, denn sie ist „nicht sichtbar".

Seine Tätigkeit in der Staatssicherheit hatte er vor mehr als zehn Jahren beendet. Nach Tschernobyl war Pravdin in Europa tätig, und als die UdSSR zu existieren aufhörte, wurde er nach Moskau versetzt, wo er seine Karriere um einen Rang zurückversetzt als Generalmajor beendete.

Nun flog Andrey nur noch als Privatperson ins Ausland. Zu viel Zeit war seit damals vergangen, die Menschen hatten sich verändert, und nun, da sie in einem anderen Land lebten, hatte sich auch die Welt verändert … Alles war jetzt anders, und wenige von den überlebenden Freunden dachten über die Vergangenheit nach.

„Was machen Sie beruflich?" fragte plötzlich der Mann auf dem Nebensitz und unterbrach Andreys Gedanken.

„Verlagsgeschäft", kehrte Andrey aus seinen Erinnerungen zurück.

„Interessant", meinte sein Reisegefährte. „Und wie läuft's?"

„Nicht schlecht", antwortete Andrey lakonisch und drehte ihm den Rücken zu. Er hatte keine Lust, sich auf eine Konversation einzulassen, die er jetzt nicht brauchen konnte.

Nach einer Weile fragte der andere weiter: „Und fahren Sie beruflich nach Sardinien oder machen Sie Ferien?"

„Ferien. Bloß keine Geschäfte", beschied ihn Andrey trocken. „Ärztliche Verordnung."

Er war immer nett und freundlich gewesen, aber belanglose Gespräche mit Fremden hatte er nie gemocht. Langjährige Gewohnheit hatte ihn gelehrt, seine Zunge zu hüten. Natürlich hätte er so ein harmloses Gespräch in irgendeine Richtung führen können und dem Mann eine Menge Informationen über sein Leben herauslocken können, aber es interessierte ihn nicht. Er wollte sich ausruhen, nicht sich um irgendetwas kümmern. Er wollte seine Ruhe haben und ein Schläfchen machen. Aber vielleicht war er auch nur deshalb genervt, weil seine Gelenke heftig schmerzten. Das war auf Flügen immer so.

Die Geschäfte seiner Firma liefen gut, und er konnte sich jetzt ein wenig Ruhe gönnen und sich um seine Gesundheit kümmern. In der letzten

Zeit war er ziemlich angeschlagen, die Folgen der Verstrahlung machten sich mehr und mehr bemerkbar. Die Gelenksschmerzen waren manchmal unerträglich, vor allem in der Nacht, und manchmal nahm er eine halbe Packung Schlafmittel, um ein bisschen Schlaf zu finden. Manchmal litt Andrey unter stundenlangem Husten, der nicht aufhören wollte. Die Ärzte zuckten mit den Achseln. Manche tippten auf Asthma, manche wollten sich nur ungern mit einer Diagnose festlegen, nichts sei geklärt. Andrey hustete weiter.

Aber es war etwas anderes, was ihn am meisten störte. Von Zeit zu Zeit hatte er einen unangenehmen Bleigeschmack auf den Lippen. In solchen Augenblicken erschrak er richtig. Weder die Aussicht auf Krebs, noch Asthma noch unerträgliche Gelenksschmerzen erschreckten ihn so sehr wie dieser Bleigeschmack. An solchen Tagen tauchte er wieder in seine Erinnerungen an den verwüsteten Reaktor von Tschernobyl ein. Zu diesem schrecklichsten Tag seines Lebens.

Nun, 25 Jahre später, erinnerte sich Andrey an die Ereignisse von Tschernobyl in jeder Einzelheit. Das schwarze Gesicht von Lozov, die unerträgliche Temperatur, durchdrehende Messanzeigen, trübes Licht, das sich in der riesigen Schutzhülle verlor und im Staub zerstreute, der zusammengestürzte Reaktor, jede Bewegung, jeder Seufzer ... und dieser unerwünschte Bleigeschmack auf den Lippen, der haften blieb wie ein Fleck.

Hatte er damals Angst gehabt? Da war kein Platz für Furcht gewesen. Vorher und nachher hatte es ihm Angst eingejagt, das ja, aber nicht im Reaktor. In diesem Augenblick war er völlig auf seine Aufgabe konzentriert, die es zu erfüllen galt. Sie wagten ihr Leben und wussten genau wofür, sie wussten, dass wenn sie ihren Auftrag nicht erfüllten, viele Menschen sterben müssten ... Jetzt war ihm klar, wie gefährlich das war. Zu diesem Zeitpunkt war alles anders.

Ein alter Freund hatte Andrey die Ferien auf Sardinien empfohlen. Er kannte den Ort gut und war sicher, dass die heißen Thermalquellen Unmögliches bewirken konnten. Andrey hatte zwar in seiner langen Karriere nicht gelernt, an Wunder zu glauben und zögerte lange Zeit, aber dann entschloss er sich doch dazu. Es konnte nur besser werden.

„Sie machen sich dort selbst gesund! Man sagt, dass zehn Tage in der Quelle die Menschen um 20 Jahre verjüngen. Sie werden jung und gesund wiederkommen", hatte sein Freund ihm zum Abschied aus der Reisebürobroschüre vorgelesen. Andrey hatte nur höflich gelächelt, er wusste genau, dass er nicht geheilt werden konnte.

Das Flugzeug landete und der erste tiefe Atemzug füllte Andreys Lungen mit der warmen Nachtluft Sardiniens. Er nahm ein Taxi, das ihn zuerst auf der Autobahn, dann auf einer kleinen Landstraße zu seinem Hotel brachte. Von hier war es nicht weit zu den Thermalquellen.

„Willkommen, Sir! Hier sind Ihre Zimmerschlüssel. Erlauben Sie mir zu sagen, dass es mir eine Ehre ist, einen Gast aus Russland willkommen zu heißen. Wir haben derzeit Gäste aus Italien, Frankreich, Amerika und sogar aus China. Aber Sie sind der einzige Russe."

„Ich weiß nicht, ob ich das gut oder schlecht finden soll."

Russen sind in ausländischen Hotels willkommene Gäste, hauptsächlich wegen ihrer dicken Brieftaschen, auch wenn sie oft zu laut und aufdringlich sind. Andrey hatte sich von seinen Landsleuten nie abgegrenzt, aber jetzt war er wirklich froh, dass er seine Ruhe hatte, indem er einfach vorgab, keine andere Sprache als Russisch zu können.

Er wachte sehr früh auf und ging hinaus. Im Tageslicht konnte er jetzt das Hotel betrachten. Es war eine alte Villa mit einem großen Innenhof, in dessen Mitte der goldene Springbrunnen Dutzende Strahlen ausstieß. Die ausgedehnten Balkone und schneeweißen Säulen unter rosa-braunen Markisen waren von Efeu überwachsen. Die Wege waren mit vielfarbigen Mosaiken gestaltet und von schlanken Palmen mit ausladenden Kronen gesäumt.

Andrey ging durch stille Nebenstraßen und beobachtete viele Einzelheiten des lokalen Lebens. Die pittoreske italienische Dame sprach aufgeregt auf den Jungen ein, der vielleicht für sie in der Bäckerei arbeitete. Auf den Stufen des Schuhmacherladens saß ein alter Mann mit Hosenträgern und aufgerollten Hemdsärmeln und grüßte die Vorbeigehenden. Das Café hatte eben geöffnet, zwei Carabinieri saßen an einem Tisch und flirteten mit der jungen Besitzerin. Diese kleinen Szenen, noch dazu bei hellem Sonnenschein unter einem klaren Himmel, heiterten Andrey auf. Wie überall ging das Leben seinen Gang und war wunderbar. Es war knapp 10 Uhr Vormittag, und Pravdin, der sich in mehreren Telefonaten mit Moskau vergewissert hatte, dass daheim und in der Firma alles in Ordnung war, ging zum Hotel zurück. Am Eingang wartete der Wagen, der die Hotelgäste zum Morgenbad in den Thermen brachte.

Auf der Fahrt dahin dachte Andrey, dass das regelmäßige Leben in diesen alten italienischen Städtchen mit verschlafenen Straßen und Promenaden sich nicht wesentlich von irgendeiner anderen Stadt in irgendeinem anderen Land auf der Welt unterschieden. Überall leben Menschen, und sie sind erfüllt von ihren Geschäften, auch wenn an manchen Orten die Bedingungen besser sind als anderswo. Aber das entscheidende ist, dass jeder das Recht auf Leben hat. Aber ungeachtet jedes aktuellen Status und jeder Wohlhabenheit, jede Stadt und jeder Mensch ist gleichermaßen ungeschützt angesichts der globalen Bedrohung, und jeden Augenblick kann das Glück zur Erinnerung werden. Die Gedanken an die Ereignisse von Tschernobyl brachen wieder über Andrey herein. Was wäre, wenn sie damals nicht in den Reaktor gegangen wären? Wenn eine neue Katastrophe passieren würde? Nichts könnte bestehen von alledem, was ihn nun umgab. Von den Auswirkungen der Explosion nur eines Reaktors in nur einem Kraftwerk waren neben der Sowjetunion die meisten Menschen auf der Welt betroffen gewesen, egal wo sie wohnten: Griechenland, Schweden, Finnland, Norwegen, Slowenien, Polen, Rumänien, Schweiz, Tschechische Republik, Großbritannien, Italien, Estland, die Slowakei, Irland, Frankreich, Deutschland, Lettland, Litauen, Dänemark, die Niederlande, Belgien, Spanien, Portugal, Österreich. Zu dieser Zeit stiegen flüchtige Elemente wie Jod, Cäsium und viele andere hoch in die Luft über dem zerstörten Reaktor, bis in die Stratosphäre und verbreiteten sich über riesige Entfernungen. Schon 36 Stunden später wurden in Schweden radioaktive Wolken gemeldet. Wenig später wurden ähnliche Beobachtungen in Japan, China, Indien, Israel, Kanada und den USA gemacht. Der radioaktive Fallout dauerte fast drei Wochen an. In manchen Gebieten Europas war das Ausmaß der Kontaminierung nicht geringer als in Russland, der Ukraine und Weißrussland. Rumänien, Polen, Bulgarien und Jugoslawien wie auch die skandinavischen Länder waren am stärksten betroffen. Glücklicherweise war die maximale radioaktive Belastung dieser Gebiete nicht allzu hoch und nur kurz. Aber Tschernobyl war nicht nur ein Zwischenfall. Es war eine Warnung. Diese Bedrohung, die Tod und Verderben über Tausende Menschen in der Sowjetunion brachte, breitete ihren schwarzen Mantel über ganz Europa aus.

Inzwischen hatte das Auto vor einer pittoresken Oase angehalten, wo kleine runde Becken mit heißem Salzwasser warteten. Hohe Bäume mit dichtem Blätterwerk schützten sie vor den heißen Sonnenstrahlen. Von den Blumen, die überall wuchsen, ging ein betörender Duft aus. Kleine bunte Vögel zwitscherten im dichten Gebüsch. Die traurigen Gedanken verflogen im Nu.

Andrey stieg in eine heiße Quelle. Die Hitze breitete sich augenblicklich im ganzen Körper aus, hob ihn an die Wasseroberfläche. „Wie angenehm", dachte er und schloss die Augen für einen Moment, atmete in vollen Zügen die Düfte ein. Auf dem Wasser lagen noch mehrere Gäste wie Flöße. Das leise Rascheln der Blätter und des Gluckern des Wassers erhöhten das Vergnügen. Niemand kümmerte sich um den anderen, jeder schwamm im Becken und gab sich der sprudelnden Quelle hin.

In diesem friedlichen Luxus wäre Andrey beinahe eingeschlafen, als das Wasser ihn zu einem älteren Mann hin trieb, der genauso wenig wie Andrey seine Umwelt noch wahrnahm. Beide Männer schraken durch den kleinen unerwarteten Zusammenstoß auf und suchten mit den Füßen den Boden des Beckens. Dann wandten sie sich einander zu.

„Es tut mir leid, Sir, ich wollte nicht –" Andrey stockte der Atem. Er starrte den Mann an und traute seinen Augen nicht. „Robert?"

Andrey schöpfte Wasser und schüttete es sich ins Gesicht, um den Schleier vor den Augen loszuwerden, um das Gespenst zu vertreiben. Aber der ihm so schmerzhaft vertraute Mann war immer noch da, blickte ihm ins Gesicht, ohne Zeichen der Bewegung.

Er hätte ihn unter Tausenden Gesichtern erkannt, egal mit welcher Schminke, egal in welchem Alter. Seine Züge waren in sein Gedächtnis für immer eingebrannt. Auch jetzt, nach so vielen Jahren, erinnerte sich Pravdin an Dutzende Nächte, die er schlaflos damit verbracht hatte, sich die Fallen auszudenken, in die er Lenz locken wollte, wie er ihn überwachen wollte, ihn provozieren und wie er zuletzt einen Grund finden wollte, ihn einzusperren. Mehr als ein Jahr hatte er nach ihm gesucht, jeden Tag, unter Hunderten Ausländern, die in die Sowjetunion gekommen waren. Und jetzt? War er hier? Sie standen sich gegenüber, mitten in Sardinien, mitten in einer Thermalquelle.

„Andrew? Andrey?" sagte Robert staunend, rückte seine Brille mit dicken Gläsern zurecht und rieb sich die Augen.

Die Gedanken rasten durch seinen Kopf. Ich war dort, ich habe seine Augen gesehen, seinen Zustand wahrgenommen ... Er war am Rand des Todes ... Er hätte sterben müssen ... Ist er aus einer anderen Welt wieder gekommen? Er hat mich mein ganzes Leben verfolgt, er will mich auch jetzt nicht loslassen ... wie ein Schatten ... Fünfundzwanzig Jahre lang ... Das schwere Bleitor wurde geöffnet und er ist auf mich zugewankt ... er ist mir gegenüber gesessen, hat mir durch die schmutzigen Gläser der Schutzmaske in die Augen geschaut, schwarzer radioaktiver Rauch ist von ihm aufgestiegen ... Er hat heftig geatmet und nichts gesagt ... Unter seiner Schutzkleidung ist ein helles Leuchten von ihm ausgegangen. Ich habe ihn gefahren ... weg gefahren ... und er hat sich die Gummimaske vom Gesicht gezogen zusammen mit der Haut, mit der sie verschmolzen war ... Und ich bin schweißgebadet aufgewacht mit einem schrecklichen Schrei ...

Aber was war das jetzt? Das war kein Traum ... Es war echt ... Ist er wirklich nicht gestorben? Oder bin ich jetzt komplett verrückt? Warum verspottet er mich? Ich habe keine Schuld daran ... Robert blickte voll Furcht um sich, als versuchte er die Antwort auf die Frage zu finden, was hier passierte ... kraftlos blickte er in Andreys Augen. Es war derselbe Blick wie vor fünfundzwanzig Jahren. Darin hatte sich nichts geändert. Nur sah er jetzt darin die gleichen Fragen, die er sich immer wieder stellte.

Andrey, der seine Überraschung überwunden hatte, blickte um sich. Er glaubte niemals an solche Zufälle und erwartete nichts Gutes von dieser Situation. Vielleicht wurde er sogar jetzt, nach so langer Zeit, noch vom Geheimdienst überwacht. Nein ... das kann nicht sein ... das ist verrückt. Er blickte um sich und sah nichts als Menschen auf dem Wasser und auf Liegenstühlen. Niemand nahm von diesem seltsamen Treffen Notiz, weil es auch niemanden interessierte.

Während er begriff, dass das hier wirklich geschah und dass es nur ein unbeschreiblicher Zufall war, griff Robert nach Andreys Schultern.

„Andrey, bist du wirklich am Leben? Du bist wirklich ...“ Robert konnte kaum sprechen, seine Stimme zitterte genauso wie seine Hände.

Pravdin begriff, wie sehr Lenz in diesen Jahren gealtert war. Statt des schlanken Mannes aus der Vergangenheit stand hier ein schwerer grauhaariger alter Mann vor ihm mit erloschenen Augen. Andrey konnte sich ganz genau an dieses Detail aus den Akten erinnern: blaue Augen, blondes Haar ... wo war das alles hin? Roberts Körper war bedeckt mit schrecklichen Narben. Aber das faltige Gesicht hatte sich kaum verändert, es war nur runder geworden, die Züge hatten ihren markanten Schnitt verloren.

Hier standen sie nun, zwei ältere Männer, und blickten einander ernst an; für Beobachter mussten sie exzentrisch wirken. Plötzlich begannen sie gleichzeitig zu lächeln und dann schüttelten sie sich die Hand wie alte Freunde, die einander lange Zeit nicht begegnet waren.

„Robert, ich kann nicht glauben, dass du hier bist. Und –“ Andrey blickte auf Roberts Körper. „Was ist passiert?“

„Oh Andrey“, antwortete Robert mit einem ironischen Lächeln, aber sein Gesicht verzog sich zu einer schmerzerfüllten Grimasse. „Unsere Abenteuer mit dir haben nie einen guten Ausgang genommen ... Und du bist auch nicht jünger geworden seit unserer letzten Begegnung.“

„Genau. Und bist du noch im Dienst?“

„Nein“, sagte Lenz mit einem leichten Zögern. „Ich bekomme eine gute Pension und ich gebe sie aus, indem ich von einem solchen Ort zum nächsten fahre und hoffe, meinen Zustand wenigstens für kurze Zeit zu verbessern.“

„Bist du sehr krank?"

„Ich denke, genauso wie du, mein Freund. Du plätscherst auch nicht grundlos in der Heilquelle."

„Da hast du recht. ich bin wegen meiner Gelenke hier. Außerdem, um die Wahrheit zu sagen, komme ich hier zur Ruhe, und das ist genug. Und bei dir ..." Andrey hoffte, Robert nicht zu beleidigen. „Das sieht alles nicht so toll aus."

Roberts Lippen begannen zu zittern und er ballte die Fäuste. Er wusste genau, wie er aussah. Er wusste, dass er ein alter Mann geworden war.

„Das ist die Schuld des verdammten Tschernobyl. Es hat mir das Leben gestohlen!" Er schlug in einem Wutausbruch auf die Wasseroberfläche, dass es in alle Richtungen spritzte. „Und du, hast du nicht gelitten? Du warst drinnen! Du hast den Teufelsreaktor gesehen!"

Lenz begann plötzlich laut und abgehackt zu schreien, und die anderen Badegäste wurden auf die seltsame Konversation in einer ihnen unbekannten Sprache aufmerksam.

„Robbie, lass uns an die Bar gehen. Ich spendiere dir einen Cocktail", sagte Andrey und zog den Amerikaner an den Rand des Beckens.

„Okay. Ich brauche nur eine Minute."

Robert trocknete sich vorsichtig mit einem Handtuch ab und nahm einen Salbentiegel aus einem kleinen Koffer.

„Wenn ich das nicht einreibe, schmerzen diese Teufelswunden wieder. Von denen kommen solche Narben."

„Das ist unangenehm." Andrey berührte seine Schulter. Die Wunde, die seine Erbschaft von Tschernobyl war, schmerzte auch oft.

„Ich bin in jeder Hinsicht selbst schuld, jetzt bezahle ich eben ... Hier gibt es nichts mehr zu tun."

Andrey wurde bewusst, daß weder Hass noch die geringste Feindseligkeit zurück geblieben war. Seltsames Gefühl. Sie waren Feinde, und jetzt, da sie sich trafen, sprachen sie wie alte Freunde. Wohin war ihr Konflikt entschwunden?

„Und wie geht es dir? Bist du immer noch im KGB? Du weißt ja, wir sind einfach beim alten Namen geblieben, auch wenn ihr dann daraus MB und FSB gemacht habt ..."

„Nein, ich bin schon lange weg. Meine Gesundheit ist nicht mehr so gut, das Alter ...", antwortete Andrey mit einem leisen Lächeln. „Unsere Zeit hat mit dir geendet, dann ist alles ganz anders geworden im Land, und in der Welt. Ihr habt euch alle Mühe gegeben." Andrey dachte eine Sekunde darüber nach, erinnerte sich an den Tag, an dem er beschlossen hatte, aus dem Geheimdienst auszuscheiden. Es waren die Jahre der Veränderungen in seinem Land. Das totale Chaos der neunziger Jahre versank allmählich in der Vergangenheit. Man dachte, die Dinge würden sich nun in Russland gut entwickeln. Zumindest würde das Leben einfacher werden. Er wog Pro und Contra ab. Diese Entscheidung schien eine der kompliziertesten in seinem Leben zu sein, aber schließlich gaben die gesundheitlichen Probleme den Ausschlag. Dann dachte er, was er danach tun sollte. Stille Pension oder die Suche nach einer anderen Aufgabe? Er wählte die zweite Variante, denn ein Leben ohne Arbeit war kein Leben für ihn. Neue Hoffnungen erwachten. Und was aus dem Land später wurde – darüber würden dereinst die Historiker urteilen.

„Es scheint, als hätten wir die Schlacht gewonnen, auch wenn wir einen irrsinnigen Haufen Geld hineingesteckt haben."

„Und es war gut angelegt. Der Weltkrieg wäre um ein Vielfaches teurer gewesen, und ihr hättet ihn nicht nur mit Geld bezahlt."

„Du hast in allem recht, Andrey. Viele von uns haben für den Frieden gekämpft, aber andere haben nach Krieg geschrieen. Als du und ich jung waren, lebten wir in Furcht vor Atomraketen. Wir haben so vieles erfunden, um dem Krieg zu entkommen. In Amerika haben die Leute unter ihren Häusern bombensichere Schutzräume gegraben mit Vorräten für Jahre. Sie waren alle erfüllt von der Furcht vor dem Reich des ‚Bösen'. Wieviele Filme hat es gegeben über die rote Gefahr, wieviele Klischees und Stereotype. In einem Lied von Sting hat es einen Vers gegeben: ‚What might save us, me and you, is that Russians love their children too.' Das spiegelt die Stimmung dieser Jahre perfekt. Dann begannen die Menschen über diese Hysterie zu lachen. Aber das kam erst später. Ich habe viele Jahre die Tests neuer Waffen beobachtet. Sie werden viel schrecklicher als eine Atombombe sein, aber nur wenige Leute wissen davon. Man braucht keinen Kontakt mehr mit dem Gegner, um ihn zu vernichten. Wer im Visier dieser hochpräzisen, alles durchschlagenden und zerstörenden Waffen ist, hat gar nicht mehr genug Zeit, das zu bemerken. In diesen Tagen haben wir alles Mögliche zu entwickeln begonnen, aber das meiste davon kann man erst mit den heutigen Technologien realisieren. Das ist gut so, denn damals waren wir mehrmals weniger als einen Schritt vor einem richtigen Krieg. Aber die Moral der Menschen ist auf dem alten Level stehen geblieben. Und auch wenn die Nuklearmächte sich kaum zu Massenmördern entwickeln werden, sollten wir uns vor den Newcomern an dieser Front genauso wie vor unfähigen Regierenden fürchten und sie sehr sorgfältig beobachten."

„Ja, wir können uns noch an diese Zeit erinnern, und wir haben Dinge getan, mit denen ein Mensch besser nichts zu tun haben sollte. Ich glaube, dass jetzt alles viel komplizierter geworden ist. Wenn man Fernsehnachrichten sieht oder Zeitungen und Bücher liest, bekommt man den Eindruck, dass Nuklearwaffen an jeder Straßenecke verkauft werden. Es gibt keinen Rauch ohne Feuer. Die mächtigen Staaten nehmen ihre Verantwortung nicht genügend wahr." Andrey ließ den Kopf sinken.

„Nach den relativ ruhigen Jahren haben viele vergessen, wie nahe die Welt am Abgrund der Zerstörung stand. Dutzende Jahre lang. Wir haben sie wie durch ein Wunder davor bewahrt. Und um die Wahrheit zu sagen, es ist meine Meinung, dass diese Stabilität zu einem guten Teil der UdSSR zu verdanken ist. Ihr habt die Kräfte auf dem Planeten ausbalanciert. Die sowjetischen Nuklearwaffen wurden zu Waffen des Friedens, auch wenn das seltsam klingen mag. Ihr ward vertragsfähig und seid es heute noch. Nach der Entspannung folgt jetzt der Neustart. Ich mache mir nur Sorgen über das Spiel mit Kräften, die vom Menschen nicht kontrollierbar sind. Wenn wir die Windrichtung verändern, indem wir an einem Ort den Knopf drücken, wird die Erde an einem anderen Ort einfrieren, und die Dürre und die Wirbelstürme können beginnen. Und was ist mit diesen verrückten Versuchen, die Ionosphäre aufzuheizen? Hast du davon gehört?" Robert schrie nun beinahe, sodass sich einige Vorbeigehende nach ihnen umdrehten.

„Die Erde schüttelt sich auch ohne diese Dinge. Es gibt Explosionen und Feuer in Chemiewerken, Ölunfälle, hier ein Tsunami, dort wachen Vulkane aus Jahrtausende langem Schlaf auf, und weltweit sterben Vogelschwärme ohne erkennbaren Grund. Jetzt die Hitze, dann die Kälte", das Gespräch riss Andrey zunehmend mit. „Unser Planet ist ein geschlossenes System, die Zerstörung der natürlichen Balance an einem Ort wird offenkundig eine Kettenreaktion auslösen, die zu Tragödien in planetarem Maßstab führen wird. Jeder Angreifer wird unweigerlich zum Opfer der eigenen Handlung. Die Menschheit denkt, dass sie ewig auf diesem Planeten sein wird, sie hat eine Zivilisation geschaffen, entwickelt die Wissenschaften, die Häuser werden höher, die Technologien immer noch perfekter, und die Waffen immer grausamer. Aber die Natur kann das alles an einem Tag vernichten. Und danach werden die Wälder und die Flüsse und der Sand alle Spuren von der Zeit des Menschen auf diesem Planeten auslöschen. Sie sendet uns schon mächtige Signale, doch wir hören nicht hin. Und es ist höchste Zeit, darüber nachzudenken."

„Und Pandemien? Sie werden auch häufiger", setzte Robert fort, als hätte er Andreys Gedanken gelesen. „Krankheiten sind das ideale Mittel, um Millionen Menschen zu töten. Die Medizin hat gar nicht mehr genug Zeit, darauf zu reagieren."

„Alle diese tektonischen, meteorologischen, ökologischen, strahlenden, elektromagnetischen, psychotronischen, chemischen, biologischen und was auch immer Waffen bringen nicht nur jede Menge Trauer, Zerstörung, Armut, Krankheit und Tod mit sich, sondern sind voneinander praktisch nicht mehr zu trennen und bedrohen die Menschheit gleichzeitig. Und ihre Auswirkungen werden sich vervielfachen, wenn sie ineinander greifen. Aber niemand kümmert sich darum auf den internationalen Konferenzen und Gipfeltreffen, niemand hält ihre Beschränkung in irgendwelchen Vereinbarungen fest. Jeder nimmt an, dass die bedrohlichen Kataklysmen und Unglücksfälle auf der Erde von selbst passieren. Alles was mit wenig untersuchten und ungewöhnlichen Phänomenen zu tun hat, wird sorgfältig verschlossen. Das ganze System zielt auf Verschweigen, Verdrehen der Fakten, Aufteilung der Wissenschaft in formale und informelle Bereiche. Und wenn es dann zu einem Krieg kommt, in dem all diese unbekannten Technologien eingesetzt werden, wird es fast unmöglich sein, den wirklichen Täter zu finden."

„Du hast vollkommen recht. In Europa gibt es Hochwasser und Australien ist überschwemmt. Und in Haiti? Zuerst ein Erdbeben, dann der Tsunami, jetzt die Choleraepidemie. Was kommt als nächstes? So kann jedes Land völlig zerstört werden. Komm, such dir ein anderes aus. Es kann hier herausgefunden werden, wer die Experimente macht." Robert ließ nicht locker.

„Hast du gehört, welche Dürre, Feuer und Rauch wir in Russland hatten? Die Ernte wurde nicht eingebracht, und Milliarden wurden für die Bekämpfung der Konsequenzen ausgegeben. Und der Schauerregen von neulich. Hast du so etwas schon gehört? Fünfzehn Grad unter Null, und Wasser fällt vom Himmel. Nebenbei, solche Schneefälle und Fröste wie in den letzten Jahren hat es in Europa früher nie gegeben."

„Es ist gar nicht nötig, an Verschwörungstheorien zu glauben und zu denken, dass alle globalen Geschehnisse das Ergebnis des Einsatzes einer fantastischen Waffe sind. Aber niemand wird bestreiten, dass die Erde unter dem leidet, was wir hier tun. Übrigens hast du recht – ohne strenge Kontrollen über neue Entwicklungen und die Wechselbeziehung zwischen Mensch und Natur werden wir Geiseln des eigenen Unsinns in ungeahntem Ausmaß – wenn wir es nicht längst schon sind …"

Andrey war erstaunt, dass Robert genauso dachte wie er. Jedes Wort, jede Meinung hätte von ihm sein können. Lenz winkte dem Ober und bestellte noch einen Whisky.

„Ist es nicht noch ein bisschen früh für die harten Sachen, Robbie?"

„Ach, das ist meine Medizin. Ich erzähle dir besser nichts von dem Gemetzel in meinem Körper. Whisky ist quasi ein Desinfektionsmittel."

Andrey verzog das Gesicht.

„Okay, okay, ich trinke nicht viel, keine Angst. Wie geht es deiner Familie, Andrey?"

„Gut, mein Sohn hat das zweite Jahr in seiner Ölfirma hinter sich, und meine Tochter hat ihr Medizinstudium längst abgeschlossen und schreibt jetzt eine Dissertation über Strahlenkrankheit."

„Das klingt beides gut. Und deine Frau? Arbeitet sie noch als Ärztin?"

„Woher weißt du, dass sie Ärztin ist?" Pravdin lächelte leicht. Ihm war klar, dass Robert wohl fast alles über ihn wusste oder zumindest damals gewusst hatte. „Nein, sie kümmert sich nur noch um unsere beiden Enkelsöhne."

„Du bist ein glücklicher Mensch, Andrey."

„Und du? Immer noch der einsame Wolf?"

„Ja ich bin alleine geblieben. Früher wäre es verrückt gewesen eine Familie zu gründen, und nach Tschernobyl wäre es komplett sinnlos gewesen. Zunächst dachte ich, dass alles gut gehen würde und ich habe an verschiedenen Orten gearbeitet. Mittlerer Osten, Jugoslawien, es gab genug Konflikte in der ganzen Welt, genug Arbeit für mich. Zuerst dachte ich auch, die Schmerzen würden irgendwann wieder aufhören, aber trotz aller Mittel wurde es jedes Jahr schlimmer. Die Ärzte haben mir dringend von Kindern abgeraten, und ich konnte auch keine mehr zeugen. Als ich verstand, dass die Strahlung mich zeugungsunfähig gemacht hatte, begriff ich zum ersten Mal, dass ich für immer allein bleiben würde."

Robert seufzte und wendete sich ab. Andrey ahnte die Tränen in seinen Augen, und er bedauerte diesen einsamen Mann.

„Die Schicksale vieler Menschen sind in Tschernobyl zerstört worden. Und wir waren immer an dir dran. Ich wusste über jeden deiner Schritte Bescheid, und du wahrscheinlich über mich." Andrey lächelte. „Wenn du einen Fehler gemacht hättest, wären wir schon früher an einem Tisch zusammengesessen, aber nicht in so angenehmer Atmosphäre."

Robert hob sein Glas, und erst jetzt sah Andrey, dass ihm an der rechten Hand einige Fingerglieder fehlten.

„Trotzdem hab ich euch ein bisschen ausgetrickst. Ohne den Hund und die Säure im Boden hätte ich herausgefunden, was sich in eurem Wald wirklich abgespielt hat. Es ist ein Jammer, was das Leben aus uns gemacht hat", sagte Robert traurig und betrachtete seine verkrüppelte Hand.

„Wir hätten das alles vermeiden können. Wer weiß, wie es dann weitergegangen wäre."

„Das hätten wir nicht ... Du weißt, Andrey, es ist ein gigantisches System und wir sind nur die kleinsten Rädchen. Glaub mir, sogar unsere Regierungen waren diesem Mechanismus unterworfen. Ihr wusstet alles, genau wie wir, jeden einzelnen Schritt. Aber irgend etwas zu verändern – das lag nicht in unserer Macht."

„Deswegen haben wir auch manchmal mit dem Kopf gegen die Wand geschlagen."

„Oh Andrey, du machst dir keine Vorstellung, welche Agenten wir hatten, und in welchen Positionen. Ich habe viele deiner Berichte gelesen, du hattest immer recht, aber du hast viel zu sehr an das System geglaubt. Der genaue Plan, nichts als der genaue Plan ... Was für ein Jammer, dass an eurer Spitze lauter Verräter waren. Ihr seid das große Volk, davon war ich überzeugt. Aber der Sarkophag über dem Kraftwerk von Tschernobyl wurde zum Sarkophag für dein ganzes Land."

„Das ist wahr geworden ... Das Land hat sich aufgelöst, und seine radioaktive Erbschaft belastet jetzt viele Staaten. Nach unserer Expedition in den Sarkophag haben die Wissenschaftler herausgefunden, dass überall in den Ruinen von Block 4 ungefähr 200 Tonnen Brennstoff zersplittert und verteilt sind, in denen heute noch die radioaktiven Prozesse ablaufen. Und die Objekt-‚Hülle' hat ihre ursprüngliche Zuverlässigkeit längst eingebüßt. Die Wände werden gestützt und kontrolliert, aber wer weiß, wie lange sie noch halten. Und du hast selbst auf dem Monitor gesehen, wie es im Inneren aussieht."

„Und was ist mit dem neuen Sarkophag-Projekt? Ich hoffe, ganz Europa beteiligt sich daran und es fließt genug Geld. Damit kann man doch alle Gefahren bannen! Ja, eure Erkenntnisse haben viel gebracht. Wenn ihr das nicht gewagt hättet, wer weiß, ob man begriffen hätte, dass es Zeit wird etwas zu tun. Unsere Wissenschaftler sagten damals auf der Basis eurer Ergebnisse, dass es euch wirklich gelungen ist, das Herannahen des kritischen Punkts darzulegen. Wenn die Messungen damals nicht akzeptiert worden wären, dann wäre es zu einer wirklichen Katastrophe gekommen. Und da dessen Konsequenzen uns massiv betroffen hätten, konnte es uns nicht gleichgültig sein."

„Die neue Hülle – wir nennen sie die Arche –, bei deren Errichtung die Ukraine von Europa unterstützt wird, ist sicher gut. Aber sie haben sich viel zu spät und viel zu langsam darum gekümmert. Und wer weiß, ob sie jemals fertig wird. Die Finanzierung wird immer mehr reduziert, man bekommt das Gefühl einer Proforma-Aktivität, und vielleicht kommt dabei gar nichts heraus. Und selbst wenn sie es fertig bauen, heißt das noch lange nicht, dass die Arche genug Schutz bietet. Außerdem braucht die Errichtung eines solchen Bauwerks Zeit. Bestenfalls fünf bis sieben Jahre. Der erste Sarkophag war für maximal dreißig Jahre ausgelegt, davon sind jetzt fünfundzwanzig vergangen. Die Zeit läuft uns davon. Der Brennstoff in seinem Inneren muss verbraucht oder aufgearbeitet werden. Der Zustand des Sarkophag wird ständig untersucht, und man versucht darin ein Mikroklima aufrecht zu erhalten und Zerstörungen aufzuspüren, aber er bleibt eine permanente Gefahrenquelle für die nukleare Verseuchung der ganzen Welt. Die Strukturen des Sarkophag sind imprägniert mit radioaktiven Teilchen, sie haben sich in Beton und Stahl hineingefressen. Tausende radioaktiv strahlender Tonnen Beton, Hunderte Tonnen strahlender Reaktorschmelzfluss, Dutzende Tonnen strahlender Staub verteilen sich über die tausend Räume des Kraftwerkblocks. Der ganze Sarkophag mit all seinen Einrichtungen wurde zu einem riesigen Objekt von radioaktivem Müll, das nicht auf einer Deponie vergraben werden kann. A propos Deponien ... die Friedhöfe rund um das Kraftwerk. Es gibt Hunderte! Sie sind in einem Radius von zehn Kilometern rund um Tschernobyl verteilt, und in ihrem Inneren laufen die Reaktionsprozesse weiter ab. Mehr als zweihunderttausend Curie sind unter Schichten von Lehm und Sand begraben. Um die muss man sich auch kümmern! Und nur die wenigsten wissen, dass nur ein solcher Friedhof ordnungsgemäß versiegelt ist, die anderen bieten nur symbolischen Schutz. Sie haben alles begraben und vergessen. Und sie haben nicht einmal tief gegraben. Haufenweise liegt das radioaktive Eisen überall in der ganzen Gegend herum.

Was wir dort getan haben, war eine beispiellose Aktion. Ich habe damals mein Leben aufs Spiel gesetzt. Manchmal scheint mir, dass die Menschen in dieser Welt leben, als gäbe es nur ein Heute, und sie kümmern sich nicht um das Morgen, als hätten sie weder Kinder noch Enkelkinder. Ich hoffe, dass wir unser Leben für die Menschen der Zukunft gegeben haben.“

„Andrey, ich war unlängst in Tschernobyl. Nach so vielen Jahren hat es mich plötzlich dorthin gezogen. Alle Erinnerungen sind wieder aufgestiegen. Diese Lagerstätten sind bis heute dieselben geblieben, genau wie vor fünfundzwanzig Jahren, ein Gelände voller Technik. Friedhöfe der machtvollen menschlichen Erfindungen, die für den Menschen geopfert wurden, ohne dass sie sich um die Natur gekümmert hätten, von Plünderern verwüstet. Dort gibt es alles: Autos und Hubschrauber, Panzer und damals hochmoderne Roboter, die auf dem Reaktordach binnen Sekunden zu Schrott wurden. Es scheint, dass sie für ewig mit dem Boden von Tschernobyl verwachsen werden." Robert seufzte.

„Ich wollte auch hinfahren, aber etwas in mir hat mich davon abgehalten. Vielleicht fürchte ich die Erinnerungen. Ich bin nur bis Kiev gekommen, zum Friedhof der Freunde aus Tschernobyl. Weiter konnte ich nicht."

„Nichts hat sich seither verändert ... Nichts, nur das Land ist anders geworden. Ich war sehr erstaunt über Tschernobyl. Ich dachte, dass dort niemand mehr wäre. Aber dort sind Autos herumgefahren und Fußgänger waren unterwegs. Mehr als zweihundert Organisationen sollen da tätig sein, und eine Menge Menschen. Wer dort arbeitet, muss aber nach drei Monaten abgelöst werden, länger zu bleiben wäre lebensgefährlich. So konnten sie das Terrain immer noch nicht vollständig säubern."

„Und sie werden es nie säubern können", stellte Andrey fest, der Robert aufmerksam zuhörte.

„Genau. Die tote Erde. Ich habe gehört, dass die Natur sich das Land vom Menschen zurück holt. Herden wilder Tiere streifen durch die Wälder, und du weißt, dass es viele Wälder gibt. Es gibt genug Platz, kein Mensch tastet sie an. Pripyat ist ein Totenmonument der vergangenen Zeit. Besonders schrecklich ist es in der Dämmerung, wenn die Schatten fallen. Beim Anblick dieser hochragenden, menschenleeren Gebäude fühlt man sich klein und unbedeutend. Und die Natur holt sich das alles zurück, reißt den Asphalt mit Baumwurzeln auf und zerstört die Fundamente der verlassenen Gebäude. Lass weitere zwanzig Jahre vergehen, und nur noch Fotos werden an diese Stadt erinnern. Vielleicht wagt es irgendwann jemand, daraus ein Denkmal zu machen, statt es als einen Haufen Geröll liegen zu lassen." Robert murmelte beinahe. „Pripyat wurde selbst zum Denkmal menschlicher Ignoranz und Gedankenlosigkeit. Dort ist die Sowjetunion für immer zu Stein erstarrt. Es war wie damals. Alles erinnerte an das Land, die Macht, die Größe, die durch die Leere schwarzer Fensterhöhlen ersetzt wurde."

„Die Stadt ist wirklich wie ein Denkmal der vergangenen Zeit, in der Trauer und Heldentum, Sieg und Tod tausender sowjetischer Menschen ineinander verschmolzen sind. Auch wenn die Sowjetunion weiter bestanden hätte, wäre die Stadt zu einem begrabenen Haufen verfallener Gebäude verwandelt, dort ist jetzt für niemanden mehr etwas zu tun. Die Helme und Anzüge der Feuerwehrleute, die gleich nach der Explosion den Reaktor gelöscht haben, liegen bis heute noch im Keller des Krankenhauses. Niemand möchte sich den Sachen nähern."

„Am meisten haben mich die Zeichnungen erstaunt", nickte Robert, „die an den Wänden der Gebäude in der ganzen Stadt verbreitet sind. Ich bin zwiespältig. Ursprünglich war es ein Projekt von Künstlern, manche denken, es wäre ein Versinken in der Vergangenheit, aber ich glaube, sie sind von starker Symbolik. Das Bild des kleinen Mädchens, das im stillstehenden Lift den Knopf zu drücken versucht, ist mir ins Gedächtnis eingegraben. Das hat etwas ... Das ganze Schicksal der Stadt ist darin festgehalten. Wie wenn die Seelen der Menschen, die die Stadt verlassen haben, zurück gekehrt wären, um ihre Existenz in den leeren Wohnungen fortzuführen. Ich habe ähnliches in Hiroshima gesehen, dort wo nur die echten Schatten übrig geblieben sind. Die Menschen haben sich in Asche verwandelt, doch sie sind für immer der Wand eingebrannt", seufzte Robert.

„Ja", sagte Andrey zögernd. „Pripyat ist ein Symbol für das Verschwinden der Menschheit, genauer, für den Sieg der Natur über die Menschheit. Das Beispiel errichtet zur ewigen Mahnung: die Menschheit kann plötzlich von der Erde gewischt werden, und in der Folge wird jede Spur von ihrer Zeit auf der Erde getilgt werden. Die schöne junge Stadt verlor mit einem Schlag ihre ganze Einwohnerschaft. Dasselbe kann jeder anderen Stadt passieren, und der ganzen Welt, wenn nicht Einhalt geboten wird, wenn der eingeschlagene Weg gedankenlos fortgesetzt wird."

„Ich würde sagen, dass es der Schauplatz der erschreckenden Geschichte des Nuklearwahnsinns der Menschen geworden ist. Das schrecklichste ist, dass alles zusammengebrochen und verschwunden ist, ohne eine Erinnerung für die Nachkommen, und das Gefühl der Gefahr verfliegt."

Andrey wurde still und nachdenklich. Dank des Vorstoßes von ihm und seinen Männern in den Reaktor hatten sie den Ausgangspunkt der nuklearen Katastrophe bestimmen können, ihr Ausmaß, den Grad der nuklearen und strahlenden Gefahr einschätzen können, das Überwachungssystem für den verwüsteten Reaktor einrichten und Gegenmaßnahmen für den Fall weiterer Zwischenfälle planen können. Ein Spezialprogramm war entwickelt worden, um eine Reihe von gesäuberten deaktivierten Räumen in der Nähe des Reaktors von der Strahlung zurückzugewinnen. Die Instrumente zur Kontrolle des Reaktors und für die weiteren Überwachungsmaßnahmen wurden installiert. Die Analyse der Messwerte ergab, dass er auch noch nach Jahrzehnten das Potential haben würde, uns alle zu gefährden, jederzeit bereit, die Menschheit in einem Augenblick der Unachtsamkeit auszulöschen, dem Planeten irreparable Schäden zuzufügen. Es scheint klar, was im Inneren passiert ist, aber die Menschen können nicht alle Konsequenzen nur auffangen, sie müssen sie vorhersehen.

Ungeachtet der langjährigen Beobachtung, kann Block 4 bis heute nicht vollständig untersucht und überwacht werden. Der Weg zu manchen Räumen ist völlig blockiert: Bereiche höchster Strahlung und beim Bau des Sarkophages errichtete Betonwände versperren den Weg. Das bedeutet, dass man über die tatsächlichen Zustände und Entwicklungen im Inneren des Reaktors nur begrenzt Bescheid weiß. Dieser Mangel an Daten macht es unmöglich, Vorhersagen über künftige Zwischenfälle zu treffen. Es ist auch unmöglich, ein Szenario für den Fall des Zusammenbruchs der Stützmauern des Kraftwerkblocks zu erstellen. Und das ist eine der größten Gefahren, mit weltweiten Auswirkungen. In diesem Fall würden Dutzende Tonnen hochradioaktiver Staub und feine Aerosole, unsichtbar für das Auge, sich weithin ausbreiten.

Ungefähr zweihundert Tonnen strahlender Brennstoff sind noch im Sarkophag, noch in unterkritischem Zustand. Ungeklärte abnormal Neutronenreaktionen passieren an diesen Orten, wo sich Brennstoff mit hochgradigem Uran anreichert. Wenn das Gebäude unkontrolliert zusammenkracht, wird die Brennmasse zerstört und zur kritischen Masse – und dann kann eine spontane Kettenreaktion einsetzen.

Durch die Lecks im Sarkophag tritt ständig Wasser ein, zusammen mit anderen Niederschlägen, die mit dem Brennstoff reagieren. In der Folge werden durch das Wasser die gelösten Salze des angereicherten Urans ausgewaschen, transportiert und zusammengeführt. An diesen verschiedenen Orten bilden sich neue Gefahrenherde. Der Brennstoff kann unter extremen Bedingungen seine Form verändern, wird zu Staub und wird vom Wind davon getragen, oder bleibt als Aerosol im Sarkophag. Im Lauf der Zeit werden alle diese Prozesse verstärkt.

Auch wenn in jeder Sekunde von den Instrumenten Messwerte übertragen werden, bietet das kaum Möglichkeiten, etwas Grundlegendes zu ändern. Das einzige ist, ständig die Bedingungen in der Hülle zu überwachen und sie für unbekannte Zeit verschlossen zu halten. Unglücklicherweise hat die Menschheit noch keine andere Lösung entwickelt, als um den Reaktor noch eine Hülle zu bauen.

Dieser Zustand lässt einen über die Errichtung eines neuen Sarkophages genau nachdenken, der den schon vorhandenen schließen kann und die Menschheit mehr oder weniger schützen kann vor der Gefahr, die aus den Trümmern von Block 4 ausgeht. Die „Arche", wie die neue Sicherheitshülle genannt wird, war eine von vielen Entscheidungen, um die Situation rund um das Atomkraftwerk Tschernobyl für eine Weile zu entspannen. Auch wenn dieses Projekt ein gutes Maß an Stärke, Dichtheit und Abschirmung vor der Radioaktivität ermöglichen sollte, bleibt es doch nur eine zeitweise Lösung, die die Menschheit nicht vor der möglichen Tragödie bewahren kann.

Auch andere Lösungen waren in Betracht gezogen worden. Die Variante mit dem mutmachenden Namen „Grüner Rasen" sah die vollkommene Demontage von Block 4 und die Wiederaufbereitung der Materialien und des Brennstoffs vor. Aber das ist selbst mit moderner Technologie nicht möglich. Die Variante des „monolithischen Blocks", sicher praktikabel und am billigsten, ließ auch jede Menge Fragen über die Kontrolle und den weiteren Umgang mit dem radioaktiven Brennmaterial offen. Das Projekt „Arche" wurde in der Anfangsphase in den Überlegungen zurückgestellt, weil auch hier eine Reihe von Problemen ungelöst bleibt, nicht zuletzt die Frage der Finanzierung. Und in der Zwischenzeit ist wertvolle Zeit verstrichen, wird die Menschheit von denselben Gefahren bedroht.

Robert blickte Andrey stumm an, als könnte er seine Gedanken lesen. Die völlige Hilflosigkeit der modernen Zivilisation gegen die offensichtliche nukleare Bedrohung, unwichtig ob von einer explodierenden Atomrakete oder einem Atomreaktor ausgehend, beschäftigte auch ihn von Jahr zu Jahr mehr. Die tödliche Falle war aufgebaut – die Menschheit konnte sich vernichten, aber sie konnte die Explosion nicht in Griff bekommen, nicht mit den Konsequenzen fertig werden Es ist jenseits ihrer Macht. Wie Andrey hatte Robert sein ganzes Leben versucht, die Welt im Gleichgewicht zu halten, neue atomare Tragödien zu verhindern. Ihr ganzes Leben hatten sie miteinander gekämpft, aber für die gleiche Sache – um die Welt zu retten, wofür über einen langen Zeitraum hinweg das atomare Gleichgewicht der Supermächte die einzige Garantie war. Aber der Moment der Erkenntnis, dass die Welt auf den kritischen Punkt ohne Wiederkehr zugeht, ist noch nicht gekommen. Seit damals hat sich nichts geändert. Manche Menschen sehen im Atom die Zukunft, andere – den Sonnuntergang. Der eine lehnt die todbringenden Arsenale ab, der andere trägt heimlich die Teile zusammen, um zumindest eine Bombe zu bauen und um die trügerische Macht zu spüren. So geht die Auseinandersetzung weiter – unglücklicherweise nicht nur in Worten und Zeitungsartikeln. Die Menschen haben die Tiefe der verborgenen Gefahr noch nicht realisiert, dass es Zeit ist, massive Maßnahmen zu ergreifen. Andrey und er hatten nicht genug Zeit gehabt, diesen gnadenlosen Mechanismus der Selbstzerstörung der Zivilisation zu stoppen. Doch nun war ihre Zeit gekommen, die Welt zu verlassen, und diese Welt war immer noch bedroht ...

„Robert, beantworte mir die Frage, die mich seit langer Zeit quält. Unter den Atomwissenschaftlern in Tschernobyl gab es Gerüchte, dass eine neuartige Waffe gegen das Kraftwerk eingesetzt worden sei, die ein Mikroerdbeben und die folgende Explosion ausgelöst haben soll. Irgendwie ist diese Version nie weiter untersucht worden. Bist du gekommen, um die Ergebnisse und Auswirkungen dieses monströsen Angriffs einzuschätzen? Habt ihr diesen entsetzlichen Alptraum geschaffen?" Andrey fragte mit steinerner Miene. Er hatte sich lange nicht entschließen können, die Frage zu stellen, aber er konnte es auch nicht unterlassen. „Ich war damals ganz nah an der Antwort. Sag mir, habe ich recht gehabt?"

Robert richtete seine erloschenen Augen auf Andrey, blickte woanders hin und brach in lautes Lachen aus. Es war unmöglich, aus diesem Lachen etwas herauszuhören. Er verbarg sich hinter dem Lachen, wie um Zeit zu gewinnen für die Antwort. Die Frage wirbelte schlagartig Gedanken in Roberts Kopf durcheinander. Bilder aus seinem Leben zogen an ihm vorbei. Farblose Krankenhauszimmer, in denen er in den letzten Jahren zuviel Zeit verbracht hatte ... Mahlzeiten ohne Geschmack ... Graue Wolken vor dem Fenster ... Aufblitzendes Licht ... Andrey, der in Wolken aus schwarzem Rauch stand, die unter dem Sarkophag hervorquollen ... Sie hätten zusammen dort sein sollen ... Das Büro des Vorgesetzten ... Er hätte alles über Tschernobyl lernen sollen ... Er lernte ... Er lernte das schrecklichste Geheimnis dieses Ortes kennen ... Lächerliche Bilder vor seinen Augen ... Und wieder Andrey ... Inmitten der Taiga ... Und als er sich zurückzog, das Flüstern: „Du wirst nicht entkommen ... du wirst nicht entkommen ..." Und wieder die Stille, hinter der die Raketeneinheit in der vergessenen kleinen Stadt aufflammte ... damals hatte alles begonnen, und es schien, als würde die Welt eine andere werden ... Nichts hatte sich geändert ... als ob die Menschen verrückt geworden wären ...

Schnappschüsse alter europäischer Städte ... Geheimdienstausbildung ... Prüfungen ... damals hatte er sich für den Weg entschieden, der ihn hierher geführt hatte ... In diese Bar, mit Andrey ... Niemand hatte Schuld, dass sich die Dinge so entwickelt hatten ... Die Sonne vor dem Fenster erschien ihm plötzlich riesig, verwandelte sich in einen Atompilz ... Sie hatten keine Zeit, den Irrsinn zu stoppen ... Sie hatten nicht genug Zeit ... Die Gefahr droht ... Niemand wird ihr entkommen ... Und Robert macht nichts dafür verantwortlich ... Und dieses Zusammentreffen ... Es war notwendig, nur um alles zu verstehen ... So war es jetzt möglich ...

Roberts Gesichtsausdruck veränderte sich, und er wurde wieder ernst. Still suchte er Andreys aufmerksamen Blick und lächelte wieder, ein irgendwie schuldiges Lächeln. Robert wollte etwas sagen, aber ein schrecklicher Hustenanfall unterbrach ihn nach dem ersten Wort. Er versuchte, nach dem Glas zu greifen, aber es fiel ihm aus der Hand und zerschellte. Seine Augen verdrehten sich und er stürzte mit seinem Stuhl auf den Betonboden.

Andrey sprang zu ihm, rief dem Kellner zu, er solle den Notarzt verständigen. Er versuchte Robert wiederzubeleben, aber der reagierte schon auf nichts mehr. Er atmete nicht mehr, sein Körper lag reglos da. Die Kellner rannten herum, schrieen, dass der Notarzt gleich kommen würde. Aber er würde zu spät kommen. Andrey hatte eingesehen, dass alle Bemühungen umsonst wären, setzte sich zu Robert, hielt seinen Kopf und schloss ihm die Augen. Ihr Treffen war zu Ende.

„Sind Sie ein Verwandter?", fragte der Arzt, während er Roberts Puls suchte.

„Nein, wir haben uns hier im Thermalbad kennen gelernt. Ich glaube, er ist Amerikaner", antwortete Andrey. „Sein Name ist Robert Lenz."

Robert Lenz. So viele Jahre hatte dieser Name Andrey keine Ruhe gelassen. Und jetzt dieses Treffen, und jetzt dieser Tod. Wie seltsam, lächerlich und schnell doch alles ging. Er hatte seine Frage nicht beantwortet, und wer sonst sollte sie ihm je beantworten?

Das Taxi fuhr durch die schmalen Straßen einer alten Stadt. „Und waren wir dort?" Diese Frage, die einst Shalamov in den „Kolyma Geschichten" gestellt hatte, pochte in Andreys Kopf. Waren wir auf dieser oder jener Seite. Jeder von uns hat am Ende verloren. Die Zeit hobelt alles gleich, sie überlässt den Platz in der Geschichte den Narren und den Helden gleichermaßen.

„Und waren wir Helden?" Er flüsterte gewohnheitsmäßig. „Waren wir die Narren, die eine lächerliche Macht losgeschickt und zwischen die

Mühlsteine der Geschichte geworfen hat?" Andrey konnte sich diese Frage nicht beantworten. Und brauchte er diese Antwort noch? Sie waren Soldaten an einer Front, wo sie jeden Tag lautlos sterben konnten oder zum Helden werden. Tausende waren sie gewesen, Tausende sind es bis heute.

Beide Geheimdienste hatten alles getan, was sie vermochten. Andrey zweifelte daran nicht. Sie taten mehr, als ihre Vorgesetzten und Instruktionen ihnen gestatteten. Robert hatte die Frage nicht beantwortet, und Andrey würde jetzt für immer im Zweifel bleiben. Hatte dieses Treffen mit der Vergangenheit wirklich stattgefunden? Es war so unglaublich ... Es schien, als hätte sein Leben jetzt darin gemündet ...

Aber eine andere Frage ließ ihn nicht los: „Wofür? Ist dieses Spiel wirklich? Ist dieser Kampf wirklich so wichtig, dass es die Zerstörung von Tausenden und Abertausenden wert ist? Und kein Ende absehbar ..."

Die Menschheit hatte mit dem militärischen atomaren Einsatz an Menschen in Hiroshima und Nagasaki und „Atom für Frieden" in Tschernobyl eine psychologische Barriere überschritten. War es nicht wirklich genug, um zu verstehen?

Viele Jahre später bleibt die entweihte Erde von Tschernobyl ein Mahnmal für die Menschheit, dass es Zeit ist innezuhalten, nachzudenken. Und was, wenn die nukleare oder superneue Waffe in einem Bereich angewendet wird, wo es nicht weniger zerstörerisch, aber noch weniger bekannt ist? Eine große Zahl Atomanlagen rings um den Erdball würde auch in Mitleidenschaft gezogen werden, zusammen mit plötzlich ausgelöschten Städten und Länder ... Die Erde wird ein großes „Tschernobyl" werden. Beinahe fünfundzwanzig Jahre hat die Menschheit es nicht geschafft, mit einem „Atom für Frieden" umzugehen, mit einer Anlage, die außer Kontrolle geraten ist, und jetzt sind mehr als fünfhundert in Betrieb oder geplant. Wer? und wie? wird imstande sein, diese Hunderten, Tausenden Reaktoren und Schauplätze von Raketenexplosionen zu schließen? Der Mensch ist machtlos. Selbst wenn jemand im atomaren Armageddon überleben sollte, bleibt ihm nichts – kein Wasser, kein Brot, kein Atemzug voll reiner Luft. Die Menschen werden versuchen, ihre Fähigkeiten anzuwenden, um zu überleben, um selbst mit solchen unlebbaren Bedingungen fertig zu werden.

Der Planet würde solche tödlichen Wunden nicht aushalten, und wie jeder lebende Organismus könnte er mit einem radioaktiven Schlag solchen Ausmaßes nicht einfach zurecht kommen. Wird es in der neuen

Evolution, die der Mensch durch seine verantwortungslosen Handlungen heraufbeschwört, für ihn überhaupt noch einen Platz geben? An wen wird er sich wenden, wenn er in den Strahlenfeldern mutiert? Was wird dann sein? Was wird später sein?

Später darüber nachzudenken ist zu spät – es ist notwendig, die Entscheidungen jetzt zu treffen. Die größten Staaten, die die Schicksale auf diesem Planeten entscheiden und hinter den eigenen Ambitionen zurückbleiben, vergessen auf die Sicherheit dieser Welt, die erstarrt am Rand eines bodenlosen Abgrundes steht. Das letzte START 3-Abkommen war zweifellos das grandiose Ereignis der letzten zwanzig Jahre, es bedeutet die Reduktion der Strategischen Offensivwaffen-Atomarsenale auf ein Drittel, das bedeutet, dass jeder Seite noch tausendfünfhundert Sprengköpfe bleiben, was genug ist, um ganze Kontinente mehrfach zu zerstören. Und diese neue Lage, obwohl sie ein sichtbares Zeichen von Abrüstung ist, reduziert noch nicht die Bedrohung, sondern ist ein Teil des politischen Auktionswesens. Das erinnerte Andrey an die siebziger Jahre des 20. Jahrhunderts, die gleiche Falschheit von Versprechungen, Überprüfungen und totalem Misstrauen. Und niemand weiß, wie das Ende aussehen wird ...

Nein!

Es ist nicht unsere Zukunft!

Es muss sich heute ändern!

„Ich glaube daran!"

Andrey betrat das Hotel und nahm schweigend den Schlüssel, ohne den Gruß des höflichen Portiers zu beantworten. Die Gedanken an Robert ließen ihn nicht los. Wie konnte das sein? Wie konnte er ihm unter den Händen sterben?

Jeder Schritt in den zweiten Stock zu seinem Zimmer schmerzte im Kopf. Das Atmen fiel ihm schwer. Andrey hatte einen Hustenanfall und musste sich am Treppengeländer festhalten, um nicht zu stürzen. Mit letzter Anstrengung schaffte er die Stufen und ließ sich in seinem Zimmer sofort in einen Armsessel fallen. Der Husten ließ nach, allmählich beruhigte sich sein Atem. Andrey saß still, blickte auf das Meer. Die Augen waren geschlossen. Mit letzter Kraft rief er in der Rezeption an: „Zimmer 22. Ich brauche einen Arzt."

Die Kraft verließ ihn, er begann wieder zu husten. Sein Herz schlug, schien ihm die Brust zu sprengen. Andrey stand auf, wollte zum Bett. Er stützte sich an der Wand ab, aber nach einigen Schritten stürzte er zu Boden.

Die Abenddämmerung fiel über die Insel. Der Notarztwagen raste durch die engen Straßen, das Sirenengeheul zerriss die Stille. Sie gaben sich im Inneren des Wagens alle Mühe, aber Andreys Lebenskurve zeigte kaum noch Bewegung auf dem Monitorschirm. Seine Zeit schien abzulaufen, dann hielt sie wieder inne.

Die Sonne ging im Westen unter, schien kaum noch auf das Meer, den Sandstrand und einigen Wolken flogen über den Himmel. Die Strahlen röteten die Wellen, die auf den Sand zuliefen. Mit einem Mal wurde sie scharlachrot, wie so oft bei Sonnenuntergang.

Dieses helle Licht drang durch Andreys geschlossene Lider und brachte ihn zu sich. Das helle Licht schien unendlich angenehm und nahe, füllte ihn mit Hoffnung und der Sehnsucht zu leben. Die Gefühle, die ihn überfluteten, erinnerten ihn an den Augenblick, als im Sarkophag die rettende Tür zur Außenwelt aufgeschwungen war.

Er bleibt vielleicht noch auf diesem Planeten. Wer weiß für wie lange, vielleicht bleiben ihm nur noch Stunden, Minuten. Aber Gott gibt ihm noch Zeit. Wofür? Das bedeutet, er hatte noch nicht alle seine Aufgaben auf der Erde erledigt. Er war es, der die Hölle überlebt hatte, der den Menschen helfen konnte zu verstehen, sie informieren und ihnen erklären, wie wundervoll das Leben war. Vielleicht liegt sein letzter Kampf noch vor ihm ...

Aber ein Mensch allein kann die Welt nicht retten. Jeder, der auf diesem Planeten lebt, sollte darüber nachdenken, ob er alles dazu beigetragen hat, das Leben zu schützen, die Welt und die Liebe für die nächsten Generationen, für das, was er seinen Kindern und Enkeln überlassen wird. Läuft ein Countdown für die Tage, die der Menschheit bleiben? Der Höchste hat jeden Menschen auf diese zerbrechliche Welt geschickt, um sie zu schaffen, nicht um sie zu zerstören. Aber die Wahlmöglichkeiten des Menschen sind kompliziert. Und wenn du am Scheideweg stehst, dann ist nur eine Frage die Antwort, die es zu finden gilt ... Was kommt als nächstes?

Die Sonne war hinter dem Horizont verschwunden und hatte ein helles Glühen hinterlassen. Andrey öffnete die Augen. Er wusste genau, dass das Licht nicht für immer verschwunden war, dass morgen ein neuer Morgen kommen würde und die Sonne wieder über der Welt aufgehen würde. Aber was würde dieser neue Tag uns bringen? Was würde sein?

Das Feuer wird weiter brennen.

Anatoly N. Tkachuk in der Konferenz der Organisation der Vereinten
Nationen für industrielle Entwicklung UNIDO in Wien.

Anatoly N. Tkachuk  an seinem Schreibtisch in Moskau.

Anatoly N. Tkachuk ist einer der Leiter des Internationalen Fonds zur Unterstüt-zung der Raumfahrt. Am 5. April 2011 wurde im Senat des russischen Parlaments die Ausstellung eröffnet, die dem fünfzigsten Jahrestag des Flugs des ersten Men-schen in den Kosmos gewidmet ist. Während dieser Ausstellung traf A. Tkachuk mit E. Gagarina, A. Leonowym und J. Lontschakowym zusammen.

△
Juri A. Gagarin mit seiner Frau Walentina.

Anatoly N. Tkachuk und Elena Y. Gagarina,
die Tochter des ersten Kosmonauten.

Die ersten Worte ihres Vaters nach seiner
Rückkehr aus dem Weltraum „Wie klein und
zerbrechlich ist unsere Erde".

Anatoly N. Tkachuk und Juri W. Lontschakow – ein russischer Kosmonaut, der Kommandeur der Kosmonautengruppe.

Anatoly N. Tkachuk und
Alexej A. Leonow – der erste
Kosmonaut der Welt, der
sein Raumschiff verließ und
frei im Weltraum schwebte.

# Auferstanden aus Ruinen?
## Von Antonia Wenisch

*Dieser Aufsatz erschien 2006. Er hat nichts an Aktualität verloren.*

Am 26. April 1986 geriet Block 4 des AKW Tschernobyl außer Kontrolle und explodierte. Wind und Regen verteilten die dadurch massiv entwichenen radioaktiven Stoffe nicht nur in den angrenzenden Regionen der Ukraine, Russlands und Weißrusslands, sondern verseuchten große Teile Nord- und Mitteleuropas, darunter auch Österreich. Das ist, zwanzig Jahre nach der größten Katastrophe der zivilen Nutzung der Atomenergie Grund genug, sich der Folgen zu besinnen und darüber nachzudenken, ob sich die Probleme der Nukleartechnik heute wirklich so anders darstellen als 1986.

Historisch betrachtet war der Atomreaktor nicht zur Stromerzeugung gedacht, sondern diente zur Erzeugung des Spaltmaterials für die Atombomben, die während des Zweiten Weltkrieges entwickelt wurden. Die USA hatten sich nicht damit begnügt, in Tests die Funktionstüchtigkeit ihrer Bomben zu beweisen, sondern durch die Vernichtung der japanischen Städte Hiroshima und Nagasaki ihre Überlegenheit demonstriert. Um die geschockte Weltöffentlichkeit zu beruhigen, propagierte US-Präsident Eisenhower 1953 das Programm „Atom für den Frieden" und versprach „Energie zu erzeugen, zu billig, um den Verbrauch zu messen".

## SIAMESISCHE ZWILLINGE

In den ersten 20 Jahren konnte die Reaktorindustrie der USA viele Atomkraftwerke (AKW) bauen – 104 sind es heute in den USA. Andere Länder wie Großbritannien, Frankreich, Russland und Indien, die Atombomben gebaut hatten, oder welche bauen wollten, haben dabei mitgeholfen, AKW zu verbreiten. Erst war es die Friedensbewegung, die die Verbindung der AKW-Technik mit ihrer militärischen Nutzung anprangerte, dann schlossen sich auch Umweltgruppen den Nuklearkritikern an. Die Internationale Atomenergieagentur IAEA wiederum soll das Unmögliche möglich machen: Die zivile Nutzung der Kernspaltung in der Energieerzeugung fördern und verbreiten und gleichzeitig verhindern, dass jene Länder, die bisher keine Atombomben haben, sich welche beschaffen. Da zivile und militärische Nutzung die selbe Technologie verwenden, entstehen daraus Auseinandersetzungen, wie wir sie gerade mit dem Iran erleben, der sich weigert auf die Urananreicherung zu verzichten, wenn alle anderen sie haben dürfen.

## BEDEUTUNGSVERLUST

Inbesondere Nachrichten von Unfällen in den kommerziellen Atomanlagen wie Sellafield/Windscale (Großbritannien 1957), Harrisburg (USA 1979) oder in Tschernobyl (Ukraine 1986) brachten ein stetiges Anschwellen der AKW-Ablehnung. In den USA wurden seit 1974 keine neuen AKW mehr in Auftrag gegeben. In Europa seit 1986 nur mehr ganz wenige – wenn „neue" AKW in Betrieb gehen, dann sind es alte Anlagen, die bereits in den 1980iger Jahren in Bau waren. Die meisten AKW-Neubauten gab es noch in Asien (Japan, China, Indien, Korea).

Die Folge des langen Baustopps ist, dass der Großteil der AKW bald die ursprünglich vorgesehene Lebensdauer erreichen wird. Während bei neuen AKW Erkenntnisse aus dem Betrieb berücksichtigt werden, ist es in schon lange im Betrieb befindlichen nicht möglich, völlig auf dem Stand der Technik zu sein – geschweige denn, die besten verfügbaren Technologien einzusetzen. Derzeit sind laut IAEA-Power-Reactor-Information-System weltweit nur 24 AKW in Bau. Das Durchschnittsalter der AKW-Population liegt bei 22 Jahren. Aber 100 AKW haben bereits 30 und mehr Betriebsjahre auf dem Buckel. 32 Betriebsjahre, das ist die Zeit, die man den deutschen AKW zumutet – so ist es jedenfalls als Restlaufzeit im deutschen „Atomkonsens" vereinbart.

## SIND AKW SICHERER GEWORDEN?

Hauptsächlich sind die AKW älter geworden. Insgesamt besteht unter Experten Einigkeit darüber, dass Alterung die Sicherheit verringert. Von der Lebensdauerverlängerung profitieren nur die Aktienbesitzer der privaten Betreiber, die in den längst abgeschriebenen Anlagen jetzt billig Strom erzeugen können. Daher auch die Diskussion um die Aufweichung des „Atomkonsenses" in Deutschland.

Die geplante Lebensdauer ergibt sich aus dem Verschleiß der einzelnen Komponenten, viele von diesen können ausgetauscht werden. Die wichtigsten aber gerade nicht: der Druckbehälter und das Containment (Sicherheitseinschluss). Der Druckbehälter ist das Kernstück jedes AKW, er umschließt das Kühlmittel und die Brennstäbe, in denen die Kernspaltung stattfindet. Neben hohem Druck und Temperatur ist der Stahl auch der Neutronenstrahlung ausgesetzt und das führt zur Materialermüdung. Der Kessel wird spröde und kann Temperatur- und Druckschwankungen nicht mehr so gut folgen. Die Unfallgefahr steigt.

Firmen, die AKW bauen, konnten in den letzten drei Jahrzehnten Geschäfte eigentlich nur mit der Nachrüstung und bestenfalls mit der Fertigstellung von Altanlagen wie Temelin in den osteuropäischen Ländern machen, Neubauten gab es praktisch nur in Asien und auch da nur wenige. Diese neuen Reaktoren sind bloß etwas bessere Variationen der alten – meist noch mit deutlich höherer Leistung. Sie teilen die grundlegenden Probleme mit den bestehenden Reaktoren: dass eine Kernschmelze nicht ausgeschlossen ist, dass sie Uran benötigen, dessen Abbau katastrophale Umweltschäden zurücklässt, dessen Anreicherung ein Risiko zur Weiterverbreitung von Atomwaffen darstellt und dass es keine sichere Lösung für die Lagerung des Atommülls gibt.

Jetzt wo der Ölpreis steigt, die EU ihre Abhängigkeit von Erdöl- und Erdgaslieferungen aus dem Ausland entdeckt hat, versuchen die großen Nuklearfirmen sich neue Chancen am Markt zu erschließen.

Die Konzentrationsprozesse der letzten zehn Jahre haben dazu geführt, dass der europäische Markt von wenigen Großkonzernen beherrscht wird, darunter AREVA, der Zusammenschluss des staatlichen französischen Reaktorherstellers Framatome mit Siemens/KWU einerseits und BNFL (British Nuclear Fuel) andererseits. Die im Staatsbesitz befindliche BNFL stellt Nukleartechnik und nuklearen Brennstoff her und hat vor kurzem den Teil der US-amerikanischen Westinghouse übernommen, der Komponenten für AKW herstellt.

Trotz großer Propaganda wird in der EU nur ein einziger neuer Reaktor gebaut – in Finnland. Der Grund dafür ist, dass AKW am freien Markt nicht konkurrenzfähig sind. In einer Studie der IAEO wird angeführt, dass Gas- bzw. Gas-Dampf-Kraftwerke schneller und mit geringeren Investitionskosten errichtet werden können. Sogar effiziente Kohlekraftwerke sind günstiger zu haben, zumindest dort, wo billige Kohle abgebaut wird. AKW sind einfach nicht wettbewerbsfähig, stellt selbst IAEA-TEC-DOC-1309 aus dem Jahr 2002 fest.

## NICHT WETTBEWERBSFÄHIG

Während die erneuerbaren Energieformen weitgehend ohne Subvention auskommen müssen und trotzdem teilweise schon wettbewerbsfähig sind, kommt die Nuklearenergie auch nach 50 Jahren nicht ohne staatliche Subventionen aus. Wenn nun behauptet wird Nuklearenergie würde sich bei steigendem Ölpreis bald rechnen, so gilt dies noch viel mehr für die Effizienzsteigerung und die Energie aus Biomasse, Wind oder Sonne. Umgekehrt gilt aber auch, dass jeder Euro, der in Atomenergie investiert wird – eine Investition in eine überholte, nicht nachhaltige Technologie ist, anstatt in eine zukunftsfähige.

Der Euratomvertrag ist die große Spielwiese der europäischen Atomlobby. Er ist als einziger der drei Gründungsverträge nicht im Verfassungsentwurf aufgegangen. Bei der Widmung von Finanzmitteln aus dem Euratombudget hat das europäische Parlament noch kein Mitspracherecht. Trotzdem hat der Umweltausschuss des Europäischen Parlaments gegen die Widmung von 3,1 Milliarden Euro für Nuklearforschung protestiert: Diese Summe ist größer als die Mittel die im 7. Forschungsrahmenprogramm (2007-2011) der EU-Kommission für die übrige Energieforschung (2,95 Milliarden) bereitgestellt werden. Der Umweltausschuss schlägt vor, nur ein Zehntel für die Nuklearforschung bereitzustellen, weil dies ihrer Bedeutung eher angemessen wäre.

(...)

## JE ÄLTER DIE ATOMANLAGEN, DESTO UNSICHERER SIND SIE

Das Durchschnittsalter der AKW-Population liegt bei 22 Jahren. Aber 100 AKW haben bereits 30 und mehr Betriebsjahre auf dem Buckel. 32 Betriebsjahre, das ist die Zeit, die man den deutschen AKW laut „Atomkonsens" zumutet. Die geplante Lebensdauer eines AKW ergibt sich aus dem Verschleiß der einzelnen Komponenten, viele von diesen können ausgetauscht werden. Die wichtigsten aber gerade nicht: der Druckbehälter und das Containment (Sicherheitseinschluss). Derzeit sind laut IAEA-Power-Reactor-Information-System weltweit nur 24 AKW in Bau.

**Ing. Antonia Wenisch** ist Nachrichten- und Elektrotechnikerin und in der Geschäftsführung des Österreichischen Ökologie-Instituts.

Zitiert nach:
Wirtschaft und Umwelt – Zeitschrift für Umweltpolitik der Arbeiterkammer 01/2006

# Katastrophen-Reaktor in Tschernobyl bekommt neue Hülle
## Von Thomas Urban

*Süddeutsche Zeitung, 11. Juli 2003*

Der 1986 explodierte Atomreaktor von Tschernobyl bekommt einen Betonmantel. Nächstes Jahr ist Baubeginn für die 100 Meter hohe und 260 Meter breite Stahlkonstruktion.

Lange, zu lange sagen viele Fachleute, habe sich das Genehmigungsverfahren hingezogen. Als Bauträger tritt ein internationales Firmenkonsortium auf. Allerdings haben die ukrainischen Behörden längst noch nicht alle Einzelheiten abgesegnet, die Regierung in Kiew muss jedem Schritt bei der Realisierung des eine Milliarde Euro teuren Projekts zustimmen.

In unmittelbarer Nachbarschaft entsteht derzeit eine Anlage zur Wiederaufbereitung sowie das weltweit größte Lager für Brennelemente. Die geplante Konstruktion erinnert an einen Flugzeughangar. Allerdings wird sie nicht über dem havarierten Reaktor errichtet, sondern in mehreren hundert Metern Abstand. Grund: die radioaktive Strahlung, die nach wie vor von ihm ausgeht.

# Ein neuer, gigantischer Stahl-Sarg für Tschernobyl
Von Holger Kroker

*Aus: DIE WELT, 24. April 2009*

Bis Dezember 2000 wurde in dieser Sperrzone weiterhin Strom produziert, denn neben dem Unglücksreaktor standen weitere drei baugleiche, die auch nach 1986 den Strombedarf der Ukraine zu großen Teilen deckten. Die Arbeiter fuhren seit der Katastrophe eine dreiviertel Stunde aus der neu gegründeten Stadt Slawutitsch an ihren Arbeitsplatz. Ihre Heimat haben die Evakuierten bis auf wenige Ausnahmen nicht mehr wiedergesehen. In jüngster Zeit wird wieder über die wirtschaftliche Nutzung der 30-Kilometer-Zone nachgedacht. Doch konkrete Pläne entwickeln sich nur schleppend. Immerhin ist etwas Forstwirtschaft möglich, das Holz wird sogar ausgeführt, streng radiologisch kontrolliert, versteht sich.

Nahezu unverändert befindet sich im Zentrum der Sperrzone weiterhin die strahlende Erblast der Reaktorexplosion. Fast ein Vierteljahrhundert nach diesem Fanal ist der provisorische Betonsarg, der damals hastig auf den brennenden Reaktor gesetzt wurde, immerhin stabilisiert und gegen Regen abgedichtet worden. Daneben warten die drei Schwesteranlagen darauf, abgerissen zu werden.

Inzwischen gewinnt der Rückbau des Kraftwerks Konturen – allerdings langsam. Beim Katastrophenblock4 ist eine wichtige Etappe abgeschlossen. „Im vergangenen Jahr haben wir die Stabilisierung des existierenden Sarkophags endlich beendet", sagt Vince Novak, Direktor für nukleare Sicherheit bei der Europäischen Bank für Wiederaufbau und Entwicklung in London, die die Finanzierung für die Sicherung des havarierten Reaktorblocks steuert. Zwei Metalltürme stützen jetzt die gefährlich geneigte Westwand, von der immer befürchtet wurde, dass sie einstürzt. Auch der marode Rest der Konstruktion wurde stabilisiert und das Dach so weit abgedichtet, dass Regenwasser nicht mehr eindringen kann. Jetzt wartet der Block nur noch auf den sogenannten sicheren Einschluss, eine riesige Halle, die über das gesamte Gebäude geschoben wird und es von der Außenwelt isoliert. Noch in diesem Jahr soll genau feststehen, wie die Schutzhülle aussehen und vor allem wie sie mit den existierenden Gebäuden verbunden werden soll.

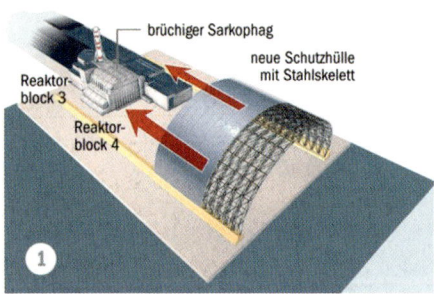
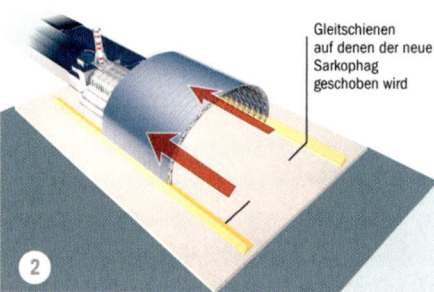

Klar ist, dass sie ein riesiger Hangar aus Stahl sein wird, dessen Dach über 100 Meter hoch sein wird. Diese Halle soll langsam über den Betonklotz geschoben werden, der früher einmal Reaktorblock4 war. Hauptzweck ist der Schutz der Umwelt. Falls das Provisorium aus Beton und Stahl dann doch zusammenbrechen sollte, kann der strahlende Staub nicht nach außen gelangen. In dem Hangar werden auch Kräne installiert sein, „damit man", sagt Lutz Küchler, „die schweren Elemente wie Dachkonstruktion oder Träger abheben kann". Pläne, was endgültig mit dem Havaristen geschehen soll, gibt es derzeit nicht. Die westlichen Geberländer sehen ihre Pflicht mit dem Bau des Hangars als erfüllt an. „Der Betrieb des Einschlusses und der Umgang mit den stark und lange strahlenden Resten stehen in der Verantwortung des Kernkraftwerks und der Ukraine", sagt EBRD-Manager Novak.

### NEUE KONSTRUKTION SOLL RUND 100 ODER 200 JAHRE LANG HALTEN

Mit dem Hangar sollte erst einmal Zeit verschafft werden, um das Schicksal der strahlenden Trümmer zu diskutieren. Rund 100 oder 200 Jahre, so die Erwartung, soll der Schutzbau halten. „Man könnte das Vorhaben in etwa mit dem amerikanischen Mondprogramm vergleichen, weil noch niemand je eine so gewaltige Konstruktion in einem radioaktiv kontaminierten Gebiet errichtet hat", sagt Wolodymyr Berkowsky von der Internationalen Atomenergiebehörde (IAEA) in Wien. Die Experten sind zuversichtlich, dass die Schutzhülle jetzt zügig Gestalt annehmen wird. „Der sichere Einschluss des Reaktorblocks4 soll 2012 fertig sein", sagt EBRD-Experte Novak, „wir sind genau im Zeitplan." Tatsächlich haben parallel zu den letzten Konstruktionsplanungen die Vorbereitungen auf dem Gelände begonnen. „Man hat alle störenden Strukturen, Konstruktionsteile oder Transformatoren, auf dem Gelände entfernt", sagt Lutz Küchler, Tschernobyl-Experte bei der Kölner Gesellschaft für Anlagen und Reaktorsicherheit. Der Grund ist also bereitet, um die gewaltigen Fundamente für die Halle zu legen. Das soll dann auch umgehend geschehen, sobald die Detailplanung abgeschlossen ist.

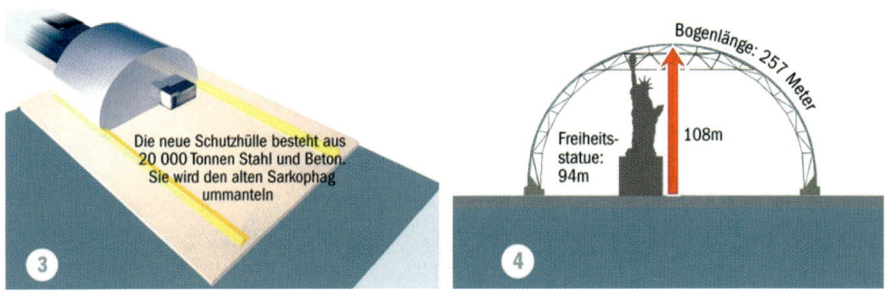

Die neue Schutzhülle besteht aus 20 000 Tonnen Stahl und Beton. Sie wird den alten Sarkophag ummanteln

Bogenlänge: 257 Meter

Freiheitsstatue: 94m

108m

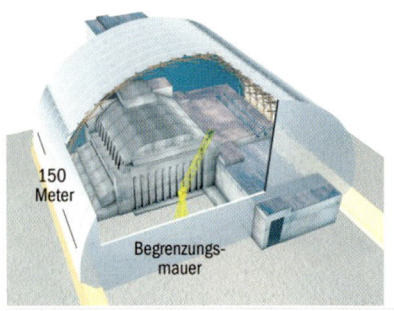

150 Meter

Begrenzungs-
mauer

Weniger deutlich zeichnet sich das Schicksal der drei abgeschalteten Schwesterblöcke ab. Sie lieferten bis zur Jahrtausendwende noch einen großen Teil des ukrainischen Stroms, doch seit der letzte Block im Jahr 2000 vom Netz ging, wird im Kraftwerk nicht mehr produziert, sondern für den Rückbau konserviert. Fortschritte hat es in den fast neun Jahren seither kaum gegeben.

## RADIOAKTIVE ABFÄLLE WERDEN NOCH IN SILOS
## AUF DEM GELÄNDE GELAGERT

Immerhin wurde nun zum Jahrestag des Reaktorunfalls eine Anlage für die Bearbeitung, Verpackung und Lagerung mittelaktiver Abfälle aus den drei Reaktoren in Betrieb genommen. Diese Anlage soll auch möglichen hoch radioaktiven Abfall aus der Reaktorexplosion aussortieren, der die schwächer strahlenden Materialien verunreinigt. Diese kommen dann in ein oberflächennahes Lager, sicher verwahrt für die kommenden 300 Jahre: „Die Technologie, die man dort einsetzen wird, ist nach dem Stand der Technik ausgelegt", sagt GRS-Mitarbeiter Lutz Küchler. Die deutschen Reaktorexperten beraten die ukrainische Regierung beim Rückbau der drei abgeschalteten Reaktoren. Mit der Konditionierungs- und Lagereinrichtung können viele Abfälle aus den Reaktoren endgültig verstaut werden. Bislang wurden sie provisorisch in Silos auf dem Kraftwerksgelände gelagert.

Bei der Behandlung der stark strahlenden Brennelemente aus den drei Reaktorblöcken hat es dagegen einen Rückschlag gegeben. Die von einer französischen Firma geplante und weitgehend fertiggestellte Anlage kommt mit den Brennelementen nicht zurecht, weil die viel zu nass sind. Die in drei Meter langen Stahlröhren gestapelten Brennstofftabletten standen zum Abkühlen jahrelang in großen Wasserbecken. Viele Stahlröhren waren allerdings durch den Brennbetrieb undicht, und Wasser drang in die Elemente ein. „Dieses Wasser muss entfernt werden, weil es die Langzeitsicherheit unter trockenen Lagerungsbedingungen erheblich beeinflusst", sagt Küchler.

Die Brennelemente strahlen immerhin für Hunderttausende von Jahren, und so lange kann Wasser radioaktive Isotope aus den Tabletten lösen. Ist das aber erst einmal geschehen, sind die strahlenden Teilchen viel mobiler als in ihren Brennstofftabletten und können leichter in die Umwelt gelangen. Wasser kann sogar die Stahlröhren zerstören, wenn es von den Brennstofftabletten erhitzt wird und verdampft. Jetzt versucht sich ein US-Unternehmen an der Aufgabe, doch für den Rückbau der drei Reaktoren bedeutet das eine erneute Verzögerung, denn solange nicht der Brennstoff aus den Reaktoren entfernt werden kann, so lange können die Anlagen nicht abgebrochen werden.

# Wieso ist eigentlich Wien der Sitz der Internationalen Atomenergie-Organisation?
Von Martin Haidinger

*Dieser Aufsatz erschien 2006. Er hat nichts an Aktualität verloren.*

Gründung in der Epoche der Atom-Euphorie – vor 50 Jahren entstand die Internationale Atomenergie-Organisation IAEO.

Wieder einmal hat die seltene historische Rolle Österreichs, seiner kulturellen und sozialpolitischen Rolle, volle Anerkennung gezollt. Der internationale Ausschuss für Atomenergie der Vereinten Nationen hat einstimmig beschlossen, Wien als den permanenten Sitz der Weltkommission für Atomenergie vorzuschlagen.

Das meldete am 24. Oktober 1956 ein gerührter österreichischer Radio-Reporter. Wien, Österreichs Hauptstadt, war in Washington vom Internationalen UNO-Ausschuss für Atomenergie als permanenter Sitz der Atomenergiebehörde IAEO einstimmig angenommen worden.

Ein Labsal für die Seele Österreichs, das erst ein Jahr zuvor von den vier alliierten Siegermächten des Zweiten Weltkriegs geräumt worden war. Warum die Wahl ausgerechnet auf Wien fiel, meint der Reporter des österreichischen Radios 1956 zu wissen:

Ich möchte fast sagen, dass die Wahl eine gefühlsmäßige war. Dem Gefühl entsprang, dass Wien, wie keine zweite Stadt der Welt, dazu berufen ist, dem Frieden zu dienen und den Bemühungen, die unermessliche Energie des Atoms der Erhaltung der Menschheit zu widmen. Und so wurde Wien gewählt. Die Stadt im Herzen Europas, die an der uralten Kreuzung der Wege liegt, die den Norden und den Süden, den Osten und den Westen verbinden. Diese Wahl scheint irgendwie symbolisch zu sein, als wäre es das Land Österreich, in dem sich alle Länder der Erde zu friedlicher Zusammenarbeit treffen.

Von solchen Gefühlsentscheidungen einmal abgesehen, kam die Errichtung der Atombehörde einem dringenden Bedürfnis der Zeit entgegen: Nach den Atombombenabwürfen von Hiroshima und Nagasaki versuchte die Regierung der USA das Image der Atomenergie entscheidend zu verändern – von der tödlichen Waffe zur Wohltat für die Menschen, als so genannte friedliche Nutzung der Atomenergie in Elektrizitätskraftwerken.

„Atom für den Frieden" hieß das dafür vorgesehene Programm des US-Präsidenten Dwigth D. Eisenhower. Damals war die Atom-Euphorie groß. Die internationale Kontrolle über die weltweit entstehende Atomwirtschaft sollte eine neue UNO-Behörde übernehmen. Am 8.Dezember 1953 schlug Eisenhower die Atombehörde dem Forum der Vereinten Nationen vor: IAEA sollte sie heißen, „International Atomic Energy Agency" – zu deutsch „Internationale Atom-Energie-Organisation" IAEO.

Die eigentliche Gründung fand dann im Juli 1957 statt, und seither führen Hunderte von Inspektoren in allen Mitgliedsländern Kontrollen der Nuklearanlagen durch. Außerdem kontrolliert die IAEO die Einhaltung des Atomwaffensperrvertrages. Das Abkommen soll weltweit die Herstellung und Verbreitung von Atomwaffen verhindern.

Der Schwede Sigvard Eklund, zu dieser Zeit Generaldirektor der Behörde, sah noch vor der Annahme des Vertrages im Jahr 1967, dass dieser nicht perfekt sein würde: Man kann vielleicht von dem Vertrag sagen, was Churchill von der Demokratie gesagt hat: Sie ist kein gutes System, aber es ist uns nicht gelungen, etwas Besseres zu erfinden. Ich hoffe und glaube, dass es gelingen wird, diese Hindernisse in den kommenden Wochen zu beseitigen. Ein Atomsperrvertrag würde, darin dürften sich die Regierungen der meisten Staaten einig sein, eine der schwersten Bedrohungen beseitigen, denen die Menschheit jemals durch eine neue technologische Entwicklung ausgesetzt war. Und das kann nur gelingen durch rationelles Denken seitens der Staatsmänner der Welt. Die Organisation ist bereit, die ihr angemessene Rolle und auch größere Aufgaben im Rahmen eines Atomsperrvertrages auf sich zu nehmen. Unser Kontrollsystem, erstmals 1961 angenommen, wurde mehrfach erweitert und revidiert, so dass es sich heute auf alle Phasen des Brennstoffzyklus erstreckt. In den letzten Jahren konnten wir große und wertvolle Erfahrungen bei der praktischen Durchführung der Sicherheitskontrolle sammeln. Die IAEO kontrolliert gegenwärtig 70 Reaktoren in 29 Staaten. Wenn es zu einem Atomsperrvertrag kommen sollte, muss jedoch der jetzige Apparat ausgebaut werden. Solch ein Ausbau erfordert natürlich ein höheres Budget für diesen Tätigkeitsbereich. Der vorgesehene Vertragsmechanismus wird der IAEO aber eine gewisse Zeit geben, ehe die volle Belastung einsetzt. Meiner Meinung nach besteht eindeutig die zwingende Notwendigkeit, eine weltumfassende Lösung für das Problem der Sicherheitskontrolle zu finden, um eine Weiterverbreitung von Kernwaffen zu verhindern. In einigen Jahren schon werden in aller Welt sehr viele Atomanlagen arbeiten. Dann wird es vielleicht zu spät sein, ein gemeinsames Sicherheitssystem einzuführen.

Spannend wurde es bei der Internationalen IAEO-Generalkonferenz 1967. Dort stand vor allem die Bundesrepublik Deutschland im Schussfeld der Ostblockstaaten. Der Vorwurf: Westdeutschland wolle den Atomwaffensperrvertrag verhindern. Der deutsche Delegierte bei der Konferenz, Joachim Pretsch, wehrte sich, und schlug sogar einen zusätzlichen Kontrollvertrag mit Euratom, der europäischen Atomgemeinschaft, vor:
Die Bundesrepublik Deutschland hat bereits im Jahr 1954 auf die Herstellung von Kernwaffen ausdrücklich verzichtet. Wir begrüßen im Grundsatz das Kontrollsystem

der Internationalen Atom-Energie-Organisation hier in Wien und möchten erreichen, dass in die Sicherheitskontrolldurchführung, die wir schon im Rahmen der Europäischen Atomgemeinschaft haben, in irgendeiner Weise mit derjenigen der Internationalen Atom-Energie-Organisation abgestimmt wird. Und wir sind bemüht, von uns aus, bei der Europäischen Gemeinschaft jetzt Schritte zu unternehmen, um ein Abkommen zu erreichen, zwischen der Internationalen Atom-Energie-Organisation in Wien einerseits und der Europäischen Gemeinschaft in Brüssel andererseits, mit dem Ziel, dass die IAEA in Wien die Euratom-Kontrolle auch anerkennt. Es gibt mehrere Möglichkeiten dazu, man könnte sich denken, dass die IAEA in Wien etwa zum Beispiel – das ist nur als Beispiel gedacht – Zugang zu Berichten bekommt, die im Rahmen der Europäischen Gemeinschaft gemacht werden. Das wäre zum Beispiel auch denkbar, dass von Fall zu Fall, etwa ein Euratom-Inspektor mit einem IAEA-Inspektor gemeinsam einen Kontrollgang macht. Wir sind, das möchte ich betonen, auch gerade betonen gegenüber den Angriffen aus dem Osten, bemüht, nicht nur zu sagen, dass wir eine solche Verifikation wollen, sondern wir wollen von der Bundesrepublik Deutschland den ersten Schritt unternehmen und wollen diesen Vorschlag dann bei der Kommission der Europäischen Gemeinschaft vorlegen.

Nach langen Verhandlungen wurde der Vertrag 1968 unterzeichnet und trat im März 1970 in Kraft. Alle Nuklearstaaten, die sich zu ihren Atomwaffen bekannten, schlossen ihn mit den anderen damals 184 Ländern ohne Atomwaffen ab: die USA, die UdSSR, Großbritannien, Frankreich und China. Doch einflussreiche Länder der Dritten Welt, wie Indien und Pakistan, kritisierten bald, die Atommächte wollten sich ein Atommonopol sichern und so eine militärische und damit auch politische Vormachtstellung absichern, und sie unterzeichneten ihn nicht.

Der Beitritt zum Atomwaffensperrvertrag bedeutete für die Unterzeichnerstaaten die Verpflichtung, sich in regelmäßigen Abständen kontrollieren zu lassen. Da diese Kontrollen aber angemeldet werden und nur Anlagen berücksichtigen, die die Vertragsstaaten freiwillig herzeigen, bieten sie kaum Möglichkeiten, Verstöße gegen den Vertrag aufzudecken.

Als am 26. April 1986 im Atomkraftwerk Tschernobyl der bisher schwerste Unfall in der Geschichte der zivilen Nutzung der Atomenergie passierte, war das nicht nur ein Schock für die direkt Betroffenen, sondern auch für die Atomenergieorganisation. Als Reaktion auf diesen Unfall wurden unter Mithilfe der IAEO neue internationale Konventionen ausgearbeitet, die die Nutzung der Atomkraft sicherer machen sollten.

Der Gouverneursrat der IAEO einigte sich auf einige bindende Punkte. Ihm gehörten 35 der damals 112 Mitglieder der IAEO an – eine Art Aufsichtsrat der Organisation. Die Bundesrepublik Deutschland hatte nach der Katastrophe von Tschernobyl eine Krisensitzung beantragt. Generaldirektor Hans Blix fasste die neuen Konventionen zusammen.

Erstens ein Frühwarnungssystem, ein Übereinkommen über Frühwarnen im Fall von radioaktiven Unfällen und zweitens auch ein Übereinkommen über Zusammenarbeit in Notfallsituationen. Drittens eine Sitzung hier in Wien mit einer Analyse über die Unfall in Tschernobyl binnen drei Monaten und dazu auch ein Beschluss, dass wir sollten eine ganze Konferenz über Kernkraftsicherheit halten.

Die Folge: Sogar die Sowjetunion begann, ihre Geheimniskrämerei in Sachen Nuklearangelegenheiten ein wenig zu lockern. Trotz der Konventionen sollte fortan ein Grauschleier über jeglicher Art der Nutzung der Kernspaltung liegen.

Quelle: Deutschlandradio, 26. Oktober 2006
© 2011 Deutschlandradio

In der Sperrzone ...

Tschernobyl (November 2010).

△
Aktueller Blick auf den Sarkophag des zerstörten
4. Energieblocks des Atomkraftwerkes, davor der Teich.

Das Gebäude des ehemaligen staatlichen Komitees der
KPdSU in Tschernobyl. Dort wurden ab 1986 die Aktivitäten
der Streitkräfte koordiniert.
△

Tschernobyl (November 2010).

Blick auf die wegen der Havarie nicht gebauten
5. und 6. Energieblöcke.
▽

Die Häuser einer toten Stadt.

Ehemalige Schule in Pripyat
▽

Bevölkerungszahl der Orte, die aus der 30-Kilometer-Zone um den Reaktor evakuiert wurden

| Ortsnamen | Wohnungszahl | Bevölkerungszahl |
| --- | --- | --- |
| Salesje | 1072 | 2849 |
| Iwanowka | 59 | 102 |
| Sapolje | 81 | 172 |
| Nowosjelki | 123 | 260 |
| Simowitschsche | 267 | 622 |
| Kriwaja Gora | 150 | 300 |
| Staroselje | 94 | 145 |
| Iljinzy | 448 | 1059 |
| Rudnja Iljinezkaja | 61 | 114 |
| Staraja Krasniza | 38 | 69 |
| Kopatschi | 393 | 1114 |
| Lelew | 433 | 1233 |
| Korogod | 466 | 934 |
| Zamoschnja | 71 | 138 |
| Glinka | 116 | 212 |
| Kupowatoe | 156 | 324 |
| Goroditschsche | 48 | 87 |
| Otaschew | 48 | 71 |
| Ladygytschi | 220 | 483 |
| Teremzy | 145 | 259 |
| Maschewo | 161 | 292 |
| Krasnoe | 158 | 325 |
| Nowye Schepelitschi | 795 | 2857 |
| Koscharowka | 93 | 152 |
| Usow | 76 | 159 |
| Opatschitschi | 283 | 681 |
| Pljutowitschsche | 37 | 77 |
| Kamenka | 35 | 75 |
| Paryschew | 345 | 678 |
| Koschewka | 144 | 270 |
| Retschiza | 266 | 615 |
| Rudjki | 78 | 150 |

| Ortsnamen | Wohnungszahl | Bevölkerungszahl |
|---|---|---|
| N.Krasniza | 109 | 196 |
| Burjakowka | 131 | 226 |
| Rossoha | 188 | 416 |
| Ilowniza | 64 | 110 |
| Bytschki | 76 | 114 |
| Starye Schepelitschi | 255 | 689 |
| Benewka | 131 | 254 |
| Stetschanka | 353 | 905 |
| Rosjesgee | 110 | 237 |
| Terehi | 134 | 287 |
| Andreewka | 112 | 224 |
| Tolstyj Les | 293 | 626 |
| Buda | 108 | 251 |
| Krasnoe | 72 | 157 |
| Tschapaewka | 195 | 331 |
| Gorodtschan | 88 | 183 |
| Kozjubinskoe | 21 | 32 |
| Tscherewatsch | 204 | 473 |
| Rudnja Weresnja | 101 | 194 |
| Jampol | 77 | 153 |
| Tschistogalowka | 333 | 774 |
| Die Stadt Tschernobyl | 2805 Häuser, 1648 Wohnungen | 13700 |
| Gesamtzahl in diesem Bezirk: | 55 Orte, 12860 Häuser, 15679 Wohnungen | 37440 |
| Die Stadt Pripyat | 11000 Wohnungen | 49046 |
| Die Station Janow | 45 Wohnungen, 56 Häuser | 254 |
| **Total** | **26724 Wohnungen, 12916 Häuser** | **86740** |

**Hauptmaßnahmen in der aktiven Phase der Havarie.**

| Datum | Zeit | Maßnahmen |
|---|---|---|
| Samstag, 26. April | 01.00 | Die Havarie Die Zerstörung des Reaktors |
| 26. April | 01.30-06.30 | Feuerlöschen (Infolge der Explosion im Reaktor sind in dieser Zone 30 Brandherde entstanden). |
| 26. April | Morgen bis Mittag | Die Pumpen, die das Wasser in den Reaktor lieferten, wurden ausgeschaltet. |
| 26. April | Mittag bis Abend | Das Ausmaß der Havarie wurde zum ersten Mal begriffen. |
| 26. April | Nacht | Auf der Sitzung der staatlichen Kommission wurde die Entscheidung getroffen: der 1. und 2. Block sollen gestoppt werden, die Menschen sind zu evakuieren, alle notwendigen Maßnahmen für die Liquidierung der Havarie müssen eingeleitet werden. |
| 27. April | Nacht | Abwurf von Borcarbid |
| 1. Mai | Im Laufe des Tages | Man trifft die Entscheidung, den Reaktor mit dem Azot zu kühlen, um das „China-Syndrom" zu verhindern. |
| 2. Mai | Am Ende des Tages | 5000 Tonnen Materialien wurden abgeworfen. |
| 3. & 4. Mai | In der Nacht | Die Kommission trifft die Entscheidung, eine Platte unter dem Fundament des 4. Energieblocks aufzubauen. |
| 5. Mai | | Azotzuführungssystem in den Barboteur ist fertig. |
| 6. Mai | 01:00 | Der erste Wagen mit dem Azot ist gekommen. Die Versuche den Reaktor zu kühlen, sind misslungen. |
| 6. Mai | | Das Ende der aktiven Phase. |

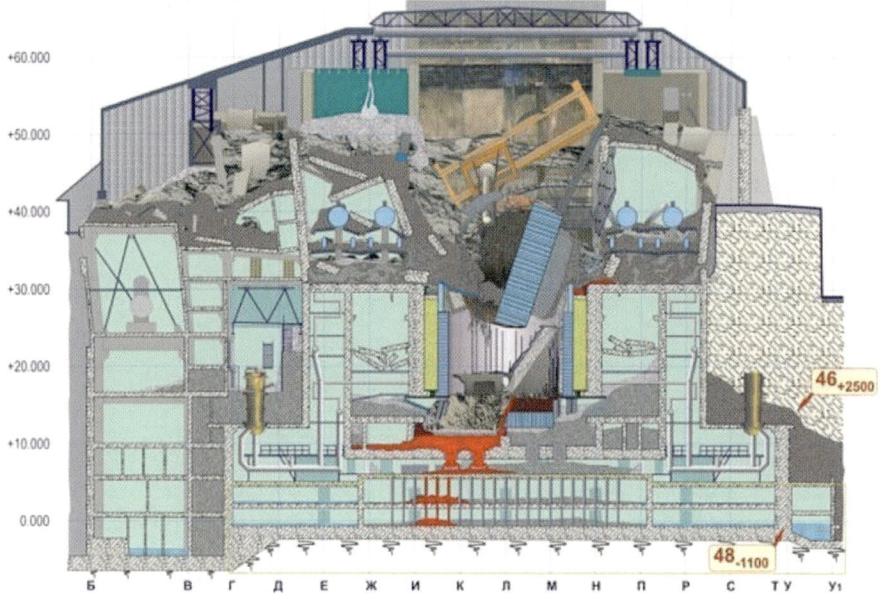

Der Sarkophag im Schnitt (die inneren Konstruktionen und der Brennstoff im zerstörten Energieblock des Kernkraftwerks).

| | Die Fläche, 10³ km² | | Radioaktiver Niederschlag von Tschernobyl | | |
|---|---|---|---|---|---|
| Land | Gesamtfläche | Das Territoium des belasteten Gebietes mit mehr als 1 Ci/Km² | PBq | kCi | Gesamtniederschlag in % in Europa |
| Österreich | 84 | 11,08 | 0,6 | 42 | 2,5 |
| Weißrussland | 210 | 43,5 | 15,0 | 400 | 23,4 |
| England | 240 | 0,16 | 0,53 | 14 | 0,8 |
| Deutschland | 350 | 0,32 | 1,2 | 32 | 1,9 |
| Griechenland | 130 | 1,24 | 0,69 | 19 | 1,1 |
| Italien | 280 | 1,35 | 0,57 | 15 | 0,9 |
| Norwegen | 320 | 7,18 | 2,0 | 53 | 3,1 |
| Polen | 310 | 0,52 | 0,4 | 11 | 0,6 |
| Russland (Der europäische Teil) | 3800 | 59,3 | 19,0 | 520 | 29,7 |
| Rumänien | 240 | 1,2 | 1,5 | 41 | 2,3 |
| Slowakei | 49 | 0,02 | 0,18 | 4,7 | 0,3 |
| Slowenien | 20 | 0,61 | 0,33 | 8,9 | 0,5 |
| Ukraine | 600 | 37,63 | 12,0 | 310 | 18,8 |
| Finnland | 340 | 19,0 | 3,1 | 83 | 4,8 |
| Tschechien | 79 | 0,21 | 0,34 | 9,3 | 0,5 |
| Schweiz | 41 | 0,73 | 0,27 | 7,3 | 0,4 |
| Schweden | 450 | 23,44 | 2,9 | 79 | 4,5 |
| Europa gesamt | 9700 | 207,5 | 64,0 | 1700 | 100,0 |
| weltweit | | | 77,0 | 2100 | |

Ci= Curie | PBq= Petaecquerel | kCi= Kilocurie

| Chemische Elemente | Die Halbwertszeit |
| --- | --- |
| $Rn^{222}$ (Radon) | 3,83 Tage |
| $I^{131}$ (Jod) | 8,04 Tage |
| $Sr^{89}$ (Strontium) | 50,6 Tage |
| $Pl^{210}$ (Polonium) | 138,4 Tage |
| $Sr^{90}$ (Strontium) | 29 Jahre |
| $Cs^{137}$ (Cäsium) | 30 Jahre |
| $Am^{241}$ (Americium) | 433 Jahre |
| $Ra^{226}$ (Radium) | 1 601 Jahre |
| $Pu^{239}$ (Plutonium) | 24 400 Jahre |

**Skala der biologischen Folgen nach einer Strahlungsdosis**

| Dosis (Grey)* | Biologische Effekte |
|---|---|
| Weniger $10^{-3}$ | Beeinträchtigung der Lebenstätigkeit |
| (2-3) x $10^{-3}$ | Optimum der Lebenstätigkeit |
| (2-50) x $10^{-3}$ | Stimulation der Lebenstätigkeit |
| (5-10) x $10^{-2}$ | Mutationen |
| 0,1-0,5 | Zeitliche männliche Unfruchtbarkeit |
| 0, 5-1,0 | Störungen in der Blutbildung, erste Störungen der Immunitätsfunktion, Verdoppelung der Mutationen, Anstieg der Zahl der Krebserkrankungen |
| 1,0-2,5 | Leichte Phase des Strahlenkrankheitsverlaufs |
| 2,5-4,0 | Mittlere Phase (Verkürzung der Lebensdauer um 3-9 Jahre) |
| 4,0-6,0 | Schwere Phase (Zerstörung des Knochenmarks) |
| 6,0-10,0 | Enterale Form der Strahlenkrankheit (Darmtraktkrankheit, Tod in 3-12 Tagen) |
| 10-100 | Zerebrale Form der Strahlenkrankheit (Koma, Tod in 1-2 Stunden ) |
| etwa 2000 | Tod unter dem Strahl |

* 1 Grey = 100 Rad = 100 Röntgen/Stunde

**Die Karte der Kontamination Europas infolge der Explosion des Atomkraftwerks in Tschernobyl.**

Das Projekt Arche soll den Sarkophag umhüllen.
▷

Die Stützen für die zerstörten Wände des Sarkophag (November 2010).
▷     ▷

Der Weg zur Stadt Pripyat, der anstelle des gefällten „roten Waldes" angelegt wurde.
▽

Das Hotel „Polesje". Von seinem Oberstock wurden die Hubschrauberflüge über dem Sarkophag gelenkt.
◁

Pripyat.
▷

Die unterbrochene Kindheit.
▷    ▷

Das Leben nimmt jede Chance wahr – sogar im
Beton des 12. Stockwerks.
▽

△
Der Rummelplatz von Pripyat sollte am 1. Mai
1986 eröffnet werden. Kein Kind ist je auf diesem
Riesenrad gefahren.

# Danksagung

Danke meinem Sohn Roman dafür, dass er mir geholfen hat, das künstlerische Vorhaben dieses Buches zu realisieren.

Große Hilfe in der Lösung planerischer und anderer Fragen zur Ausgabe des Buches haben geleistet: Farafonowa Ekaterina, Slotschenskaja Tatjana, Krasnikow Witalij, Taburjanskij Jaroslaw.

## Bildnachweis

Alle Bilder, soweit nicht anders vermerkt, stammen aus dem
persönlichen Archiv von Anatoly N. Tkachuk und
aus dem Archiv der Liquidatoren der Katastrophe in Tschernobyl.

Seite 12: istockphoto.com
Seite 302, 303 unten und 318: istockphoto.com
Seite 20, 32, 58, 62 und 295: unbekannt

# Impressum

ISBN 978-3-222-13337-4

© 2011 by Styria premium in der
Verlagsgruppe Styria GmbH & Co KG
Wien · Graz · Klagenfurt

Bücher aus der Verlagsgruppe Styria
sind erhältlich in jeder Buchhandlung
und im Online-Shop

Lektorat: Reinhard Deutsch
Umschlag- und Buchgestaltung:
Christine Klell · Kulturdesign
www.christine-klell.com

Reproduktion: Pixelstorm, Wien
Druck und Bindung:
Druckerei Theiss GmbH,
St. Stefan im Lavanttal